Hans Wilhelm Vahlefeld

HONGKONG

Hoffmann und Campe

Die Deutsche Bibliothek – CIP-Einheitsaufnahme
Vahlefeld, Hans Wilhelm:
Hongkong / Hans Wilhelm Vahlefeld.
– 1. Aufl. – Hamburg: Hoffmann und Campe, 1995
ISBN 3-455-11056-8

Schutzumschlaggestaltung: Jens Schlockermann unter Verwendung
eines Fotos von Michael Wolf
Satz: Alphabeta Druckformdienst GmbH, Hamburg
Druck und Bindung: Ebner Ulm
Printed in Germany

Inhalt

Es war einmal
ein nackter Felsen …

Ein ganz persönlicher Irrtum

Einmal, ein einziges Mal in meinem Leben, hätte ich Millionär werden können: 1967 während der Kulturrevolution in Hongkong. Es waren ungemütliche Monate damals. Streiks, Demonstrationen, Bomben, Tote, Verletzte. Hongkong schien die Stunde geschlagen zu haben. Viele Ausländer packten im Geiste die Koffer und schickten, was sie an Kunst und anderem Wertvollen besaßen, voraus.

Wir Deutschen sollten uns in der Stunde X, wenn aus China die Roten Garden oder die Soldaten der Volksbefreiungsarmee kämen, an der Repulse Bay versammeln. Dort würde ein Schiff ankern, uns an Bord nehmen und heimfahren.

Als alle nur noch von der Kulturrevolution redeten, von den Unruhen jenseits und diesseits der Grenze, meldete sich der Verwalter der Repulse Bay Towers und bot uns die gemietete Wohnung zum Kauf an. Der Eigentümer lebe in Schottland und wolle das Apartment verkaufen. Der gute Mann, ein typischer Schotte, wollte in letzter Stunde zu Geld machen, was nicht mehr zu Geld zu machen war.

An deutschem Standard gemessen, war unsere Wohnung Luxus. Vier versetzte Stockwerke: unten die Küche, dann das große Wohnzimmer, darüber das Arbeitszimmer mit Bad und ganz oben die Schlafzimmer mit Bädern. Im Sommer brannten in den Schränken Glühlampen, auf daß

Kleider, Anzüge und Schuhe nicht verschimmelten. Leise sang die Klimaanlage und surrte der »Dehumidifier«. Er holte in vierundzwanzig Stunden sechs Liter Wasser aus der Waschküchenluft. Zur Winterszeit, wenn die Sonne schien wie zu Hause im August, lief der »Humidifier« und versprühte Feuchtigkeit, weil die Luft strohtrocken war. Die großen Fenster der Wohn- und Schlafzimmer und auch der Balkon lagen nach Westen. Dort in Richtung Macao ging am Horizont des mit vielen kleinen Inseln gesprenkelten Meeres allabendlich gegen sechs Uhr feuerrot die Sonne unter.

Aus der Höhe des zwölften Stocks der Towers lag fast senkrecht unter uns der weiße Strand der Repulse Bay. Kein Chinese bräunte dort in der Sonne oder ging gar ins Wasser. Der Strand und das Meer gehörten damals nur Europäern und Amerikanern.

Als wir bereit waren, von so viel Schönheit und Komfort schweren Herzens Abschied zu nehmen, weil es Mao Tsetung im fernen Peking scheinbar so wollte, ausgerechnet in jenen Wochen sollte ich meine Ersparnisse zusammenkratzen, in Hongkong investieren und an der Riviera der Kronkolonie Eigentümer eines Apartments werden? Bei aller Liebe zu Hongkong: Ich hatte nicht gespart, um mein Geld am Südchinesischen Meer ins Wasser zu werfen.

Wußte ich doch Bescheid, was kommen würde und nicht mehr aufzuhalten war. Jeden Tag stand es in den maoistischen Zeitungen: »Hong Kong has been turned into a hell for its Chinese inhabitants ever since its forcible occupation by the British imperialists more than hundred years ago. Countless crimes in the forms of political persecution, economic exploitation and cultural pollution have been committed. Since the founding of the People's Republic of China, British imperialism, conspiring with U.S. imperialism and the Chiang Kai-shek gang, has incurred a great amount of new bloddy debts to the Chinese people. The Chinese people will see to it that the debts are repaid and Hong Kong is returned to China.« (»Hongkong ist für Chinesen seit der gewaltsamen Besetzung durch die britischen Imperialisten vor mehr als hundert Jahren die Hölle. Zahlreiche Verbrechen sind begangen worden: politische Verfolgung, wirtschaftliche Ausbeutung, kulturelle Luftverschmutzung. Seit der Gründung der Volksrepublik China hat der britische Imperialismus zusammen mit dem US-Imperialismus und der Chiang Kai-shek-Bande weitere Blutschuld auf sich geladen. Das chinesische Volk wird dafür sorgen, daß diese Schulden zurückbezahlt werden und Hongkong an China zurückgegeben wird.«)[1]

»An China zurück!« Das habe ich damals geglaubt, von der Phraseologie aber kein Wort. Überzeugt davon, daß die Maoisten meinten, was sie sagten, und ihren schrillen Trompetenstößen Taten folgen lassen würden, lehnte ich den Kauf des Apartments dankend ab.

Inzwischen sind fünfundzwanzig Jahre vergangen und die Mieten in Hongkong ins Astronomische gestiegen. Hätte ich damals in politisch scheinbar aussichtsloser Lage va banque gespielt und wider alle aufgeklärte Vernunft auf das maoistische Rot gesetzt – wie stünde ich heute da! Fünfundzwanzig Jahre sind dreihundert Monate und die malgenommen mit zunächst achttausend, dann zehntausend und später fünfzehntausend Mark Miete... Nein, ich rechne nicht weiter! Ich will's nicht wissen!

[1] We Shall Win. British Imperialism in Hong Kong Will Be Defeated, Hong Kong 1967

Die Zeit war noch nicht reif

Zweite Augusthälfte 1966 – Peking gehört den Roten Garden: »Endlich wird China rot! Siebzehn Jahre lang haben wir darauf gewartet! Die Stunde der Abrechnung ist gekommen! Zieht eure Bluejeans aus, werft eure hochhackigen Schuhe weg, laßt euch die Haare kurz schneiden und euch umtaufen, wenn ihr nach Feudalismus stinkende Familiennamen habt. Nehmt den Ausbeutern das Geld weg und beschlagnahmt ihre Bankkonten. Wir fordern Sonderausweise für Kapitalisten und Konterrevolutionäre, damit sie als Dämonen und Geister erkennbar werden!«

Der Korrespondent der deutschen Presseagentur dpa kabelt aus Peking: »Rot ist die heilige Farbe der Revolution. Die Mauern Pekings, die durch die Sandstürme, die seit Menschengedenken aus der nahen Wüste Gobi herüberwehten, schmutziggrau waren, sind über Nacht rot geworden. Tonnen von roter Farbe und Hunderttausende von Metern roten Fahnentuchs haben dieses Wunder vollbracht. Fortwährend fahren auf der sechsspurigen Pekinger Aufmarschstraße neue Marschkolonnen vorbei. Auf den Fahrzeugen sitzen dichtgedrängt Abordnungen der Roten Garden aus den Provinzen. Sie singen das Kampflied ›Der Osten ist rot‹.«

Blut fließt. Menschen werden totgeschlagen; andere springen in ihrer Verzweiflung aus dem Fenster. Die Roten Garden höhnen: »Verletzung der Menschenwürde! Offen gesagt, wir wollen nicht nur ihre Würde verletzen, sondern sie so zusammenschlagen, daß sie sich nie mehr erheben. Wir Rote Garden haben die bürgerlichen Rechten in die Lage von Ratten gebracht, die auf der Straße herumrennen und von allen gejagt werden... Wir müssen brutal sein! Wie können wir den Revisionisten gegenüber sanft und feinfühlend sein?... Revolutionäre sind wie der Affenkönig. Ihr goldener Stab ist mächtig, ihre übernatürliche Kraft weitreichend und ihr Zauber allmächtig, denn sie besitzen die große, unbesiegbare Lehre Mao Tse-tungs. Wir schmieden unsere goldenen Stäbe, wir benutzen unsere übernatürlichen Kräfte und verwenden unseren Zauber, um die alte Welt auf den Kopf zu stellen, sie in Stücke zu schlagen, sie zu Staub zu verwandeln, ein Chaos zu erreichen und eine große Unordnung zu stiften – je größer, desto besser!... Weg mit eurem Gefühl der Menschlichkeit!... Wir wollen euch zu Boden schlagen und euch den Fuß in den Nacken setzen!«[1]

So tönte es nach Hongkong herüber. Chinesische Schiffe im Hafen waren von oben bis unten mit kulturrevolutionären Parolen bepinselt; aus ihren Lautsprechern plärrte ohrenbetäubend aufreizende Musik. Zu den ersten Boten des fast undurchschaubaren Aufruhrs jenseits der Grenze gehörten kleine rote Bücher, fast vierhundert Seiten dick, die drüben in China als Mao-Bibeln längst berühmt und berüchtigt waren und nun auch in Hongkong die »Worte des Vorsitzenden Mao Tse-tung«, einer »geistigen Atombombe« gleich, unter das Volk bringen sollten. Jeder gute Maoist, jeder den Daumen in den Wind haltende Opportunist und jeder auf andere Zeiten sich ein-

[1] Peking Rundschau, 20. 9. 1966/27. 9. 1966

richtende Wendehals trug die Zitatensammlung des Großen Vorsitzenden, Lehrers, Oberkommandierenden und Steuermanns wie ein revolutionäres Schatzkästlein in der Brusttasche: links, wo das Herz schlägt.

Pekings Getreue tauchten Banken, Warenhäuser, Restaurants und Zeitungen ganz in Rot und schmückten sie mit Mao-Bildern. Gut sah der Große Vorsitzende aus, gepflegt und relativ jung für seine dreiundsiebzig Jahre, liebenswürdig und sympathisch, ganz und gar nicht blutrünstig. Hongkong-Chinesen, durch das geschichtliche Auf und Ab der letzten Jahrzehnte daran gewöhnt, nicht jedes revolutionäre Wort auf die Goldwaage zu legen, sondern ihrem gesunden Menschenverstand zu vertrauen, empfanden die kulturrevolutionäre Ouvertüre mehr als tragikomische Groteske denn als ernsthafte Gefahr.

Im Frühjahr 1967 aber stellte irgendwer im südchinesischen Canton, dem heutigen Guangzhou, oder irgendein Unbekannter im fernen Peking den Zeiger des kulturrevolutionären Kompasses für Hongkong auf radikal. In einer Fabrik für Plastikblumen im Stadtteil Kowloon kam es zu einem Ausstand. Arbeiter in anderen Waschküchenbetrieben solidarisierten sich mit den Streikenden. Demonstranten gingen auf die Straße. Polizei trat in Aktion. Es kam zu Zwischenfällen. Autobusse brannten. Die Kulturrevolution war nach Hongkong übergeschwappt.

Eskalationsstufe zwei: Demonstrationen vor dem Amtssitz des britischen Gouverneurs. Jungen und Mädchen chinesischer Schulen brüllten Parolen, sangen Lieder, ballten die Fäuste; kletterten wieselflink an dem schmiedeeisernen Zaun hoch und bepflasterten ihn mit hastig bepinselten Wandzeitungen. Es wurde ungemütlich; wenn Arbeiter sich hinzugesellten, sah es gefährlich aus.

Der »Volkszorn« sprang über in die dichtbesiedelten Chinesenviertel von North Point. Über den größten Teil der Insel wurde eine Ausgangssperre verhängt, die erste seit der Besetzung durch die Japaner während des Krieges. Polizei drang in Wohnungen ein, bei Widerstand mit Gewalt. Die chinesischen Polizisten standen in kolonialen Diensten, gehorchten britischen Offizieren. Wie lange? Bei Gehorsamsverweigerung würde die Kolonie verloren sein.

Auf den Straßen Hongkongs lagen rätselhafte Plastiktüten und Pappkartons. Im Rundfunk wurde gewarnt: »Faßt sie nicht an! Benachrichtigt sofort die Polizei!« Achtlos weggeworfen waren viele; leer Tausende aber enthielten selbstgebastelte Bomben. Achttausend wurden zur Detonation gebracht.

Die Gerüchteküche kochte. Die Blicke richteten sich auf das »Grabmal« der alten Bank of China. Dort wurden die Drahtzieher des Aufruhrs vermutet. Wann würden die Briten die Verschwörerzentrale ausräumen, ausräuchern? Im höchsten Stockwerk des Hilton-Hotels gingen Journalisten und Kameraleute in Stellung. Dort oben lag ihnen die Bank zu Füßen. Wahrscheinlich heute noch werde die Zitadelle gestürmt, hieß es. Hubschrauber würden auf dem Flachdach landen. Aber die Briten griffen Chinas feste Burg nicht an.

Eskalationsstufe drei: Grenzzwischenfälle – im Dorf Sha Tau Kok in der nordöstlichsten Ecke der Kolonie; dort geht die Grenze mitten hindurch. Schüsse fielen. Fünf Polizisten starben, dreizehn wurden verletzt. Auf den Kämmen der hohen, steil aufsteigenden Grenzberge gingen Gurkhas in Stellung, britische Fremdenlegionäre aus den Hochtälern des Himalaja, gefürchtete Soldaten, der britischen Krone gegen guten Söldnerlohn treu ergeben.

Im Grunde aber war die Kolonie nicht zu verteidigen. Zehntausend Mann zählte die Streitmacht der Briten, Gurkhas und Locals, der örtlichen Freiwilligen. Wieviel Kampfflugzeuge standen irgendwo herum? Vielleicht ein Dutzend. Die paar Kriegsschiffe, die im Hafenwasser dümpelten, mochten schnell sein, waren aber klein. Gegen die Riesenstreitmacht jenseits der Grenze hatte Hongkong keine Chance. Verteidigung wäre Wahnsinn gewesen.

Aus der Nachbarprovinz Kwangtung, heute Guangdong, marschierten Hongkongs »Befreier« heran, Rote Garden. Sie tauften die Kolonie um in »Stadt zur Vertreibung des Kolonialismus«. Mit Parolen machten sie sich Mut. Der britische Imperialismus müsse hundert Jahre der Blutschuld zurückzahlen, seine Tage seien gezählt. Die tapferen Söhne und Töchter der chinesischen Nation würden bis zum Endsieg kämpfen und ihre Hongkonger Brüder und Schwestern heim ins Reich holen.

Die jungen »Befreier« näherten sich der Grenze. Jetzt kam es darauf an: Würden die Briten ihren Soldaten Schießbefehl geben? Das hätte Krieg bedeutet. Oder?

Da geschah ein Wunder. Noch auf chinesischer Seite wurden die Roten Garden von Mao Tse-tungs Volksbefreiungsarmee abgefangen. Irgend jemand hatte irgendwo die letzten Notbremsen gezogen, nicht gewillt, sich das Tempo der Liquidierung von Hongkong durch Rote Garden, Regionalmachthaber oder wen auch immer diktieren zu lassen.

Die kulturrevolutionären Monate in der Kolonie waren schlimm. Täglich Demonstrationen, Polizeihundertschaften, Zwischenfälle und Bomben. Europäer und Amerikaner mieden die Chinesenviertel. Den sechs Millionen Bewohnern drehte China den Wasserhahn ab. In der

Saunahitze des Sommers 1967 floß das Wasser nur alle vier Tage für vier Stunden. Von drüben versiegte auch der Strom von Schweinen, Enten, Eiern und Frischgemüse.

Die Kulturrevolution brachte Hongkong vielerlei Unbequemlichkeiten, in China aber verbreitete sie Schrecken und Todesängste. Dort geisterte eine Millionenarmee von Revolutionären durch die Zeitungsspalten. Für die Roten Garden gab es keinen schöneren Tod auf der Welt, als für Mao Tse-tung zu sterben. Es sah nach politischem Amoklauf aus, nach jugendlichem Wahnsinn und klinikreifer Massenhysterie.

In Shanghai stürmten Rotgardisten das Haus des britischen Konsuls. Sie beschmierten das Bild der Queen und zwangen den Diplomaten, als er den Kotau vor einem Bild Maos verweigerte, wie ein Frosch um das Grundstück zu hüpfen. Durch Pekings Straßen marschierten Hunderttausende und brüllten antibritische Parolen. Ein Mob stürmte die britische Mission, verwüstete das Gebäude und steckte es in Brand. »Tod den ausländischen Teufeln!« Die Diplomaten, Männer und Frauen, wurden geschlagen und bespuckt.

Die schrecklichste Nacht seines Lebens durchlitt in Peking auch der Korrespondent der Nachrichtenagentur Reuter. Rotgardisten zerschlugen die Wohnungseinrichtung, banden seine Arme auf den Rücken, übergossen ihn mit schwarzer Farbe und hängten vor seinen Augen seine Katze auf. Und dazu das Geschrei: »Hängt auch ihn! Hängt ihn auf!«

Fremdenfeindlichkeit war wie schon in der Vergangenheit eine wirksame Droge, um Chinesen zu einigen. In der Literatur überwiegt das Urteil, sie seien beneidenswert vernünftig, pragmatisch wie Geschäftsleute und stünden mit beiden Beinen auf der Erde. Aber Chinesen können auch anders – gegen ihre eigenen Landsleute sogar ganz anders. Dann handeln sie wie in Ekstase, ein Rausch kommt über sie, ihr lächelndes Gesicht wird zur Fratze. Dann haben Chinesen Angst vor Chinesen – und Ausländer auch.

Die Kulturrevolution war wie ein Vulkanausbruch. Glühende Feuer explodierten und verbrannten die zu normalen Zeiten konfuzianische Strenge. Des weisen Konfuzius' rituelle Sittenlehre verglühte in ideologischem Fanatismus. Chinesen wurden irrational, erschreckten durch die gewöhnlich unsichtbare andere Seite ihrer Rationalität. Konfuzius hatte seine Chinesen gekannt. Er wußte, warum er sie in ein Korsett strenger Regeln einschnüren wollte – um die Temperaturen des Vulkans zu kühlen. In der Kulturrevolution aber hatte er nichts mehr zu sagen.

Konterrevolutionäre, bourgeoise Elemente und akademische Autoritäten wurden mit Schandkappen auf dem Kopf und Plakaten um den Hals durch die Straßen getrieben. Wem auch nur ein einziges Mal eine solche Schandkappe aufgesetzt worden sei, der verliere endgültig jedes Ansehen und werde nicht mehr als ein Mensch angesehen. So hatte Mao Tse-tung geschrieben, und die Roten Garden hatten seine Gesammelten Werke aufmerksam gelesen.

Die Kommunistische Partei wurde oben und unten radikal gesäubert. So ziemlich jeder, der bis dahin berühmt gewesen war, wurde gestürzt. Der Prominenteste war der Renegat, Konterrevolutionär und Arbeiterverräter, Staatspräsident Liu Shao-ch'i. Auch Deng Xiaoping, der – Jahre später – als Nachfolger Maos wiederauferstehen sollte, verschwand in der Versenkung. Von jenen, die in der Welt bekannt waren, überlebte politisch nur Ministerpräsident Chou En-lai. Die revolutionäre Begeisterung verbrannte finstere Elemente und diejenigen, die Machtpositionen innegehabt hatten und den kapitalistischen Weg gegangen waren. So die Propaganda.

Als die im Osten aufgehende rote Sonne der proletarischen Kulturrevolution, nach den Worten der Einpeitscher, China mit ihrem leuchtenden Glanz erhellte, flossen Ströme von Blut. Millionen wurden gefoltert, erschlagen, erschossen oder schieden freiwillig aus dem Leben. Wie viele Millionen es waren? Keiner hat die Toten gezählt.

Wie von einem Fieber geschüttelt, erklärte China der ganzen Welt den politischen Krieg: den britischen Kolonialisten, den amerikanischen Imperialisten und den sowjetischen Revisionisten. Auf Chinas Seite stand praktisch nur noch ein einziges Land: der Zwerg Albanien. Viel Feind, viel Ehr!

Als in Hongkong die gellenden Rufe dieser eigenartigen Revolution verstummten, der Aufstand der Massen aus Mangel an Masse ins Leere lief, China den Wasserhahn wieder aufdrehte, so daß die Brausen wie früher funktionierten und die Badewannen wieder vollaufen konnten, hieß die kulturrevolutionäre Bilanz in der Kronkolonie: 47 Tote und 781 Verletzte.

Was war geschehen? Die sechs Millionen Hongkong-Chinesen hatten sich in ihrer erdrückenden Mehrheit den revolutionären Sirenenklängen von drüben verweigert. »We shall win« – wir werden siegen – hieß der Sonderdruck der einem Millionär gehörenden Zeitung »Ta Kung Pao«. Fotos dokumentierten auf jeder Seite den heldenhaften Kampf der Hongkong-Chinesen gegen ihre britischen Unterdrücker. In chinesischer und englischer Sprache wurde zum Kampf bis zum Endsieg aufgerufen. »Where there is oppression, there is resistance. The sanguinary suppression of the Chinese inhabitants in Hong Kong carried out by the British fascists cannot but rouse the Chinese inhabitants to resolute counter-attacks. Without showing the slightest fear in front of the wild beasts, they have mobilized themselves and unite together to wage a resolute struggle.« (»Wo Unterdrückung ist, da ist auch Widerstand. Die blutige Unterdrückung der Hongkong-Chinesen durch die britischen Faschisten führt zwangsläufig zu entschlossenen Gegenangriffen. Ohne die geringste Furcht im Angesicht der wilden Tiere haben die Hongkong-Chinesen die Mobilmachung ausgerufen und sich zum Kampf zusammengeschlossen.«) »The invincible thought of Mao Tse-tung is the source of strength and the guarantee for victory.« (»Die Lehre Mao Tse-tungs ist die Kraftquelle und der Garant des Sieges.«)[2]

Zur »Verteidigung der Würde der chinesischen Nation« wurde im Hafen der Generalstreik ausgerufen. »Boykottiert das Be- und Entladen der Schiffe! Paralysiert den Hafen! Schneidet der teuflischen britischen Herrschaft den Lebensnerv durch! Dieses ist ein großer Kampf für die Würde unseres Vaterlandes und eine glorreiche Schlacht zur Verteidigung der Lehre Mao Tse-tungs!« Ergebnis: fast Null, nicht nennenswert.

Es half alles nichts: Die revolutionären Parolen mobilisierten nur eine Minderheit. Die Mehrheit ging tagsüber ihrer Arbeit nach und blieb abends zu Hause. In Chinas angeblich größter, heroischster und ruhmreichster Zeit zeigten die Hongkong-Chinesen ihrem Mutterland die kalte Schulter. In dieses Reich wollten sie nicht heim.

[2] We Shall Win, a. a. O.

Wann hat es das in der Kolonialgeschichte je gegeben, daß ein »Volk« für seine Kolonialherren votierte? Nie waren die Briten geliebt gewesen, aber jetzt auf einmal waren sie das kleinere Übel. Ein größeres Kompliment ist ihnen in ihrem Empire nirgends gemacht worden.

Damals stand das Schicksal von Hongkong auf des Messers Schneide, aber die Kolonie überlebte. Irgendwer im großen China hatte es gut mit Hongkong gemeint. Wer? Vielleicht Ministerpräsident Chou En-lai, der das kulturrevolutionäre Chaos, periodisch selbst angeschlagen, einigermaßen durchstand und seine Macht behauptete. Er schien in Peking gelegentlich der einzige zu sein, der seine praktische Vernunft noch nicht in den kulturrevolutionären Glutofen geworfen hatte.

Als das maoistische China in kulturrevolutionärer Trance ideologisch heißlief, besinnungslos taumelte und gegen Kolonialisten und Imperialisten alle propagandistischen Register zog, hat Peking das britische Hongkong, diese Gans, die ihm goldene Eier legte, nicht geschlachtet. Wer kann es verstehen, die Kluft zwischen Phrase und Tat erklären, den eklatanten Widerspruch zwischen Ideologie und Praxis deuten?

China hätte Hongkong damals schlucken können. London hätte ordnungshalber protestiert, aber außer dem Sturm im Wasserglas wäre nichts gewesen. Welche Macht hätte für Hongkong einen Krieg mit China gewagt? Die Amerikaner kämpften damals in Vietnam und gerieten dort immer tiefer in die Sümpfe. Hilfe von Washington wäre nicht zu erwarten gewesen. Großbritannien allein hätte eine Politik des Appeasement betrieben, der Beschwichtigung und Besänftigung. Was wäre ihm auch anderes übriggeblieben?

Das Ende von Hongkong – es wäre eine Art Anfang zum Verständnis der Kulturrevolution gewesen. In dem Chaos von Macht- und Richtungskämpfen, Mao-Getreuen und Mao-Verrätern, Revolutionären und Revisionisten, in diesem Verwirrspiel von Kommunismus, Nationalismus und Fremdenfeindlichkeit wäre eine gewisse Logik, ein Ziel erkennbar geworden. Aber dem kulturrevolutionären Crescendo von Parolen und Phrasen folgte kein Finale. Als der Taumel vorüber war, blühte die Kolonie auf wie noch nie in ihrer Geschichte.

»All they need to do is make a phone call«, hieß es im Hongkonger Volksmund seit Maos Sieg im Bürgerkrieg. Frei übersetzt: Ein Telefonanruf aus Peking genügt, und Hongkong ist erledigt. Aber der Anruf kam nicht.

Mao Tse-tung soll 1959 gesagt haben, es sei zweckmäßig, Hongkong vorläufig noch nicht zu beanspruchen. Man habe es nicht eilig, denn zur Zeit sei die Kolonie für die Volksrepublik nützlich. Hongkongs kommunistische Kaufhäuser schmückten sich mit einem Mao zugeschriebenen Zitat: »We want to do business. Quite right. We are against no one except reactionaries, foreign or domestic, who want to prevent us from doing business.« (»Wir wollen Geschäfte machen. Ja, das wollen wir. Wir sind gegen niemanden, außer gegen ausländische und einheimische Reaktionäre, die uns daran hindern wollen, Geschäfte zu machen.«)[3]

Die alle Phasen der maoistischen Revolution überdauernde Sprachregelung für Hongkong hatte Chou En-lai ausgegeben. Auf dem Rückflug von der legendären Bandung-Konferenz 1955 in Indonesien, wo die blockfreien

[3] Trea Wiltshire: Hong Kong, Hongkong 1971, S. 153

Staaten eine Kursbestimmung für die Zukunft versucht hatten[4], landete er in der Kolonie. Er sagte sinngemäß, dort solle grundsätzlich alles beim alten bleiben, vorausgesetzt, Ruhe und Ordnung könnten aufrechterhalten werden. Hongkong sei ein Problem, das die Geschichte vererbt habe, und bei Problemen dieser Art könne man sich Zeit lassen.

In Mao Tse-tungs Gesammelten Werken und Pekings revolutionären Büchern stand es nicht, daß die Zeit noch nicht reif sei. Auch 1956 war sie noch nicht reif gewesen, als am Staatsgründungstag der Republik China auf Taiwan blutige Unruhen in der Kolonie ausbrachen. Autobusse und Pkws gingen in Flammen auf, eine Ausgangssperre wurde über Kowloon verhängt, zahlreiche Menschen fanden den Tod, viele wurden verwundet. Wiederum blieb im fernen Peking Chou En-lai ruhig und gelassen. Man werde abwarten, ob die britischen Behörden in der Lage seien, Ruhe und Ordnung wiederherzustellen.

Revisionistisch und ganz und gar unrevolutionär argumentierte siebzehn Jahre später auch der Vertreter der Volksrepublik in den Vereinten Nationen. Es war der spätere Außenminister Huang Hua. Die Weltorganisation debattierte das Thema der Entkolonialisierung. Dabei kam naturgemäß auch das Problem Hongkong auf die Tagesordnung, aber der Chinese erhob Einspruch und bestand darauf, das Thema zu streichen. Seine Begründung: Hongkong sei ein von Großbritannien besetztes chinesisches Territorium und könne mit einer Kolonie nicht gleichge-

[4] Dabei erklärte Chou En-lai, China denke nicht daran, den Kommunismus in andere Länder zu exportieren. Vgl. dazu Hans Walter Berg, Gesichter Asiens, Hamburg 1983, S. 65.

stellt werden. Die Lösung falle in den Bereich der chinesischen Souveränität und werde mit geeigneten Methoden angestrebt, wenn die Zeit dafür reif sei. Die Vereinten Nationen hätten kein Recht, die Hongkong-Frage zu diskutieren. Und so fiel im Glaspalast am New Yorker East River das Thema Hongkong für alle Zeiten unter den Tisch.

Die Sowjets aber ließen es sich nicht entgehen. Während ihres ideologischen Stellungskrieges gegen die Maoisten beschuldigten sie Peking, es benutze Hongkong als Poststelle zum Versand seiner antisowjetischen Pamphlete. Maos Antikolonialismus sei erst dann glaubwürdig, wenn die britischen Kolonialisten vertrieben würden. Was tue Peking denn, um die Hongkong-Chinesen dem britischen Kolonialismus zu entreißen? Nichts, überhaupt nichts! Es fördere sogar noch den kolonialistischen Anachronismus auf chinesischem Boden. In der Zeit der schweren Mißernten seien zum Schaden der Bevölkerung in China Güterzüge mit Lebensmitteln nach Hongkong gerollt, diesem Bollwerk chinafeindlicher Aktivitäten und internationaler Spionage.

Das von vielen in der Welt als gewaltlos und friedlich gefeierte Indien stieß in das gleiche Horn. Chinas Attacken gegen Kolonialisten und Imperialisten seien nur tönerne Phrasen und leeres Stroh. Während das portugiesische Goa von den Indern befreit worden sei, unternehme Peking gegen die Kolonie vor seiner Haustür nichts.

Die Maoisten aber ließen sich nicht provozieren und aus der Ruhe bringen. In souveräner Gelassenheit und mit der Arroganz dessen, der sich seiner Sache ganz sicher ist, erklärten sie, das chinesische Volk brauche seinen Mut vor kolonialistischen Thronen durch gewaltsame Aktionen nicht zu beweisen. Wenn die Zeit reif sei, werde über Hongkong verhandelt und eine friedliche Lösung herbeigeführt werden. Solange dort kein offensiver Militärstützpunkt entstehe, gelte das Prinzip der friedlichen Koexistenz.

So gedieh denn Hongkong durch Kooperation mit der Volksrepublik munter fort. China lieferte alles, was die Kolonie zum Leben brauchte: Reis, Schweine, Enten, Hühner, Eier, Obst, Gemüse, Ziegelsteine, Zement und – nicht zu vergessen! – Trinkwasser. Hongkong bezahlte mit gutem Geld, in harter Währung. Ein Drittel seiner Devisen, die China auf dem Weltmarkt zum Kauf seiner Investitionsgüter brauchte, kam aus der Kolonie. Die Menschen auf der Insel, in Kowloon und den New Territories sagten lächelnd, Mao habe in Hongkong den Stein der Weisen gefunden. Dort mache er aus Salatblättern Gold. Also werde er die Gans, die ihm goldene Eier lege, auch niemals schlachten.

In europäische Vorstellungen übersetzt, glich die Kolonie einem ostasiatischen Danzig. Als in Deutschland »der Führer« kam, löste er die Danzig-Frage innerhalb von sechs Jahren und riskierte den Zweiten Weltkrieg. Als aber in China »der Führer« kam, löste er das Problem Hongkong auch in fünfundzwanzig Jahren noch nicht. Als Mao Tsetung starb, hatte er es, soweit bekannt, öffentlich nur ein einziges Mal angesprochen, und zwar höchst friedfertig und koexistenzbereit.

Im China Maos klafften antikolonialistische Reden und die koloniale Wirklichkeit vor seiner Haustür meilenweit auseinander. Die Maoisten setzten ihre glühenden Worte nicht gleich in Politik um. Gedanke und Tat waren bei ihnen nicht immer identisch. Nach den Maximen, die sie heute in schwelgerischen Reden vor der ganzen Welt verkündeten, handelten sie morgen noch lange nicht.

Deshalb wurde von Außenstehenden auch die Kulturrevolution nicht gleich am ersten Tag wortwörtlich genommen. Der Gegensatz von Phrase und Tat ist periodisch eine Besonderheit der chinesischen Geschichte gewesen. Es war durchaus nicht grenzenlose Dummheit der »old China hands«, daß sie 1949 der Meinung waren, China werde nie kommunistisch werden: Die Chinesen seien viel zu clever, viel zu individualistisch und geschäftstüchtig, um als blaue Ameisen im kommunistischen Kollektiv gesichtslos unterzugehen. Mit Händlergesinnung geimpft, könne kein Chinese zum Kommunisten werden. Japaner – ja, die seien möglicherweise für den Ameisenstaat prädestiniert, aber Chinesen niemals.

Die »old China hands« haben sich geirrt. Brutale Macht und ein unentwegtes Propaganda-Bombardement brachen die in jahrhundertealten Traditionen verankerte Widerstandskraft der Chinesen, zumindest nach außen hin. Wie es bei ihnen drinnen aussah – wer wollte es wissen?

Erschreckendes Beispiel für ein neues China, das niemand kannte, war die Kulturrevolution. Jetzt folgten den menschenverachtenden Worten die blutigen Taten, den bizarren Anklagen der Genickschuß, dem Geschrei der Roten Garden der Sprung aus dem Fenster. Am Anfang war das Wort, und es mündete in die Tat – schnurgerade, ganz logisch, gnadenlos. Also war jetzt auch Hongkong erledigt.

Gebannt blickten die Menschen an der Jahreswende 1966/67 nach Macao. In der winzigen portugiesischen Kolonie, nur sechzig Kilometer jenseits der Mündung des Perlflusses von Hongkong entfernt, probten die Maoisten den Aufstand zuerst. Anlaß der Unruhen war nach außen hin der Streit über den Bau einer maoistischen Schule.

Gerüchte wollten wissen, der zuständige portugiesische Beamte habe vergebens auf die bis dahin üblich gewesenen Schmiergelder zur Beschleunigung »der Angelegenheit« gewartet. Rote Garden rotteten sich zusammen. Der Gouverneurspalast wurde gestürmt, ein Ausgehverbot verhängt, Schüsse fielen. Acht Chinesen wurden getötet und hundert verletzt. In den portugiesischen Hoheitsgewässern kreuzten chinesische Kanonenboote.

Zur Wiederherstellung von Ruhe und Ordnung nannten die Maoisten Bedingungen. Der portugiesische Gouverneur unterschrieb, was ihm vorgelegt wurde. Er schickte den Stadtkommandanten und den Polizeikommissar in die Heimat zurück, löste alle Organisationen der Nationalchinesen von Taiwan auf und lieferte sieben Anhänger Chiang Kai-sheks an die Volksrepublik aus. Am Ende mußte der von Lissabon ernannte Gouverneur kapitulieren und unter Maos Bild ein Schuldbekenntnis unterschreiben.

Von den Unruhen, Zumutungen und Demütigungen entnervt, wollten die Portugiesen das ihnen seit 1557 gehörende Macao an China zurückgeben, doch Peking sagte überraschend nein. Ihr dürft nicht nur bleiben, ihr müßt sogar bleiben, hörten die verblüfften Portugiesen aus Chinesenmund. Nicht ihr entscheidet, wann ihr gehen wollt, sondern wir entscheiden, wann ihr gehen dürft. Für euren Abzug ist die Zeit jetzt noch nicht reif. Ihr seid verurteilt zu bleiben, und eines Tages werden wir euch auch sagen, wie lange noch.

Damals noch mediterran romantisch, still verträumt und abseits der pazifischen Handelsströme dem Glücksspiel ergeben, darf das heute boomende Macao bis 1999 weiterexistieren. Erst dann darf der portugiesische Gouverneur seine Koffer packen. Bis dahin regiert er von Pekings Gnaden.

Warum nahm Peking von Lissabon Macao als Geschenk nicht an? Wahrscheinlich, weil Chou En-lai an Hongkong dachte. Denn mit der Annahme der portugiesischen wäre auch die Problematik der Rückgabe der britischen Kolonie aufgerollt worden. China hätte, um sein Gesicht zu wahren, Macao nicht schlucken und mit Hongkong weiterhin friedlich koexistieren können. Eine solche Paradoxie wäre früher einmal denkbar gewesen, aber in der Kulturrevolution nicht.

Eines Tages aber würden die Briten den Union Jack über der Insel, dem Festlandsteil Kowloon gegenüber und den New Territories dahinter einholen müssen. Darüber waren sich in der Kolonie alle klar. Auf ewig konnte es im alten Stil nicht weitergehen. Hongkong wurde mehr und mehr zu einem Anachronismus. Von Mao Tse-tung geeint, war China stark und mächtig geworden. Während der Zweiteilung der Welt in West und Ost geostrategisch umworben und vom Zeitgeist der Entkolonialisierung begünstigt, würde dem nuklear gerüsteten China das geschwächte Großbritannien Konzessionen machen müssen. Aber welche?

Anfang der achtziger Jahre verlautete aus politischen Kreisen in der Kolonie, Peking falle die Entscheidung schwer, und es wolle sie hinauszögern. Den Chinesen wäre es am liebsten, das Thema Hongkong würde nicht angesprochen und der Mantel des Schweigens darüber gebreitet, denn andernfalls müsse Peking vor der ganzen Welt beweisen, daß es das Hongkonger Wirtschaftswunder nicht kaputtmache. Das Gesicht zu verlieren sei für die Chinesen ein ernstes Problem. Außerdem sei bis 1997 die Zeit ja noch lang.

Das Schicksalsjahr 1997 aber rückte immer näher. Auf dem Kalender war es dick unterstrichen, denn dann würde der auf neunundneunzig Jahre über die New Territories geschlossene »ungleiche« Pachtvertrag, für den die Briten nie einen einzigen Pfennig Pacht bezahlt haben, auslaufen. Und dann – darüber machte sich kaum jemand Illusionen – würde auch das Schicksal der von China in »ungleichen Verträgen« an Großbritannien »auf ewig« abgetretenen Insel Hongkong und des den Briten ebenfalls »auf ewig« überlassenen Festlandsbrückenkopfes Kowloon zur Sprache kommen. Gegen diese Logik gab es kein Aufbäumen. Die Zeiten waren andere geworden. Es ging gar nicht anders. Und so kam es dann auch.

Im September 1982 besuchte die britische Premierministerin Margaret Thatcher Peking, und schon heute streiten sich Historiker über den Verlauf der Gespräche dort. Machte ihr eine schwere Erkältung zu schaffen? War sie auf Grund des Sieges über Argentinien im Krieg um die Falkland-Inseln zu euphorischer Stimmung? Glaubte sie tatsächlich, konservative Wahrheiten auch den Chinesen zumuten zu können?

Mrs. Thatcher reiste in der Überzeugung, durch den Sieg im Falklandkrieg habe »sich das internationale Ansehen Großbritanniens wie auch meiner Person grundlegend gewandelt«. Aber ausgerechnet dieses erstarkte Selbstbewußtsein, gesteht sie in ihren Memoiren, erwies sich in den Gesprächen mit den Chinesen »als Nachteil«. »Die chinesische Führung wollte beweisen, daß das Vorgehen in Falkland kein Präzedenzfall für die Kronkolonie werden durfte.«[5]

Die Eiserne Lady pochte bei den Verhandlungen »auf den britischen Herrschaftsanspruch für zumindest einen Teil des

[5] Margaret Thatcher: Die Erinnerungen, Düsseldorf 1993, S. 376

Gebietes von Hongkong«, im Klartext also auf die Insel und auf Kowloon, die in juristischer Interpretation für alle Ewigkeit britisch waren. Korrekt legalistisch und sehr europäisch denkend, lief sie bei den Chinesen damit aber voll auf.

Herrschaftsanspruch, Hoheitsrechte, Oberhoheit – bei diesen Grundbegriffen aus dem Lehrbuch des Völkerrechts trauten die Chinesen ihren Ohren nicht. Was sollte das heißen? Es gab für die Briten nichts dergleichen in Hongkong, egal über welchen Teil. Die Verträge, auf die sich Frau Thatcher berief, waren als »ungleiche Verträge« für Peking Luft; Diktate, von dem mächtigen England dem hilflosen China im 19. Jahrhundert aufgezwungen, unter der Drohung von Kriegsschiffen und Kanonen. Die Pistole im Nacken, hatte das kaiserliche China sie unterschrieben. Und deshalb waren diese alten Papiere für die Maoisten nur gut für den Papierkorb. Über sie auch nur ein einziges Wort zu verlieren war vergeudete Zeit. Im Geist ihrer nationalistischen Väter und Vorväter wiederholten die Machthaber des neuen China den altbekannten Standpunkt, Hongkong sei ein von Großbritannien vorläufig verwaltetes chinesisches Territorium. Inzwischen aber hätten sich die Zeiten geändert. *Ob* Hongkong an China zurückfalle, sei überhaupt kein Thema; einzig und allein über das *Wann* ließe man mit sich reden.

Die britische Premierministerin mußte die bittere Lektion lernen, »daß die Chinesen in der Frage der Hoheitsrechte zu keinem Kompromiß bereit waren«. Deng Xiaoping sagte ihr eiskalt: »Wenn die Chinesen wollten, könnten sie noch heute in Hongkong einmarschieren und die Stadt einnehmen.« Mrs. Thatcher hatte »während der Verhandlungen stets den Eindruck, den Chinesen sei es einfach nicht klar, daß wir in Großbritannien es als unsere moralische Pflicht betrachteten, unser Bestes zu geben, um die Freiheit der Bevölkerung Hongkongs zu garantieren«. »Schweren Herzens« mußte sie schließlich »alle Hoffnungen« fahrenlassen. »Ich war deprimiert.«[6]

Wie es weitergehen sollte, blieb im September 1982 offen. Peking und London einigten sich auf Verhandlungen, aber ein Zeitplan für die Rückgabe der Kolonie wurde von beiden Seiten nicht bekanntgegeben. Die chinesische Nachrichtenagentur Xinhua ließ nur sibyllinisch verlauten, der Standpunkt der Regierung zur Rücknahme der Souveränität über Xianggang (Hongkong), Jiulong (Kowloon) und Xinjie (New Territories), über die Gesamtregion also, sei klar und allgemein bekannt.

Zwei Jahre später, kurz vor Weihnachten 1984, flog Frau Thatcher ein zweites Mal nach Peking und unterschrieb in einer kurzen Zeremonie von nur fünfzehn Minuten die »Joint Declaration of the Government of the United Kingdom of Great Britain and Northern Ireland and the Government of the People's Republic of China on the Question of Hong Kong«. Der wichtigste Satz darin lautet: »The Government of the People's Republic of China declares that to recover the Hong Kong area is the common aspiration of the entire Chinese people, and that it has decided to resume the exercise of sovereignty over Hong Kong with effect from 1 July 1997.« (»Die Regierung der Volksrepublik China erklärt, daß die Rückgewinnung des Gebietes von Hongkong das gemeinsame Ziel des ganzen chinesischen Volkes ist und daß sie entschieden hat, die Ausübung der Souveränität über Hongkong ab 1. Juli 1997 wieder zu übernehmen.«)

[6] Ebd., S. 379 ff. und S. 691

Die sechs Millionen Hongkong-Chinesen sind nicht gefragt worden. Im Stil klassischer Kabinettspolitik des 19. Jahrhunderts wurde hinter verschlossenen Türen über ihre Köpfe hinweg entschieden. Sie mußten draußen warten, das Ergebnis zur Kenntnis nehmen und sich fügen. Korrigieren konnten sie nichts mehr.

Der greise Deng Xiaoping möchte die Heimkehr von Hongkong ins Reich noch erleben. Des Sprechens kaum noch mächtig, hat er durch seine Tochter verlautbaren lassen, er möchte 1997 Hongkong besuchen – und sei es im Rollstuhl.

Vom nackten Felsen zum Kronjuwel

Es waren einmal – lang ist's her – englische Kaufleute in Canton. Die Stadt liegt im südlichen China an der Mündung des Perlflusses und heißt heute Guangzhou. Die Fremden lebten Anfang des 19. Jahrhunderts vor den Toren der mit Mauern und Gräben umgebenen Stadt in einem Sperrbezirk, einem Ghetto. Canton betreten durften sie nicht, auch kein Eigentum an Grund und Boden erwerben. So ziemlich alles war diesen »foreign devils«, diesen paar hundert ausländischen Teufeln, verboten: Frauen mitzubringen, chinesisches Personal anzustellen und sogar die chinesische Sprache zu erlernen. Sie lebten zwischen Baumwollballen und Baumwollstoffen, die sie importierten und nach China exportierten. Die Segelschiffe kamen im Sommer mit dem Südwestmonsun und traten die Heimreise im Winter mit dem Nordostmonsun an. Dazwischen lag die Haupthandelssaison. Anschließend bezogen die barbarischen Langnasen Quartier im portugiesischen Macao. Ein Vergnügen war ihr Leben nicht, und sicherlich gehörten auch nicht alle Kaufleute zu den ehrbaren.

Sie hatten einen Gemischtwarenladen und verkauften den Chinesen Rohbaumwolle aus Indien; baumwollene Stoffe, Blei, Quecksilber, Schrotteisen und anderes aus England, Zinn und Gewürze aus Malaya. Aus China verschifften sie Seide und Porzellan, aber vor allem Tee, denn die Blätter des englischen Nationaltrunks wurden zu jener

Zeit in Indien und auf Ceylon noch nicht angebaut. Und der Tee machte dann schließlich Geschichte.

Ihre Geschäfte wickelten die weißen Ghettobewohner mit einer kleinen, von den Behörden sorgsam ausgesuchten Schar von Chinesen ab, den vom Kaiser konzessionierten »Hong merchants«. Nur sie durften sich bei den Geschäften mit den Barbaren die Hände schmutzig machen. Das Volk war dafür zu gut. Daraus entwickelte sich später in Hongkong, Shanghai und den anderen Hafenstädten das Compradore-System. Die chinesischen Compradore waren Mittelsmänner, deren sich Europäer und Amerikaner im Import und Export bedienten. Schon weil sie kein Chinesisch sprachen, brauchten sie jemanden, der radebrechend des Pidgin-Englisch mächtig war. Dolmetscher also war der Compradore, gleichzeitig aber auch der Garant für eine korrekte Abwicklung der Geschäfte. Dafür erhielt er seine Kommission; er mußte jedoch, wenn etwas schiefging, die Verluste mittragen.

»Unter den Angestellten, aus denen sich das Personal eines in China tätigen fremden Handelshauses zusammensetzt, nimmt ein bezopftes Landeskind, allgemein unter dem Namen ›Compradore‹ bekannt, eine nicht zu unterschätzende Stellung ein«, hat der Bremer Kaufmann Eduard Grösser, der 1903 nach China ging, der Nachwelt in seinem Erinnerungsbuch hinterlassen. »Es ist scherzhaft bemerkt worden, daß, wie man Schatten nicht ohne Licht denken kann, es auch außer Bereich der Möglichkeit liege, sich den fremden Kaufmann im Lande der Mitte ohne die Person seines Compradores vorzustellen, dieser folgt dem Kaufmann wie sein Schatten, er sei sein zweites Ich. Er stellt alle Diener ein, die eine Firma nötig hat, und ist auch für deren Ehrlichkeit verantwortlich. Alle Bankrechnungen werden von ihm geführt. Daß der Compradore dabei seinen eigenen Vorteil nicht vernachlässigt, ist selbstverständlich. Sein Posten bietet ihm reichlich Gelegenheit zu sogenannten ›squeezes‹, Erpressungen, die man sozusagen als gesetzlich erachtet und die man daher seinem Gutdünken überläßt. Unter dem Wort squeeze versteht man die Gebühr, die jeder Chinese, durch dessen Hände Geld geht, stillschweigend einsteckt.«[1]

Die kleinen und großen Summen, die die Herren Compradore bei den Geschäften für ihren Master und beim Umgang mit dem chinesischen Personal ihres Herrn abzweigten, garantierten ihnen und ihren Familien Wohlstand, ja Reichtum. Als 1933 in Hongkong einer der Großen seiner Zunft starb, beweinte ihn die stattliche Zahl von dreizehn Frauen und fünfzig Kindern, beerdigt wurde er wie ein Gottkönig. Es soll eine der größten Trauerfeierlichkeiten gewesen sein, die die Kolonie je erlebt hatte. Jeder, der dem toten Compradore auf seinem letzten Gang die Ehre gab, erhielt ein kleines Taschentuch zum Trocknen der Tränen und darin eingewickelt fünf Hongkong-Dollar als »rickshaw money«.

Doch zurück zu den geschichtlichen Anfängen der Kolonie. Als Napoleon gen Moskau zog, wurde für die Briten der chinesische Tee knapp, und sie zahlten für Nachschub mit Silber. Weil aber ihr Durst unstillbar war, flossen große Mengen der edlen Münzen ab, mit denen sie – wir würden heute sagen – die negative Handelsbilanz mit dem Reich der Mitte ausglichen. Auf Dauer war das natürlich keine

[1] Eduard Grösser: Ein Bremer Kaufmann in China (= Ostasiatischer Verein), Bremen 1991, S. 14

Lösung, und so sannen Seiner britischen Majestät Kaufleute auf Abhilfe.

Da fiel ihnen ein, daß die Chinesen Opium rauchten. Die Droge war vom Kaiser in Peking zwar verboten worden, und mit der Todesstrafe wurde bedroht, wer erwischt wurde, aber in China waren solche drakonischen Gesetze dazu da, umgangen zu werden. Also wurde Opium geschmuggelt. Die chinesischen Beamten schmuggelten kräftig mit und füllten ihre Taschen.

Auf britischer Seite taten sich zwei rüde Herren aus gutem schottischen Hause bei den Nacht-und-Nebel-Geschäften besonders hervor: William Jardine und James Matheson. In Öl sind sie später gemalt und ihre Namen in die Geschichte von Hongkong mit goldenen Lettern eingeschrieben worden. Die Opiumzaren Jardine und Matheson standen an der Wiege des gleichnamigen Handelshauses, das über Hongkong herrschte wie der Buckingham Palace über das Empire. Heute zählt es über alle Welt verstreut fast 18000 Mitarbeiter.

Als diese beiden Rücksichtslosen im lukrativen Opiumgeschäft schon so manches Pfund verdient hatten, entsandte der chinesische Kaiser einen mit allen Vollmachten ausgestatteten Hohen Kommissar nach Canton. Er hieß Lin Tse-hsu – heute wird er Lin Zexu geschrieben – und sollte dafür gradestehen, daß kein Gramm der für die Volksgesundheit gefährlichen Droge im Mündungsgebiet des Perlflusses mehr an Land gebracht werden konnte. Eine seiner ersten Amtshandlungen war ein Brief an die britische Königin Victoria. Majestät müsse einsehen, schrieb Lin Tse-hsu, daß das in ihrem Land verbotene Opium auch nach China nicht eingeführt werden dürfe, denn was gesundheitsschädlich für ihre Untertanen sei, gereiche auch den Chinesen nicht zum Segen. Also müsse alles Opium auf den Grund des Meeres versenkt werden, damit es die Menschen nicht weiter vergifte. In diesem Sinne werde er in Canton die Macht ausüben.

Die Herren Kaufleute, die es anging, lachten ob der energischen Worte. Nicht zum ersten Mal spielte ein Chinese mit den Muskeln, aber Schmiergelder hatten jene seiner Vorgänger und der kleinen Beamten in den Dörfern und Fischernestern immer wieder erschlaffen lassen.

Doch dieser unbestechliche Lin ließ seinen kräftigen Worten verblüffende Taten folgen. Er erzwang die Ablieferung von 20000 Kisten Opium und ließ sie nicht in dunkle Kanäle verschwinden, sondern vernichten. Entschädigungslose Enteignung der köstlichen Fracht hatte es noch nie gegeben. Es schienen zwischen Barbaren und Chinesen tatsächlich neue Zeiten anzubrechen.

Die Briten aber waren nicht gewillt, vor Herrn Lin und seinen ungehörigen Methoden in die Knie zu gehen. Sie riefen aus Indien Kriegsschiffe und Soldaten herbei. Erste Scharmützel auf See signalisierten Kriegsgefahr. Ein Zwischenfall folgte dem anderen, und dann war der Krieg schließlich da. Am 25. Januar 1841 ging der britische Kapitän Belcher mit der Besatzung Ihrer Majestät Schiff Sulphur auf der Insel Hongkong an Land und brachte »three cheers« auf die Gesundheit Königin Victorias aus. Vier Monate später eroberten die Engländer Canton. Entlang der Küste segelten sie nach Norden, erreichten Shanghai, fuhren in den Yangtse hinein und bedrohten eines Tages Chinas südliche Hauptstadt Nanking.

Der Kaiser in Peking bat um Frieden. Er hatte den Krieg verloren. Und so wurde in Nanking am 24. Tage des siebten Monats im 22. Jahr Tao-kuang, das heißt am 29. August 1842, jener Vertrag unterschrieben, dessen Artikel 3 bestimmte: »It being obviously necessary, and desirable, that British subjects should have some port whereat they may careen and refit their ships, when required, and keep stores for that purpose, His Majesty the Emperor of China cedes to Her Majesty the Queen of Great Britain the Island of Hong Kong, to be possessed in perpetuity by Her Britannic Majesty, Her Heirs, and Successors and to be governed by such laws and regulations as Her Majesty the Queen of Great Britain shall see fit to direct.« (»Da es erforderlich und wünschenswert erscheint, daß den britischen Untertanen ein Hafen zur Verfügung steht, in dem sie ihre Schiffe auf Kiel legen und, wenn notwendig, wieder instand setzen und zu diesem Zweck Lager unterhalten können, überläßt Seine Majestät, der Kaiser von China, Ihrer Majestät, der Königin von Großbritannien, die Insel Hongkong, auf daß sie in Ewigkeit Besitz Ihrer Britischen Majestät, ihrer Erben und Nachfolger sei und den Gesetzen und Bestimmungen unterliege, die Ihre Majestät, die Königin von Großbritannien, zu erlassen für notwendig erachtet.«)

Auf immer und ewig nahmen die Briten die Insel, die sie auf den Namen ihrer Königin Victoria tauften, in Besitz. Die paar Quadratkilometer schienen im Rahmen der Weltgeschichte keine große Rolle zu spielen. Auf dem Globus war das Inselchen überhaupt nicht eingezeichnet, und an der gewaltigen Größe Chinas gemessen, fiel es nicht ins Gewicht.

Trotzdem aber war 1842 ein Schicksalsjahr, nur wußte das damals noch niemand. Erst heute, im Rückblick, offenbart sich die ganze Tragweite des schmutzigen Opiumkrieges. Mit Hongkong begann eine nicht enden wollende Kette von Demütigungen für China. Die britische Kolonie läutete den in zweitausend Jahren verkrusteten Traditionen des Reiches der Mitte die Todesglocke. In Hongkong fing für China die Neuzeit an, deren fürchterliche Beben erst heute abklingen, abzuklingen scheinen – denn die Zukunft des Landes kann niemand voraussagen.

Da saßen die Engländer nun, mitten im Wasser, auf einem Felsenberg, fast 600 Meter hoch, aus schierem Granit; senkrecht fielen die Hänge ins Meer. Foreign Secretary Lord Palmerston meinte in London verächtlich, Hongkong sei nur »a barren island with hardly a house upon it« – nur eine unfruchtbare Insel mit kaum einem Haus drauf. Er hatte gar nicht so unrecht.

Wo konnten auf diesen Felsen aus Urgestein Häuser, Lagerschuppen und Hafenanlagen gebaut werden? Eine Kolonie für Bergsteiger war dieses Hongkong, aber kein Platz für smarte »business people«. Straßen gab es auch keine. Der flache Streifen am Hafenwasser war gerade breit genug für die heutige Queen's Road. (Des Meeres Wellen plätscherten damals tatsächlich dort, wo heute das Hilton Hotel steht.) Tausend Dollar wollte eine Zeitung demjenigen zahlen, der auf den Granitfelsen Vieh züchten und Getreide ernten konnte.

Auch daheim in London hatte Hongkong eine schlechte Presse. Zu den notorischen Meckerern gehörte sogar die »Times«. Wenn des stolzen Britannien zukünftiger Handel auf dieses miserable Eiland beschränkt sei, dann sei alles verloren. Das sei ja auch der Grund gewesen, weshalb die Chinesen die Insel so bereitwillig abgetreten hätten. Mit anderen Worten: Die Chinesen hätten gewußt, daß die Engländer eine Riesendummheit machten. Auch ihrer Meinung nach war aus Hongkong nichts herauszuholen.

Die Kritiker und Spötter aber hatten eines übersehen: den Tiefwasserhafen. Ihn und nur ihn hatten die Offiziere der Royal Navy im Auge gehabt, als sie auf der Insel – und nur auf dieser und nicht auf einer der vielen anderen Inseln – den Union Jack hißten. Sie brauchten für ihre Schiffe tiefes Wasser, nicht ahnend, daß es nach anderthalb Jahrhunderten selbst noch für Riesendampfer ideal sein würde. Der Hafen wurde für die Kolonie zur Goldgrube.

Zunächst einmal aber mußten Straßen gebaut werden. Wo? Ganz einfach! Wir hobeln die Berge ab und schütten das Geröll ins Hafenbecken. Gesagt, getan. So entstand Central, die City, das Herz von Hongkong: die Des Voeux Road, durch die heute die zweistöckigen Straßenbahnen wackeln. (Steigen Sie ein in ein solches Gefährt und klettern Sie in den zweiten Stock! Lassen Sie sich kräftig durchschütteln! Der Blick in das Chaos der Wohnstuben und Schlafzimmer in Wanchai tröstet Sie über die Strapazen hinweg. Die unvergeßlichen Reiseeindrücke sind billig.)

Es folgte die Connaught Road, an der heute die City Hall steht und die Queen's Pier liegt, von wo die Fähren in ein paar Minuten durch das Hafenbecken nach Kowloon hinüberschippern. Auf Neuland steht die an eine Montagehalle für Weltraumfähren erinnernde Hong Kong and Shanghai Bank, das Mausoleum der alten Bank of China, das Mandarin Hotel, der Hong Kong Club, das Parlament, umgeben mit einem Kranz von Hochhäusern allerbester Geschäftsadressen.

Langsam nahm die Insel Form und Gestalt an. Aber gleich gegenüber, praktisch nur einen Steinwurf weit entfernt, lag immer noch China, wie ein Stachel im Hongkonger Fleisch. Abhilfe tat not. Die Gelegenheit dazu ergab sich 1860. Wegen des grausamen Foltertodes mehrerer

Gefangener brandschatzten die Engländer den Sommerpalast in Peking. Dort diktierten sie dem kaiserlichen China den zweiten ungleichen Vertrag und nahmen auf ewig den Festlandsbrückenkopf Kowloon in Besitz. Nun war der Hafen auf beiden Seiten gesichert.

Ausgehungert werden aber wollten die Briten auch nicht. Deshalb pachteten sie 1898 für den Fall der Fälle eine Reiskammer hinzu, die New Territories. Sie sind der größte Brocken in der Kolonie und machen neunzig Prozent des Territoriums einschließlich des inzwischen zu klein gewordenen Flugplatzes aus.

Um dieselbe Zeit wilderten auch die Deutschen an der chinesischen Küste. In Berlin zeigte sich der Staatssekretär im Reichsmarineamt, der spätere Großadmiral Alfred von Tirpitz, ungehalten darüber, daß deutsche Kriegsschiffe in ostasiatischen Gewässern von den Docks in Hongkong und also von britischer Gnade abhängig seien. Konsequenz seiner Kritik: Deutschland brauche einen Marinestützpunkt, ein »deutsches Hongkong«. Die Suche dauerte schon lange. Jene, die es nach deutscher Weltgeltung auch auf den Weltmeeren verlangte, hatten früher einmal mit Saigon, Quemoy und Taiwan geliebäugelt. Doch schließlich und endlich fiel die Entscheidung für die Bucht von Kiaochow mit der Hafenstadt Tsingtao. Dort gingen nach der Ermordung von zwei deutschen Missionaren 1897 deutsche Marinesoldaten an Land. Am 6. März 1898 wurde mit den Chinesen ein ebenfalls für neunundneunzig Jahre gültiger Pachtvertrag unterschrieben.

»Die Zeiten, wo der Deutsche dem einen seiner Nachbarn die Erde überließ, dem anderen das Meer und sich selbst den Himmel reservierte, wo die reine Doktrin thront – diese Zeiten sind vorüber«, erklärte im fernen Berlin Reichskanzler Bernhard v. Bülow. »Wir müssen verlangen, daß der deutsche Missionar und der deutsche Unternehmer, die deutschen Waren, die deutsche Flagge und das deutsche Schiff in China geradeso geachtet werden wie diejenigen anderer Mächte... Wir wollen niemand in den Schatten stellen, aber wir verlangen auch unseren Platz an der Sonne.«[2]

Doch die Sonne über Kiaochow schien den Deutschen nur sechzehn Jahre. Gleich zu Beginn des Ersten Weltkrieges kamen die Japaner und eroberten die Kolonie. Einzig und allein den Briten gelang in den Hongkonger New Territories das Aussitzen ihrer neunundneunzigjährigen Pacht.

Der damalige deutsche Gesandte in Peking wunderte sich, daß die Chinesen Kiaochow einfach so sang- und klanglos weggaben. Blutleer sei dieses Volk mit seinen Hühnerherzen. Er war nicht der einzige, der so dachte. Ein britischer Offizier schrieb an seine Lieben in der Heimat, vierundzwanzig entschlossene Männer mit Revolvern und genügend Patronen in der Tasche, könnten sich ganz China unter den Nagel reißen.

Eines Tages aber genügten vierundzwanzig nicht mehr. In Nordchina standen die Boxer gegen die Fremden auf. Ein internationales Expeditionskorps aus Amerikanern, Deutschen, Engländern, Franzosen, Italienern, Japanern, Österreichern und Russen marschierte gen Peking. Kaiser Wilhelm II. schickte aus dem Reich Verstärkung und verabschiedete die Soldaten am 27. Juni 1900 in Bremerhaven mit seiner berüchtigten »Hunnen-Rede«: »Kommt Ihr vor den Feind, so wird derselbe geschlagen! Pardon wird nicht

[2] Wolfgang Mommsen: Imperialismus, Hamburg 1977, S. 130

gegeben! Gefangene werden nicht gemacht! Wer Euch in die Hände fällt, sei Euch verfallen! Wie vor tausend Jahren die Hunnen unter ihrem König Etzel sich einen Namen gemacht, der sie noch jetzt in Überlieferung und Märchen gewaltig erscheinen läßt, so möge der Name Deutscher in China auf tausend Jahre durch Euch in einer Weise bestätigt werden, daß niemals wieder ein Chinese es wagt, einen Deutschen auch nur scheel anzusehen.«

Seiner Majestät kernige Worte fielen bei einigen seiner verseschmiedenden Untertanen auf fruchtbaren Boden:

Es hüpften die Boxerlümmels heiter
Einst auf Confutses Himmelsleiter.
Sie glaubten in ihren Schelmenherzen,
Man könnte mit preuß'schen Helmen scherzen.
Nun wird man sie mit Hieben laben,
Bis sie wissen, wen sie zu lieben haben.

Ein anderer Reimer goß seinen Spott in folgende Zeilen:

Fünfe links und fünfe rechts
Zerrt er an den Zöpfen
In der Hitze des Gefechts,
Um sie dann zu köpfen.
Oder sollt geneigt er sein,
Mal Pardon zu geben?
Er Pardon? Fällt ihm nicht ein.
Allen geht's ans Leben.[3]

[3] Hans Stumpfeldt: Chinoiserie und China als Spiegel, in: Horen, H. 156

Lichtgestalten im Geiste der antiken Klassiker, der Bergpredigt des Christentums und des Humanismus des Aufklärungszeitalters waren rar unter denen, die sich damals auf den weiten Weg in den entbehrungsreichen Fernen Osten machten. Es gab weder Eisschränke noch Klimaanlagen, kein Insektenspray Paral und kein Mexaform S gegen Durchfall und »übermäßigen Abgang von Winden«. Wer dem Darwinschen Gesetz der natürlichen Auslese entsprechen wollte, mußte ein Kerl, ein ganzer Kerl, sein. Memmen scheiterten.

So gehörte Hongkong denn zunächst den Rabauken. Missionare schlugen die Hände über dem Kopf zusammen. Gesindel gab den Ton an. Wenn das der Herr wüßte! Die Londoner Gesellschaft rümpfte über die Strolche und Abenteurer die Nase. Es sei das beste, beim abendlichen Dinner bei Kerzenschein den Namen Hongkong nicht in den Mund zu nehmen, die Ladies und Gentlemen am Tisch könnten rot werden.

Dort, in Hongkong, nahm 1865 der Gouverneur, Sir Hercules Robinson, Abschied von seinem hohen Amt. Er rief den versammelten Damen und Herren ins Gedächtnis, wie amoralisch die Kolonie vor seinem Dienstantritt gewesen sei. Es sei erst sechs Jahre her, daß ihm bei der Abreise aus London Freunde gesagt hätten, wer sich in Hongkong Kaufmann nenne, sei im Grunde ein Schmuggler, ganz zu schweigen von den Beamten, die alle Piraten seien.

Ganz so schlimm war es sicherlich nicht. Doch wie in Großbritanniens High-Society ging es zunächst nicht zu. Das lag an den Typen, die das Abenteuer Ostasien wagten. Sie gehörten nicht zu den Zartbesaiteten. In der historischen Literatur wird zur Charakterisierung dieser Männer und ihrer Zeit der Brief eines Engländers zitiert: »In two or three years at furthest, I hope to realize a fortune and get away. You must not expect men in my position to condemn themselves to prolonged exile in an unhealthy climate for the benefit of posterity. We are money-making, practical men. Our business is to make money, as much and as fast as we can – and for this end all modes or means are good which the law permits.« (»Spätestens in zwei, drei Jahren hoffe ich ein Vermögen verdient zu haben, und dann haue ich ab. Sie können nicht erwarten, daß sich Männer in meiner Position in einem ungesunden Klima für den Ruhm der Nachwelt ins Exil verdammen lassen. Wir sind Praktiker und machen Geld. Unser Geschäft heißt: make money, soviel und so schnell es geht – und dabei sind alle Mittel und Wege erlaubt, die das Gesetz zuläßt.«)[4]

Die Engländer aber wären keine Engländer gewesen, hätten sie nicht eines Tages doch den guten Sitten und dem gesellschaftlichen Anstand zum Durchbruch verholfen. Um die Hergelaufenen zu zivilisieren, richteten sie als hohe moralische Instanz die Clubs ein. Die Rauhbeinigen legten sich zu deren Füßen wie die Lämmer zu den Löwen. Durch die hierarchischen Korsettstangen der Clubs stabilisierte sich die Gesellschaft. Jenseits der Reichweite junger Ehrgeizlinge und namenloser Zugereister lag das Allerheiligste: der Hong Kong Club. Noch heute zergeht der Name demjenigen auf der Zunge, der es zu mehr als nur einem Platz auf der Warteliste nicht gebracht hat.

Aber wie alles im Leben hatten auch die Clubs ihre Schattenseiten, ging doch ihr Angebot geistiger Getränke in den Augen der Braven weit über das schickliche Maß hinaus. Der Alkoholkonsum gefährdete die Gesundheit.

[4] Colin N. Crisswell: The Taipans, Hong Kong 1981, S. 6

Wer aber »zwischen Ausartung und ängstlichem Philistertum die Grenze zu halten vermochte und die Freude der Arbeit durch die des Sports ergänzte«, schrieb 1890 ein Heinrich Jessen nach Hause, »konnte sich draußen die Tage nützlich und fröhlich zugleich gestalten.«[5]

Der junge Mann, der vom Chinahandel noch unbeleckt aus dem fernen Europa gekommen war, zog so um die dritte Woche seiner ungewohnten Tätigkeit den dunklen Anzug an und machte im ehrenwerten Hause seines Chefs und dessen Gattin seinen Antrittsbesuch. Beim Tee wurde in nachmittäglicher Stunde geplaudert, und die Gattin zensierte dann später, unter vier Augen mit ihrem Ehemann allein, ob der Kandidat das Examen des Small talk bestanden hatte.

Für die jungen Männer waren die Töchter aus weißem Hause nur zum Ansehen da. Anfassen war unschicklich. Aber natürlich forderte die Natur dann und wann ihren Tribut. Auch dafür hatte Hongkong vorgesorgt. Die jugendlichen Helden des Chinageschäfts gaben dieserhalb den Chinesen-Girls in den Ballrooms die Ehre.

Die Gespräche kreisten ums Geschäft. Wehe, jemand wäre auf die abwegige Idee gekommen und hätte nach einem guten Buch verlangt oder, schlimmer noch, gar der Kammermusik gefrönt. Der Außenseiter wäre verloren gewesen, gesellschaftlich geschnitten und gemieden worden. Wer den Musen huldigte, sollte zu Hause bleiben. In Hongkong machte er sich verdächtig. Die Kolonie war kein Hort der schönen Künste und der Intellektualität. Mit solchen Geistreicheleien hätten die Briten ihr Empire nicht zusammenhalten können. Sie verlangten mehr als nur

[5] Adolf v. Hänisch: Jebsen & Co. Hongkong, Apenrade 1970, S. 31

musische und intellektuelle Wolkenschieberei: Kaufmannsgeist in Zahlen sich dokumentierend und auf Bankkonten sich beweisend.

Dichter und Denker produzierte die Kolonie nicht. Konzerte wurden ersetzt durch Pferderennen, Theater durch Cricket. Diesen beiden britischen Kulturexporten wurden respektable »Kirchen« gebaut, dem Cricket Club Grund und Boden dort zugewiesen, wo er am teuersten war – mitten in Central, zwischen den Banken. Vom Schreibtisch auf das Grün des Rasens war es nur ein kleiner Sprung. In Hamburger Verhältnisse übersetzt, lag der Cricket Club dort, wo sich die Hanseaten ihres Jungfernstiegs erfreuen.

Autos gab es damals noch nicht. Die Damen und Herren bewegten sich in Tragstühlen fort, »sedan-chairs« genannt. Von Kulis wurden sie von den Steilhängen der Berge, wo ihre Häuser standen, in die Stadt herunter- und später wieder in die Höhe hinaufgetragen. Der Chef des Office reiste so viermal am Tage: morgens nach dem Frühstück runter, nach dem Lunch zum Mittagsschläfchen wieder rauf; danach erneut in die Stadt und zum Dinner wieder heim. Für diese Zwecke unterhielten die Herrschaften, die auf sich hielten und es sich leisten konnten, einen »stable«, einen Stall von Kulis, Vorgänger ihrer heutigen Fahrer.

Zeitzeugen späterer Jahre berichteten, Britanniens Ladies hätten immer mal wieder Klage geführt über die Shorts der Herren. Deren kurze Hosen und behaarte Beine seien ein schockartiger Anblick, der anständigen Frauen nicht zugemutet werden könne. Die sittenstrengen Damen forderten die Behörden zum Einschreiten, ja sogar zum strikten Verbot dieser aufreizenden Hosen auf. Aber vielleicht nicht deshalb, weil sie zu sexy waren, sondern möglicherweise aus genau umgekehrtem Grunde, weil sie, da viel zu schlabberig, auf schöne Frauenaugen wie Liebestöter wirkten.

Die empfindsamen Damen mußten so manches erdulden, wurde ihnen doch auch zugemutet, wenn sie von der Insel nach drüben, auf die andere Seite, wollten, sich auf den einstöckigen Fähren unter das gemeine Volk zu mischen und die Ausdünstungen der verschwitzten Chinesenleiber zu riechen. Die Verhältnisse waren regelrecht unhygienisch. Also verkehrten ab Anfang des Jahrhunderts zweistöckige Fähren. Für ein paar Cents mehr erklommen die auserwählten Weißen das Oberdeck und genossen dort oben, dem Gestank der Chinesen auf dem Kuli-Deck entronnen, die frische Luft in aller Reinheit.

Monotonie durchpulste Hongkongs puritanisches Leben. Gelegentlich kam mal ein »Weltreisender« durch, wie Journalisten damals betitelt wurden, aber mit diesen Exoten, die durch dumme Fragen den Finger auf irgendwelche Wunden legten, hatten die honorigen Vertreter der respektablen Kaufmannsgilde wenig im Sinn. Schrieben doch die nur mit Papier und Bleistift einfallenden Herren anschließend zu Hause törichte Bücher. Solche Urteile über die schreibende Zunft haben in Hongkong bis heute überlebt.

Ganz und gar unbeliebt machte sich kurz vor der Jahrhundertwende ein Ernst von Hesse-Wartegg. Mit seinen Japan-Urteilen allerdings sprach er den Hongkongern aus dem Herzen: Er warnte vor jeglicher Gefühlsduselei den Japanern gegenüber. Ihre europäischen Lehrmeister würden sie eines Tages wie ausgepreßte Zitronen wegwerfen. Dann aber stünden ihre Fabriken, und deren Produkte würden sie zu billigen Preisen losschlagen. »Was soll daraus nur in zehn oder zwanzig Jahren werden, wenn die industrielle Entwicklung Japans und die, sagen wir, Prinzipienlosigkeit der Japaner in demselben Maße weiterschreitet wie bisher? Was sollen unsere Fabriken, unsere Arbeiter dann anfangen?«[6]

Das gefiel in Hongkong. Seitenhiebe auf die Japaner waren schon damals eine Wohltat für die Seele. Aber was dieser Herr von Hesse-Wartegg über Hongkong kundtat, erregte allergrößtes Mißfallen, stempelte er die Kolonie doch verächtlich zu einer »englischen Provinzstadt«. »Ich habe in Ostasien keine größere Enttäuschung erfahren als das verlotterte, verwahrloste Hongkong mit seiner steifen, keineswegs angenehmen, in Coterien gespaltenen Gesellschaft.«

Mit diesem harten Urteil stand der gebürtige Wiener, der in der ganzen Welt herumgekommen war und im deutschsprachigen Raum viel gelesen wurde, wahrscheinlich ziemlich allein da. Andere Durchreisende priesen die Kolonie und zitierten gern einen Reiseführer aus dem Jahre 1893: »No stranger, however unsympathetic, can pass along the roads and streets of Hong Kong without a feeling of wonder and admiration at the almost magical influence, which in so few years, could transform the barren granite mountain sides of the island of Hong Kong into one of the most pleasant cities of the earth.« (»Kein Fremder – auch derjenige, der Hongkong nicht leiden kann – spaziert durch die Straßen ohne heimliche Bewunderung für die fast magische Hand, die in so kurzer Zeit die nackten Granitberge der Insel in eine der schönsten Städte auf dem Erdenrund verwandelt hat.«)

[6] Ernst von Hesse-Wartegg: China und Japan, Leipzig 1897, S. 336

Der ziellos durch die Hongkonger Straßen schlendernde Fremde wurde von dem Reiseführer aber offenbar schlecht geführt. Er erfuhr nichts über Kowloon, das 1893 noch im Dornröschenschlaf dahindämmerte. Dort wohnte »man« nicht, und dort arbeitete »man« auch nicht. Kowloon war für die weißen Herren und Damen keine Adresse. Es gehörte den Chinesen, und unter die mischte »man« sich nicht.

Nicht einmal der Chinesen Küche wurde von dem Reiseführer der Erwähnung für wert befunden. Darf daraus geschlossen werden, daß »man« sich damals nur karg und gewürzlos britisch ernährte? Hatten die Engländer ihr Weltreich denn nicht deshalb gegründet, um dem Londoner Nebel und der spartanischen Kost ihrer phantasielosen Küche zu entfliehen?

Mit den Chinesen in der Kolonie taten sich die Kolonialisten schwer. Natürlich waren auch sie Menschen. Diese Eigenschaft konnte ihnen nicht abgesprochen werden, aber zwischen Mensch und Europäer bestand damals ein großer Unterschied. Der Peak zum Beispiel, Hongkongs höchster Berg, fast sechshundert Meter hoch, war zum Wohnen per Gesetz nur den Weißen, in Wirklichkeit aber sogar nur den Engländern vorbehalten. Denn auf und am Peak ließ sich besser als unten am Wasser leben, besonders im Sommer, weil dort oben in der Höhe immer eine kühlende Brise wehte. Die Strafe für die Auserwähltheit aber folgte in den Monsunmonaten. Dann lagen die Villen der Reichen in der Nebelsuppe tiefhängender Wolken. Grundsätzlich aber spiegelte der Berg die von niemandem in Frage gestellte gesellschaftliche Hierarchie der Kolonie wider. Je höher jemand wohnte, desto angesehener war er und desto respektabler schien sein Bankkonto zu sein.

Bis ungefähr zum Ersten Weltkrieg stellten europäische und amerikanische Firmen keine Chinesen ein, es sei denn als Sänftenträger oder Rikschakulis. An den Stehpulten und Schreibtischen standen und saßen nur Weiße, die Chinesen nur als Köche, Diener, Gärtner, Kindermädchen und Putzfrauen kannten. So war das damals, und so entsprach es dem Zeitgeist.

Totgearbeitet haben sich die kolonialen Herren nicht und schon gar nicht ihre Frauen. Sie machten sich ihre Hände nicht schmutzig. Dafür hatten sie Chinesen, und die gab es in großer Zahl.

In der Zeit der Segelschiffe war die Ankunft des Schoners, der die Post brachte, ein großes Ereignis. Eine Kanone schoß Freudensalut. Damals brauchten die Segler von Europa um das Kap der guten Hoffnung nach Hongkong ein Vierteljahr und länger. Die Dampfschiffe schafften die vielen tausend Seemeilen schneller. Sie entluden Briefe, Päckchen und Pakete ungefähr alle acht Tage. Unglücklicherweise mußte jetzt in Hongkong auch schneller gearbeitet werden. Und ab 1869 erst recht, als der Suez-Kanal eröffnet wurde. Der Begründer des Weltpostvereins, Heinrich von Stephan, feierte die »Eröffnung der neuen großen Völkerstraße zwischen Orient und Okzident« mit den überschwenglichen Worten: »Die Anwohner des Nils und des Rheins, der Donau und des Ganges begrüßten sich im Timsahsee, wo noch vor wenigen Jahren die Totenstille der Wüste herrschte, auf den schwimmenden Salons des Weltverkehrs zu einem Werke des Völkerfriedens und der engeren Verbindung der Rassen und Ideen.«[7]

[7] Otto J. Seiler: Einhundert Jahre Ostasienfahrt der Hapag-Lloyd AG, Frankfurt a. M. 1986, S. 33

Es waren tatsächlich Salons, die jetzt die Weltmeere befuhren, aber selbstredend nur für diejenigen, die sich die erste Klasse leisten konnten. Schiffe in verschwenderischer Jugendstilpracht unter der Fahne des Norddeutschen Lloyd in Bremen und der Hapag in Hamburg pflügten das Mittelmeer, den Indischen Ozean und den Pazifik. Auf den Passagierriesen mit stolzen Namen reisten in der ersten Klasse dreihundert, in der zweiten hundert und in der dritten tausend Passagiere. Über die Globetrotter unter ihnen, über jene also, die sich die große weite Welt einmal ansehen wollten, im Grunde aber in Ostasien nichts zu suchen hatten, rümpften die seriösen »business people« die Nase. Für diese waren die neureichen Neugierigen kein »Gewinn für die Annehmlichkeit der Reise. Der in unangenehmen Formen auftretende Parvenu ist in Deutschland zahlreicher als bei anderen Nationen, außer den Amerikanern, und auch der Mann aus der alten guten Gesellschaft ist mit seiner Steifigkeit, seinen eckigen Formen und Ansprüchen nicht immer ein angenehmer Reisegenosse. Der gebildete Engländer ist ohne Zweifel der angenehmste Mitpassagier gewesen.«[8]

Ja, die Engländer waren damals die Besten: gute Erziehung, beneidenswertes Benehmen. Selbst der legendäre Albert Ballin, dessen Pioniergeist noch heute in dem wahrhaft imponierenden Hause von Hapag-Lloyd am Hamburger Ballindamm waltet, nahm sie sich zum Vorbild. Auf einer Ostasienreise an Bord eines seiner Prachtexemplare aus eigener Reederei notierte er vor dem Ersten Weltkrieg: »Die Stewards sind teilweise noch sehr jung und unerfahren, und vorläufig macht die ganze Bedienung einen sehr

[8] v. Hänisch, a. a. O., S. 131

verwilderten Eindruck. Wir sollten englische Unterrichtsstunden für Stewards einführen.«[9]

Viele Wege führten in frühen Zeiten und auch noch hundert Jahre später von Europa nach Hongkong und umgekehrt. Wem damals der Törn auf einem Segelschiff zu lange dauerte – was verständlich war, denn Heimaturlaub gab es nur alle fünf Jahre –, der reiste bis Suez, erreichte nach siebenmaligem Pferdewechsel Alexandrien und stieg dort auf einen Segler um, der ihn an die Themse brachte. Solche Strapazen kürzten die Unendlichkeit der Reise um das Kap beträchtlich ab.

Den umgekehrten Weg vom Okzident in den Orient fuhren später viele auch mit der Eisenbahn: London-Berlin-Moskau-Sibirien-Peking-Canton-Kowloon, ohne umzusteigen direkt bis in den kleinen Bahnhof am Hafen. Und damit sie ihre Koffer nicht zu weit zu schleppen brauchten – das taten eh und je die Kulis –, wurde 1928 gleich bei den Gleisen das noch heute weltberühmte Peninsula Hotel eingeweiht. Gouverneur Sir Wilfred Thomas Southorn feierte seine Eröffnung mit den Worten, nun endlich sei die Zeit gekommen, wo jeder eine Fahrkarte London-Hongkong kaufen könne und dann bei seiner Ankunft gleich ein Hotel vorfinde, das sich mit den schönsten in Europa messen könne. Später war es ausgerechnet der Bahnhof, unter dem das »Peninsula« zu leiden hatte.

Hongkong-Reisen waren immer ein Abenteuer, selbst noch 1947. Damals bestieg, wer in die Heimat wollte, im Hafen ein viermotoriges Wasserflugzeug. Im Morgengrauen gestartet, verbrachte er die erste Nacht in dem ob seines viktorianischen Glanzes berühmten Strand Hotel in

[9] Seiler, a. a. O., S. 54

Rangun. Der zweite Flugtag endete in Karachi, damals noch Britisch-Indien. Die dritte Nacht schlief er im irakischen Basra. Dann, in der vierten, winkte ihm das weltberühmte Shepherd's Hotel in Kairo. Nach der fünften Nacht in Taormina auf Sizilien konnte er nach vielstündigem Flug endlich in Southampton aussteigen.

Doch zurück in das Hongkong der dreißiger Jahre. Regiert wurde die Kolonie damals von dem großen Handelshaus Jardine's, dem in Pferderennen vernarrten Jockey Club, der die Geldscheine druckenden Hong Kong and Shanghai Bank und auch noch vom Gouverneur. Obgleich von Seiner Majestät ernannt, saß er aber praktisch am Katzentisch, von den hohen Herren des Geldadels nur als notwendiges Übel geduldet. Den Ton gaben jene an, die Geschäfte machten. Was war gegen sie ein kleiner Beamter, auch wenn er noch so hoch stand?

Welche Produkte beflügelten damals das Chinageschäft? Wer dieses und anderes über das Hongkong von gestern und vorgestern wissen will, für den ist Hänischs Firmengeschichte »Jebsen & Co. Hongkong, China-Handel im Wechsel der Zeiten, 1895–1945« eine Fundgrube. Also, die Jebsen-Leute verkauften an die Chinesen Spucknäpfe aus Ungarn und dem Sudetenland, mit Blumenmustern in schreienden Farben dekoriert; »ein großer Artikel«. »In Mengen« gingen auch Hufeisen ins Reich der Mitte. Die enthielten Stahl, aus dem die Chinesen Rasiermesser fertigten. Das Rasieren mit den Dingern soll eine Qual gewesen sein. Für die Petroleumlampen Chinas wurden Brenner geliefert, sogenannte »cosmos-burners«. Auch Elfenbein wurde verkauft, war doch die Elfenbeinschnitzerei drüben ein hochangesehenes Kunsthandwerk. Jebsens Kassen klingelten auch dank der Nähmaschinen, Nähnadeln und Mottenkugeln, die aus Europa nach China exportiert wurden. Aus dem Rheinland wurden Regenschirme gehandelt. (Heute liefert China die Schirme, mit denen sich die Deutschen gegen den Regen schützen – dreiundzwanzig Millionen pro Jahr.) Sogar Herrenanzüge, »Made in Italy«, fanden ihren Weg nach China; besonders nach der Revolution von 1911 und dem Sturz des Kaisers galten sie als Beweis für »richtiges Bewußtsein«. Es wurde Brauch, sich der neuen Zeit entsprechend modern, und das hieß: europäisch, zu kleiden. (Welcher Herr in Hongkong kauft heute noch seinen Anzug von der italienischen Stange? Flinke Chinesenfinger nähen mit heißer Nadel einen Anzug in vierundzwanzig Stunden zusammen.)

In umgekehrter Richtung, von China nach Europa, wurden für Marzipanfabriken Aprikosenkerne verschifft. Zur Herstellung von Pinseln waren Borsten gefragt, die aber dann von Kunstfasern verdrängt wurden. »Eine große Bedeutung im chinesischen Export« hatten Schweins- und Schafsdärme. Deutsche Nudelfabriken und Großbäckereien bestellten Eier und Eiprodukte. Wer in Deutschland mollig warm schlafen wollte, schlüpfte unter Oberbetten mit chinesischen Enten- und Gänsefedern.

Als sich die Chinesen 1911 aus Freude über den Sturz der Mandschu-Dynastie die Zöpfe abschnitten, blühte das Geschäft mit Menschenhaar, denn die Europäerinnen brauchten es zum Unterlegen ihrer hoch aufgetürmten Frisuren. In den zwanziger Jahren kamen in Europa große Damenstrohhüte in Mode, und auch diese lieferte China in ansehnlichen Mengen. Zu den ältesten und traditionellsten chinesischen Exportschlagern gehörten Rhabarber-Wurzeln. Medizinisch verarbeitet, halfen sie bei Verstopfung.

Ging von Hongkong auf »Höllenschiffen« auch chinesische Menschenfracht hinaus in die Welt, in europäische Kolonien und nach den USA? Oder verdienten an dem Menschenhandel mit Kulis nur andere Häfen an der chinesischen Küste? Fest steht, daß im 19. Jahrhundert um die hunderttausend bezopfte Chinesen nach Kalifornien verkauft wurden.

Die Kuli-Frage war selbst noch vor dem Ersten Weltkrieg ein erregt diskutiertes Problem auf der deutschen Südseeinsel West-Samoa, denn die Insulaner wollten so recht nicht arbeiten, weil der liebe Gott für sie sorgte, »um ihren Bauch zu füllen und ihren Körper zu bekleiden«. So stand es in der in deutscher und englischer Sprache gedruckten »Samoanischen Zeitung«. Also wurden chinesische Kulis importiert, als handele es sich dabei um Vieh.

»Die Transportkosten wuerden bei normalen Frachtraten und einer Einfuhr von mindestens 200 Chinesen 307,50 M. und bei 300 Chinesen 253 M. pro Kopf betragen. In dieser Summe sind 60 bis 70 M. Vorschuss angerechnet. Der Chinese ist Akkordarbeiter. Ihm wird eine Mindesteinnahme garantiert, die ungefaehr 100 M. jaehrlich betraegt. Daneben steht ihm eine freie Wohnung und aerztliche Behandlung zu. Am 1. und 14. jedes Monats ist Feiertag.«

Mit Menschen handelte einer der ersten Hongkong-Deutschen nicht, aber mit Opium – und das im Namen des Herrn, der ihm im heimatlichen Pommern geheißen hatte: »Karl Friedrich August Gützlaff, gehe hin in alle Welt und taufe alle Völker!« Und so ging der als klein und kugelrund gezeichnete Gützlaff, 1803 im pommerschen Pyritz geboren, als Missionar in den damals wahrlich Fernen Osten und trat dort eines Tages in die Dienste zweier weltlicher

Herren, die fast soviel zu sagen hatten wie der liebe Gott – in die Dienste der Herren Jardine und Matheson, der ungekrönten Könige des Opiumschmuggels. Die Nachfahren der beiden Hongkonger Gründungsväter haben in einem Jubiläumsband anläßlich des 150jährigen Bestehens des weltweit bekannt gewordenen Handelshauses dem Karl Friedrich August Gützlaff 1982 ein ganzseitiges Denkmal gesetzt.

Damals, so heißt es da, »a number of colourful characters found their way to the China Coast«. Ende der dreißiger Jahre des vorigen Jahrhunderts trieb sich an Chinas Küsten eine Schar exzentrischer Typen herum – und in diesem bunt zusammengewürfelten Haufen auch der Gützlaff. Er hatte eine Schwäche für Engländerinnen und ehelichte deren drei. Sein großer Vorteil aber war, fließend Chinesisch zu sprechen und nicht nur die Amtssprache, sondern auch verschiedene Dialekte. Und weil nun die Herren Jardine und Matheson nur des Englischen mächtig waren, brauchten sie dringend einen Dolmetscher. Da trat ihnen dieser Karl Friedrich August Gützlaff unter die Augen, und sie heuerten ihn vom Fleck weg an.

Er fuhr auf den Opium-Klippern Sylph und Colonel Young Chinas Küste hinauf und hinunter, und während steuerbords die Opiumkisten entladen wurden, verteilte Gützlaff an Backbord Bibeln. Er wollte die Chinesen zum Christengott bekehren, und wenn es denn sein mußte – seine holländische Missionsgesellschaft hatte ihn entlassen – die vierhundert Millionen Chinesen auch ganz allein. Seiner Meinung nach heiligte der Zweck ihrer Christianisierung das Mittel Opium. So allerdings hat er es schriftlich nie ausgedrückt, sondern in seinen damals vielgelesenen Büchern bekennerhaft nur davon gesprochen, Weltgeschichte sei die Geschichte der Verchristlichung der Welt. Und diese werde staunen, wenn die Chinesen eines Tages bekehrt seien, denn dann werde das Reich der Mitte, das viele für tot hielten, erwachen.

Bei aller Exzentrik muß dieser kleine Mann klug gewesen sein. Gützlaff reiste ins Innere Chinas, dolmetschte bei schwierigen Vertragsverhandlungen zwischen Briten und Chinesen, wurde in der ersten Hongkonger Regierung Sekretär für chinesische Angelegenheiten, war Sprachlehrer von Konsuln und späteren Gesandten in Peking, übersetzte die Bibel ins Chinesische, gründete einen Missionsverein, schrieb etliche Bücher und wurde bei einer Reise durch Europa triumphal gefeiert. Durch ihn erfuhr sogar Karl Marx Wissenswertes über China. Ein Platz in den Geschichtsbüchern ist diesem Karl Friedrich August Gützlaff sicher.

Noch ein zweiter deutscher Missionar erlangte im Hongkong des 19. Jahrhunderts Berühmtheit: der in Esslingen geborene E. J. Eitel. Doch Näheres über ihn erst zu Anfang des fünften Kapitels. Mit seinem und Gützlaffs Namen ist das Wirken »deutschen Geistes« in der Kronkolonie, so es an dem Guten, Wahren und Schönen gemessen wird, erschöpft. Spätere Chroniken erzählen in Form von Firmengeschichten und Erinnerungsbüchern nur noch von deutschen Kaufleuten.

Die ersten kamen in den 1860er Jahren. Sie benötigten, wie schon berichtet, einen Compradore, einen chinesischen Mittelsmann. Aber um geschäftlichen Erfolg zu haben, brauchten sie auch noch etwas anderes – einen wohlklingenden chinesischen Namen. Ohne einen solchen ging es nicht. Und so hieß das auch heute noch renommierte Bremer Handelshaus Melchers & Co. in klassischem

Chinesisch »Mei Chui Si Yeung Hong« und auf cantonesisch, das in Hongkong am meisten gesprochen wird, »Mat Sche Si Yeung Hong«. Aber »Yeung Hong« wurde grundsätzlich weggelassen, denn es hieß nur »& Co.«. Blumig war der eigentliche Name, exakt kaum zu übersetzen; er bedeutete soviel wie »äußerst vortreffliche Gelegenheit«.

Diese bot sich einer deutschen Konkurrenzfirma 1904 bei Ausbruch des japanisch-russischen Krieges. Eines Nachts, um drei Uhr, wurde der Herr des angesehenen Unternehmens von dem russischen Konsul aus dem Bett geklingelt. Er wollte Sauerkraut kaufen. Der Deutsche hielt das für den Spaß eines Betrunkenen und reagierte sauer. Sauerkraut in Büchsen gäbe es im Laden um die Ecke. »Sie verstehen mich nicht«, sagte der Russe, »ich brauche 360 Tonnen!« Und er erzählte folgende Geschichte: Die russischen Soldaten in der Seefestung Port Arthur hungerten nach Kohlsuppe, und um ihren Hunger zu stillen, habe er Order bekommen, Sauerkraut zu kaufen, und wenn es möglich sei, gleich 360 Tonnen. Der Telegraf lief heiß, und das begehrte Kraut wurde ausgerechnet in den USA gefunden. Als es dann schließlich nach mehreren Monaten zur Umladung in Shanghai eintraf, hatten die Japaner Port Arthur längst erobert. Die Fässer waren in der Hitze geplatzt und mußten vernichtet werden.

Am japanisch-russischen Krieg haben Deutsche gut verdient. Die Hamburg-Amerika-Linie schloß mit dem zaristischen Rußland zur Versorgung der baltischen Flotte auf ihrem langen Weg von der Ostsee nach Port Arthur, der dann bei Tsushima unter den Schiffsgeschützen der Japaner auf dem Grunde des Meeres endete, einen Vertrag über die Lieferung von 338 000 Tonnen Bunkerkohle. An vorgegebenen Positionen wurde die Kohle mit Hilfe von Rettungsbooten, Leichtern und Dampfpinassen von den russischen Kriegsschiffen übernommen.

Zu Beginn des Weltkriegs in Europa aber gingen für die Deutschen in Hongkong die Lichter aus. Wer noch jung und drahtig war, eilte nach Tsingtao zu den Fahnen und fand sich Wochen später in japanischer Kriegsgefangenschaft wieder. Die älteren Hongkong-Deutschen wurden interniert und nach Australien in Lager abtransportiert.

»Die gute alte Zeit« von vor 1914 kehrte nie wieder. Die Türen des luxuriösen deutschen Clubs Germania, wo des Kaisers Geburtstag groß gefeiert worden war, blieben für immer geschlossen. Klein war das Häuflein der Deutschen, die in den zwanziger Jahren wieder aufbauten, was verlorengegangen war; so um die hundertfünfzig haben damals in Hongkong gelebt, einschließlich der Frauen und Kinder. Trotz kolonialer Abendsonnenstrahlen und niemals fehlenden Hauspersonals verlief das Leben nüchterner als früher. Die einst so beliebt gewesene Schildkrötenjagd in feuchtfröhlicher Runde – nur noch Erinnerung. Bei Mondenschein war den Tieren auf einer der vielen Inseln aufgelauert worden. Krochen sie zur Eiablage an den Strand und buddelten sich im Sand ein, wurde zugepackt. Gefesselt landete die Beute in der Küche irgendeines Restaurants zum großen Schlemmermahl. Es wurden Schildkröten gefangen, die dreihundert Pfund und mehr wogen.

Vorbei, vorbei! Ostasien geriet in die politischen Schlagzeilen. Japan betrat die Weltbühne; aggressiv, militaristisch und imperialistisch. Hongkong duckte sich im Windschatten der historischen Umwälzungen, seiner Maxime treu – *business as usual.*

Wer auf der Welt kannte es überhaupt? Hongkong war auf der Karte des britischen Empire ein Punkt, ein Pünktchen nur. In dem Weltreich, das ein Viertel der Erdoberfläche mit sechshundert Millionen Menschen umfaßte und in dem die Sonne nicht unterging, blendeten leuchtendere Juwelen, Indien zum Beispiel. Diesem Indien, aus Träumen geboren, hatte die ganze Energie des Zeitalters der Entdeckungen gegolten. Als erster machte sich der Portugiese Barthelomeo Díaz auf die Reise. Von schweren Stürmen verschlagen, sah er Anfang 1488 als erster Europäer die Südspitze Afrikas und gab ihr den Namen »Kap der Stürme«. Sein König Johann II. aber taufte sie in »Kap der guten Hoffnung« um, denn endlich bestand Hoffnung, das lang ersehnte Indien zu finden. Ein Abfallprodukt der europäischen Indien-Sehnsucht war auch die Entdeckung Amerikas. Nach Indien hatte Kolumbus gewollt und glaubte bis zu seinem Tod, es gefunden zu haben.

Von Hongkong redete kaum einer. Koloniale Flecken ähnlicher Art gab es auf dem Globus viele. Wer nach Ostasien reiste, brauchte in dieser Stadt nicht unbedingt gewesen zu sein. Es schadete aber auch nicht, sie gesehen zu haben. In der Erinnerung blieb von ihr nicht viel hängen.

Hongkong stand bis zum Ende des Zweiten Weltkriegs ganz im Schatten einer kosmopolitischen Weltstadt weiter nördlich an der Mündung des Yangtse, über dessen mächtigen Strom aus dem Innern des Landes die Güter kamen, die China aus seinen zentralen Provinzen exportierte, und jene flußaufwärts verschifft wurden, die das Reich der Mitte in die Herzkammern des Landes importierte. Shanghai hieß die Stadt, legendär bis heute. Der Hafen pumpte das Blut in ihre Adern. An die 40000 Kilometer des Yangtse und aller seiner Nebenflüsse waren schiffbar. Frachter bis zehn Meter Tiefgang konnten über den gewaltigen Strom das tausend Kilometer im Landesinnere liegende Wuhan erreichen. Als 1931 bei einer der größten Flutkatastrophen am Yangtse die Dämme brachen, ertranken drei Millionen Menschen.

In Shanghai ließ sich nieder, wer das große, ganz große China-Geschäft machen wollte. Die Hafenstadt versprach das schnelle Geld, lockte die Ehrbaren und Ruchlosen, und im Meer ihrer Chinesen ging unter, wer unerkannt bleiben wollte. Aus aller Herren Länder kamen sie; von einer Firma gerufen und mit einem Vertrag in der Tasche; von niemandem gerufen und schlicht nur ihrem Glück vertrauend; von Schiffen weggelaufen und in den Massen untergetaucht; distinguierte Herren und solche mit Dreck am Stecken; Flüchtlinge, nur mit Hemd und Hose am Leib, und Weltreisende mit Kabinenkoffern auf Luxusschiffen.

Ein Magnet der Phantasie war Shanghai für all jene in Europa und Amerika, die das Fernweh verzehrte. Lieder besangen die Stadt und Dichter auch. Eine solche »salad bowl«, eine solche Salatschüssel aller Völker, Rassen und Religionen gab es auf der Welt kein zweites Mal. Den »old China hands«, so sie noch leben, kommen, wenn sie über Shanghai erzählen, heute noch Tränen.

Wer zählt die Völker, nennt die Namen, die in dieser Stadt zusammenkamen. Die Wirren im Innern Chinas trieben Flüchtlinge in das längst übervölkerte Häusergewirr. Nach endloser Flucht vor den Roten durch die Weiten Sibiriens erreichten nach dem Zusammenbruch des Zarenreiches Weißrussen aus Adels- und Kaufmannsgeschlechtern das rettende Shanghai. Aus Hitler-Deutschland und später dem besetzten Polen machten sich Juden dorthin auf den Weg. Etwa 18 000 von ihnen haben in Shanghai den Holocaust überlebt.

Ein Paris des Orients war Shanghai, aber auch die Opiumhölle und Hure Ostasiens. Für viele hieß die Devise einfach nur: überleben. Wer Geld hatte, konnte sich alles kaufen: auch Fürstinnen und Baronessen aus dem bolschewistisch gewordenen St. Petersburg. Wer verhungerte, wurde nachts auf Karren geladen.

Abseits politischer Ideenströme draußen in der weiten Welt schlug das Herz von Shanghai nach einem ganz eigenen Rhythmus. Als die Sturmflut des Nationalismus über den Erdball hinwegfegte, blieb Shanghai international. Als andere sich in völkischen Burgen kulturell verschanzten, blieb Shanghai kosmopolitisch. Als woanders die Intoleranz blutige Triumphe feierte, blieb Shanghai tolerant. Es versagte sich weltweiten Rufen nach sozialer Gerechtigkeit und schwor auf den Frühkapitalismus. Für die zu nationalem Stolz erwachenden Chinesen war Shanghai eine Beleidigung.

In dieser Stadt an der Mündung des Yangtse fielen für China historische Entscheidungen. Irgendwo in ihrem riesigen Häusermeer trafen sich im Juli 1921 zwölf Männer. Einer von ihnen hieß Mao Tse-tung. Sie gründeten die Kommunistische Partei. Die feinen Damen an den Bridge-Tischen und die noblen Herren in den Clubs ahnten von der in Hinterzimmern beschlossenen Revolution nichts.

Am 30. Mai 1925 streikten in japanischen Textilfabriken chinesische Arbeiter. Auf den Straßen fanden Demonstrationen statt. Ein britischer Polizeioffizier gab das Kommando »Feuer«! Bilanz der Unruhen: elf Chinesen tot, siebenundzwanzig verwundet.

Die Schüsse in Shanghai weckten in China Millionen. Bis Hongkong wurden sie gehört. Dort legten die Kulis im Hafen die Arbeit nieder. Ein Jahr und vier Monate bewegte sich fast nichts. Maoisten und Kommunisten feierten den Streik als den längsten in der Geschichte des Marxismus.

Zwei Jahre später, 1927, fielen in Shanghai die Würfel zu einer historischen Wende. Aus dem Süden des Landes rückten auf ihrem Marsch nach Norden zur Einigung des im Chaos versinkenden Landes Divisionen des Nationalisten Chiang Kai-shek heran. Hiobsbotschaften eilten ihnen voraus, Horrorstories von überfallenen Missionsstationen und erschlagenen Missionaren. Zur Begrüßung der Befreier planten Shanghais Kommunisten den innerstädtischen Aufstand. Doch plötzlich gab Chiang Kai-shek den Befehl zur Liquidierung der Kommunisten. Tausende wurden erschossen. Unter jenen, die im letzten Augenblick fliehen konnten, war ein gewisser Chou En-lai. Später kannte ihn die ganze Welt. Dort in Shanghai brach der Nationalist Chiang Kai-shek die Koalition mit den Kommunisten und verbündete sich mit dem Großkapital – eine Wende, die für die nächsten zwanzig Jahre für China entscheidend werden sollte.

1932 fielen erste japanische Bomben auf Shanghais Chinesenstadt. 1937 folgte der große Aggressionskrieg der Japaner. Als sie im Dezember 1941 in Pearl Harbor die amerikanische Pazifikflotte versenkten, marschierten Nippons Soldaten in die Internationale Niederlassung von Shanghai ein. Später gingen die kolonialistischen Lichter auch in der Französischen Konzession aus.

Endgültig war alles im Mai 1949 vorbei. Die Maoisten eroberten Shanghai und löschten die Epoche des Kolonialismus aus. Die letzten Weißen mußten die Stadt verlassen. Das alte Shanghai war tot. Um China ging ein eiserner Vorhang nieder. In jenen dramatischen Wochen und Monaten begann die moderne Geschichte Hongkongs.

Basislager am China-Berg

Das »befreite« Shanghai verlor – das koloniale Hongkong gewann. Wer hätte das gedacht, und wer von den Alten erkennt heute sein Hongkong wieder? Ich lade Sie ein zu einer »sentimental journey«, zu einem Spaziergang hoch oben, rund um den Peak, um das Wahrzeichen der Kolonie. Dauer: eine Stunde.

Tief unten, fast senkrecht unter der Endstation der Peak Tram, der Zahnradbahn, liegt Central mit seinen Banken, Hotels und Bürohochhäusern. In den achtziger und neunziger Jahren hochgezogen, schmücken sie schon auf Glanzpapier in Vielfarbdruck die Prachtbände modernster Weltstadtarchitektur.

Spitz, als wollte sie die Wolken kratzen, schießt mit ihren zweiundsiebzig gläsernen Stockwerken scharfkantig die 314 Meter hohe Bank of China in den Himmel, 135 Meter höher als ihre britische Erzrivalin, die Hong Kong and Shanghai Bank. Der Höhenunterschied symbolisiert anschaulich, wer heute in Hongkong letztlich das Sagen hat. Aber vielleicht ist das viel zu politisch gedacht, denn inzwischen ist ein neuer Riese entstanden, der die kommunistische und kapitalistische Bank noch um ein paar Meter überragt: das 374 Meter hohe Central Plaza. Und bald wird wohl auch dieser futurologische Bau nicht mehr der höchste in Ostasien sein. Nur am Himmel ist in der Kolonie noch Platz, auf Erden nicht mehr.

Central, die Mitte von Hongkong, ist gar nicht sehr groß. Eine einzige Drehung um die eigene Achse genügt, und der Besucher hat dort alles gesehen: den Exchange Square aus spiegelndem Granit und Glas für die Börse; die 187 und 173 Meter hohen Zwillingstürme des Lippo Center, des ästhetisch gefälligsten Futurums der Stadt; und die Fußgängerbrücken und Skywalks, die den Businessbezirk »überdachen«. Die Straßen sind nur noch für die Autos da.

Auf diesem kleinen Fleckchen Erde haben sich die Großen ihrer Branche, Architekten von Weltruf, ein Stelldichein gegeben. Der in China geborene Amerikaner Ieoh Ming Pei baute die Bank des kommunistischen China, der Engländer Sir Norman Foster jene, die den Namen von Hongkong und Shanghai verewigt; der Schweizer Remo Riva den Exchange Square, der Amerikaner Paul Rudolph das Lippo Center; die Philosophie des Lichts einiger Bauten kam aus Deutschland, von Erco in Lüdenscheid.

Aus der Höhe des Peaks wandert der Blick weiter nach Osten, bleibt hängen an den Orgelpfeifen der Hochhäuser von Causeway Bay und North Point. Wenn die Sonne scheint, blendet ihr Weiß die Augen. Sie ruhen sich aus auf dem Blau des Wassers, das drüben in der Ferne durch eine Enge zwischen Insel und Festland in den Hafen strömt.

Der Spaziergang um die Bergspitze führt westwärts. Zu Füßen liegen das Häuser-, Straßen- und Gassengewirr der Chinesenviertel Western District und Kennedy Town, drüben auf der anderen Seite der Containerhafen und Kowloon. Begrenzt wird der Himmel von der Bergkette der New Territories, hinter der China beginnt.

Die Biegungen des Wanderweges führen von der Stadt weg, aber da liegt tief unten schon das nächste Manhattan, Pok Fu Lam, eine Insel atemberaubender Hochhaustürme, ein Wohnbezirk aus der Retorte, generalstabsmäßig durchdacht und geplant.

Es folgt Aberdeen. Einst konnte der degenerierte Europäer seine große Zehe dort nicht ins Wasser halten, wenn er nicht Pest und Cholera riskieren wollte, denn dort lebten, schliefen, zeugten und gebärten auf dreitausend Booten schätzungsweise 20000 Menschen. Heute ist dieses Aberdeen fast langweilig hygienisch. Die Boatpeople wurden in Wohnsilos an Land umgesiedelt. Die Romantik aber ist hin, eine bunte Seite aus dem Hongkong-Bilderbuch herausgerissen.

Im letzten Drittel des Spaziergangs gehören den Augen die tropisch bewachsenen, steilen Berghänge in Richtung Repulse Bay. Dort stehen zwischen dem Immergrün auf künstlich angelegten Terrassen die Villen der Reichen und Superreichen. Wenn abends hinter den vielen Inseln im Meer feuerrot die Sonne untergeht, leuchten ihre letzten Strahlen in die Salons.

Mit der Schönheit seiner Berge, Inseln und Meeresbuchten ist Hongkong bei der Erschaffung der Welt vom lieben Gott wahrlich verwöhnt worden. Wer in luftiger Höhe wohnt, kann die Schönheit der Kolonie schon morgens beim Frühstück trinken und ein zweites Mal abends beim Whisky, wenn die Millionen Lichter wie Brillanten funkeln. Denen auf »midlevel« und noch höher liefert Hongkong seine Schönheit rund um die Uhr frei Haus.

Die Wunden von Millionen Chinesen sind längst verheilt, nur in der Erinnerung brechen sie gelegentlich wieder auf. Von psychologischen Narben der Flucht aus China sind viele gezeichnet. Hinter den nüchternen Zahlen der herzlosen Statistik verbergen sich Schicksale. 1945, am Ende des

Krieges, zählte Hongkong 610 000 Einwohner. Als die Maoisten im anschließenden Bürgerkrieg China eroberten, schwoll ihre Zahl auf zwei Millionen an. Im Rhythmus von einer Million Menschen in jeweils zehn Jahren stieg die Bevölkerungszahl auf heute 5,6 Millionen. Immer wieder erreichten Hunderttausende, die mit ihren Füßen über den Kommunismus abstimmten, das Rettungsboot Hongkong. Als es Ende der siebziger Jahre zu sinken drohte, bauten die Engländer einen oben mit Stacheldraht zusätzlich gesicherten drei Meter hohen Grenzzaun. Nachts ist er beleuchtet, Streifen patrouillieren mit scharfen Hunden.

Unter den Flüchtlingen waren 1949 hunderttausend Chinesen aus der Metropole Shanghai. In die Länder Südostasiens konnten und wollten sie nicht, denn dort fürchteten sie, weil die Überseechinesen Banken, Handel und Gewerbe kontrollieren, anti-chinesische Pogrome. Also flüchteten sie sich unter den Schutz des Hongkonger Union Jack.

Aus Shanghai aber kamen nicht nur die Ärmsten der Armen. Die dort reich geworden waren, brachten Geld mit, viel Geld. Wohin damit? Hongkong war immer ein Umschlaghafen gewesen. Aus der Kolonie ging in die Welt hinaus, was Südchina exportierte, und aus Übersee kam via Hongkong, was der Süden Chinas importierte. Die Drehscheibe des Handels aber rotierte damals kaum noch. Von blutigen Bürgerkriegsjahren erschöpft, mußte sich die Volksrepublik erst einmal erholen, politisch und wirtschaftlich konsolidieren. Das kostete Zeit. Hongkong konnte auf fette Jahre nicht hoffen.

Seine Lichter drohten endgültig zu erlöschen, als 1950, nach Ausbruch des Krieges in Korea, die Vereinten Nationen gegen China ein Handelsembargo verhängten. Nun bewegte sich im Hafen so gut wie nichts mehr; ausgerechnet in einer Zeit, als die Kolonie in Flüchtlingsströmen ertrank. Zehntausende suchten Arbeit, aber im Hafen, dem einzigen Unternehmen von Bedeutung, wurden keine Arbeitskräfte mehr benötigt.

Das war die Stunde der Shanghai-Flüchtlinge, die ihr Vermögen gerettet hatten. Sie industrialisierten Hongkong. Waschküchenbetriebe und Hinterhofwerkstätten schossen wie Pilze aus dem Boden. Kein TÜV, kein Technischer Überwachungsverein, kontrollierte die Sicherheitsvorschriften; keine Gewerkschaften kämpften für die Vierzig-Stunden-Woche; keine Betriebsärzte überprüften die Gesundheitsvorkehrungen. Humanität am Arbeitsplatz war ein Fremdwort. Kinderarbeit blieb zwar verboten, aber weil es keine Kläger gab, so gab's auch keine Richter. Mit einem Heer von Arbeitslosen, die die Löhne drückten, gehörte Hongkong zur Dritten Welt. Nur europäische und amerikanische Pastoren, Missionare und christlich motivierte Sozialarbeiter mahnten.

Die Welt lernte das *Made in Hong Kong* schätzen. Mit Textilien und Kleidung drang die Kolonie in den Weltmarkt ein. Der nächste Exportschlager waren Plastikblumen und Plastikspielzeug. Dann folgten Perücken. Fast die Hälfte aller Perücken in der Welt lieferte Hongkong. Als dann aber die Japaner das synthetische Haar entwickelten, wurde chinesisches Naturhaar nicht mehr gebraucht. Zu den Großkunden in der Kolonie gehörten auch westdeutsche Kaufhauskonzerne. Sie deckten sich dort mit Oberhemden, Pullovern, Socken, Handtüchern, Unterwäsche, Strickkleidern, Blusen, Turn- und Gummischuhen ein. Das »Billiglohn-Land« Hongkong drückte die Weltmarktpreise.

Die Industrialisierung schrieb das erste erfolgreiche Kapitel in die Hongkonger Nachkriegsgeschichte. Im Grunde war das paradox, herrschte doch auf der anderen Seite der nahen Grenze ein Regime, das den Kapitalismus und das Geldverdienen verteufelte. Ausgerechnet zu Zeiten des kommunistischen Weltrevolutionärs Mao Tse-tung begann die Kolonie zu erblühen. Weil er seinen antikolonialistischen Kriegsaufrufen keine Taten folgen ließ und stillhielt, konnte sich das kapitalistische Hongkong aus seinem Flüchtlingselend langsam herausarbeiten.

Aber Chinesen, Engländer und andere in Hongkong wollten mehr. Wie war es denn früher gewesen, als noch keine Perücken und Plastikblumen produziert wurden? Damals lebte Hongkong vom Hafen und nur vom Hafen, dank der Güter, die aus China und aller Welt dort aus den Bäuchen der Schiffe ausgeladen und in die Bäuche anderer Schiffe umgeladen wurden. Solches Umladen heißt im Fachjargon *re-export*. Hongkong war ein Reexport- oder, noch anders gesagt, ein Entrepôt-Hafen gewesen, denn selbst hatte es die Warenmengen ja gar nicht gebraucht. Und diese Mittlerrolle hatte es spielen können, weil es ein Tor nach China gewesen war, durch das die ganze Welt ins Reich der Mitte und umgekehrt China in die Welt hinaus liefern konnte. Damals gab es an der chinesischen Küste viele Tore – Shanghai war das größte –, aber alle diese anderen Tore hatte Mao Tse-tung krachend ins Schloß fallen lassen. Als er in Peking regierte, war einen Spaltbreit nur ein einziges Tor noch offen: Hongkong. Wenn die Volksrepublik je wieder Kontakt zur übrigen Welt aufnehmen sollte – es würde nur über Hongkong noch möglich sein. Also ließ sich, wer auf Chinageschäfte hoffte, in der britischen Kronkolonie nieder.

Jenseits der Grenze lebten mehr als eine Milliarde Menschen, arme Menschen, die alles brauchten, von der Stecknadel bis zum Stahlwerk. Dieser potentielle Riesenmarkt zog die »business people« an wie das Licht die Motten. Eine Milliarde war eine magische Zahl, für jeden Geschäftsmann eine Versicherungspolice. Wenn jeder Chinese nur einmal im Jahr ein Aspirin schlucken, einmal im Monat Coca-Cola trinken und einmal am Tag eine Marlboro rauchen würde – dann wären das eine Milliarde Aspirin-Tabletten, zwölf Milliarden Coca-Cola-Büchsen und 365 Milliarden Marlboro im Jahr mehr. Das waren Aussichten, die sich nur Dumme entgehen ließen. Also kamen die Klugen und Weitsichtigen. Langfristig konnte geschäftlich nichts schiefgehen. An einer Milliarde Menschen ließ sich immer verdienen.

Als die Industrialisierung auf Hochtouren lief, trainierte Hongkong die Muskeln für sein zweites Bein, auf dem es stehen wollte – die Muskeln für das Chinageschäft. Alpinisten, die den Mount Everest bezwingen wollen, richten zu seinen Füßen zunächst einmal ein Basislager ein. Dort zelten die Sherpas, lagern Verpflegung, Seile, Eispickel und was sonst noch gebraucht wird. Alle, die den Anstieg wagen wollen, warten gutes Wetter ab. Ohne Basislager kann der Mount Everest nicht genommen werden – und ohne Basislager auch jener Berg nicht, der China heißt. Ein solches Basislager am »China-Berg« wurde Hongkong. Tobten an ihm die ideologischen Sturmwolken großer Sprünge und blutiger Kulturrevolutionen, duckten sich alle in Hongkong und warteten auf bessere Zeiten. Klarte der Himmel wieder auf, begann der Einstieg in den China-Berg, das Kaufen und Verkaufen.

Die ideologischen Unwetter verzogen sich mit dem

Abebben der Kulturrevolution. Der Tod Mao Tse-tungs 1976 vertrieb die letzten Wolken. Als sich sein Nachfolger Deng Xiaoping politisch endgültig etabliert hatte, wurde der Himmel über China für die im Basislager Hongkong Wartenden azurblau. Jetzt brachen für die Kolonie die goldenen achtziger Jahre an. Seitdem lebt sie im Zahlenrausch. Also sollen jetzt einmal Zahlen sprechen, denn sie sind das zuverlässigste Barometer für Hongkongs Dauerhoch.

Da ist, aus Importen, Exporten und Reexporten addiert, der Außenhandel. Er lag 1964, als schon vom Wirtschaftswunder der Kolonie gesprochen wurde, bei bescheidenen 14,6 Milliarden HK-Dollar. (Die offizielle Statistik rechnet in HK-Dollar; 7,8 HK-Dollar entsprechen einem US-Dollar.) Nach immer neuen großen Sprüngen stand die Kolonie 1992 im Außenhandel vor der Schallmauer von zweitausend Milliarden HK-Dollar. Inzwischen wird sie diese durchstoßen haben. Hongkong gehört zu den elf wichtigsten »Handelsnationen« der Welt.

Der Anteil der Exporte aus eigener Produktion stagniert, aber die Kletterpartie der Reexporte macht alles wieder gut und noch besser. Weil das Tor nach China inzwischen sperrangelweit offensteht, ist Hongkongs zweites Bein muskulöser denn je geworden. 1964, im Zwischenhoch über der Volksrepublik zwischen dem Großen Sprung und der Kulturrevolution, reexportierte die Kolonie Güter im Wert von 1,5 Milliarden HK-Dollar. Es waren schlechte Zeiten damals, aber das Warten auf gutes Wetter am China-Berg hat sich dann schließlich und endlich doch noch gelohnt. Als sich Deng Xiaopings »sozialistische Marktwirtschaft« – was immer er darunter verstehen mag – in den achtziger Jahren endgültig und scheinbar unumkehrbar durchgesetzt hatte, standen die Hongkonger Reexporte auf der schwindelerregenden Höhe von fast siebenhundert Milliarden HK-Dollar.

Davon profitierte der Container-Hafen. In den frühen neunziger Jahren wurden dort fünf Millionen der stählernen Kisten umgeschlagen; Hamburg, Deutschlands größter Hafen, brachte es nur auf zwei Millionen. Inzwischen schafft Hongkong, so wenigstens plante es, den Umschlag von acht Millionen Containern im Jahr.

1,4 Millionen Tonnen Fracht gehen auf dem Flughafen Kai Tak in die Luft oder landen. In der Rush-hour stehen die Jumbos dort Schlange, denn es gibt nur eine einzige Start- und Landebahn. Riskant ist sie gebaut – ins Wasser des Hafens hinein. Wohl jedem, der Kai Tak angeflogen hat, überkam ein komisches Gefühl im Magen, denn in den letzten paar Minuten scheint sich das Fahrwerk des vierstrahligen Riesen in den Wäscheleinen auf den Flachdächern von Kowloon zu verheddern.

Zu den Großkunden des Flug- und Containerhafens gehören die Japaner. In deren Exportstatistik rangieren Hongkongs sechs Millionen Einwohner weit vor der einen Milliarde Chinesen der Volksrepublik. Selbst noch 1992, während des Booms der »sozialistischen Marktwirtschaft« dort, importierte China aus Japan nur Waren im Wert von zwölf Milliarden US-Dollar. Das winzige Hongkong aber kaufte in Nippon für 20,7 Milliarden US-Dollar.

Diese atemberaubenden Erfolgszahlen lassen die Herzen der »business people« höher schlagen. Und so kommen sie denn aus nah und fern und legen ihr Geld gewinnbringend an. Hongkong, nur etwas größer als Berlin, stürmt den Himmel nicht durch Subventionen, sondern durch Investitionen.

Die Japaner pumpten bis Ende 1992 rund 12,5 Milliarden US-Dollar an Direktinvestitionen in die Kolonie, gefolgt von den Amerikanern mit 6,4 Milliarden. Von allen Investoren im kapitalistischen Hongkong der größte aber ist das kommunistische China mit schätzungsweise zwanzig Milliarden US-Dollar – es können auch mehr sein; keiner weiß das so genau. Von viertausend Firmen ist die Rede, die im Besitz der »Roten« sein sollen. Sie spielen raffiniert und strategisch vor allem am Immobilien- und Aktienmarkt, als sei der Urinstinkt des »Make money« trotz aller früheren Verbote bei ihnen nie abgestorben. Die Geschäftsleute sehen in Pekings Engagement eine Garantie, daß 1997 alles beim alten bleiben wird.

Längst aber nimmt Hongkong nicht mehr nur, sondern es gibt auch. Investitionsströme seiner chinesischen Millionäre und Milliardäre fließen nach China, besonders in den an die Kolonie grenzenden Süden. Nach Informationen aus Peking hatten Chinesen aus Hongkong und portugiesisch Macao bis Ende 1992 Verträge über 63 000 Kooperationsprojekte in der Volksrepublik abgeschlossen; Wert: 74 Milliarden US-Dollar. In der ersten Hälfte 1993 sattelten sie zusätzlich noch 37 000 im Wert von 39 Milliarden US-Dollar drauf. Damit lag der Anteil von Hongkong und Macao an allen Investitionsvereinbarungen mit China bei 84 Prozent.

Und wo bleiben die Deutschen? Spät, sehr spät haben sie erkannt: »In Ostasien spielt die Musik!« Am Ort des Geschehens aber machen sie sich immer noch rar. Laut Statistik nimmt Deutschland bei den Direktinvestitionen in China nach Hongkong, Japan, den USA und Taiwan den fünften Platz ein. Das klingt gut und liest sich schön, aber was heißt das genau? In nüchterner Relation zu den Riesen stellte Deutschland 1991 von den vereinbarten Direktinvestitionen in der Volksrepublik 0,558 Prozent.

In einem Teil Chinas, der boomenden Provinz Guangdong vor den Toren von Hongkong, ist das Engagement der Deutschen noch kläglicher. Dort waren Ende 1992 unter den rund 30000 Unternehmen mit ausländischer Beteiligung ganze siebenundzwanzig registriert, die mit deutschen Geldern arbeiteten. In dieser Provinz, die als eine der Lokomotiven der Volksrepublik gilt, stellten Deutsche zwischen 1987 und 1991 mit 23,6 Millionen Dollar sage und schreibe 0,0018 Prozent der vereinbarten ausländischen Direktinvestitionen.

Nicht viel anders sieht es in Hongkong selbst aus. Während die »roten« Chinesen dort, wie bereits erwähnt, zwanzig, Japaner 12,5 und Amerikaner 6,4 Milliarden Dollar investiert haben, sind Deutsche mit bescheidenen 813 Millionen Dollar vertreten. Wenn wahr werden sollte, was die Weltbank behauptet, daß um die Jahrhundertwende vierzig Prozent des gesamten Welthandels in Ostasien abgewickelt werden, dann muß die deutsche Industrie noch einiges tun, um den Anschluß nicht zu verlieren.

Hongkong boomt wie nie zuvor in seiner Geschichte. Im wirtschaftlichen Explosionsjahr 1993 durchbrach an der Börse der Hang-Seng-Index am 12. Mai zum ersten Mal 7000 Punkte. Am 12. November kletterte er bereits auf 9701,25 Punkte. Fünf Wochen später, am 20. Dezember, erreichte er das Rekordhoch von 10814,78 Punkten. Allerdings gab es auch Phasen, da sackte er tief in den Keller, aber Optimismus und Zuversicht rissen ihn immer wieder heraus, ja hoch und höher.

Die Kolonie ist reich. Während Stadtväter in Europa und den USA stöhnen, sie seien bankrott, und rigorose

Sparprogramme verordnen, ist Hongkongs Staatssäckel prall gefüllt. Mit einem Überschuß 1992/93 von zwanzig Milliarden HK-Dollar konnte der Gouverneur ruhig schlafen. Die Gesamtreserven häuften sich auf 120 Milliarden HK-Dollar an.

Der Reichtum »oben« ist unten im Volk angekommen. Den Hongkong-Chinesen geht es besser als manchen europäischen Mittelmeervölkern, und durchschnittlich leben sie sogar länger als die Deutschen. Die Statistik errechnete 1992 ein Pro-Kopf-Einkommen von 16380 US-Dollar; in China lag es unter vierhundert Dollar.

Blüht der Wohlstand so weiter, werden die Hongkonger eines gar nicht so fernen Tages reicher sein als die Briten, von denen sie derzeit noch regiert werden.

Wer noch das Hongkong der sechziger Jahre kennt, dem sticht der soziale Fortschritt geradezu in die Augen. Damals gehörte der Strand an der Repulse Bay, der Riviera der Kolonie, den wenigen Europäern und Amerikanern. Heute treten sich dort an Sonn- und Feiertagen die Chinesen fast tot. An der Grenze zu China registrierten die Behörden 1991 rund gerechnet neunzehn Millionen Besuchsreisen, eine Steigerung um knapp das Fünffache verglichen mit der Zahl von vor zehn Jahren.

Hausten Anfang der sechziger Jahre noch unzählige Menschen an den Steilhängen der Berge in elenden Hütten aus Wellblech, Sperrholz und Pappe, die von Taifunen und Wolkenbrüchen weggeweht und weggespült wurden, so bevölkern sie heute Apartmenttürme, vor denen Mietskasernen des sozialen Wohnungsbaus in Deutschland Zigarrenkisten mit Fenstern und ganze Bezirke in Amerikas Monsterstädten Slums gleichen. Ende der achtziger Jahre wurden alle zwölf Monate 53000 Sozialwohnungen bezugsfertig. Drei Millionen Hongkong-Chinesen – die Hälfte der Bevölkerung – wohnen in solchen Apartments. In den ehemaligen Bauern- und Fischernestern an der Eisenbahnstrecke nach China, in Sha Tin, Tai Po und Fanling, schossen Satelliten-Hochhausstädte aus dem Boden, mit Schulen, Hospitälern, Restaurants und exotischen Märkten. Die größte dieser sozialgerechten, modernen Kommunen heißt Tuen Mun und liegt im Westen der New Territories.

Früher, als die Mietskasernen noch schnell hochgezogenen, phantasielosen Notunterkünften glichen, waren die eigene Toilette und die eigene Küche Luxus. Klo und Kochherd gehörten der ganzen Etage. Diese Grundbedürfnisse eines einigermaßen zivilisierten Lebens sind inzwischen »privatisiert« und in den eigenen vier Wänden, aber auch in ihnen ist nicht viel Platz. Theoretisch stehen im sozialen Wohnungsbau jedem vier Quadratmeter zu: Eltern mit zwei Kindern also sechzehn. Das ist wahrhaftig nicht viel, aber an der Vergangenheit des Flüchtlingselends gemessen, sind diese paar Quadratmeter fast schon ein Paradies.

In der Fluchtburg Hongkong gehört quetschende Enge zur Normalität – wie in allen Städten Ostasiens, selbst in der Wirtschaftsweltmacht Japan. Deutschen gehen die Menschenmassen schon in München auf die Nerven, leben dort auf dem Quadratkilometer doch viertausend. Aber diese Viertausend sind nur ein Häuflein verglichen mit den 15000 Menschen pro Quadratkilometer in den Chinesenvierteln Shau Kei Wan, Mong Kok und Yau Ma Tei auf Kowloon-Seite. Der am dichtesten bewohnte Fleck auf dem Globus soll Sham Shui Po sein – mit 165000 Chinesen auf einem einzigen Quadratkilometer. In anderen Bezirken ist die Dichte nicht viel geringer.

Wie dort gelebt wird – welcher Europäer kann es sich vorstellen? Kam Kwok, »goldener Staat«, hieß eines der Hochhäuser aus alten Tagen. Gerade siebzehn Stockwerke hoch war der Kasten, aufgeteilt in 207 Wohnungen. Darinnen lebten dreitausend Menschen, offiziell angemeldete. Wie viele schwarz, unregistriert im »goldenen Staat« wohnten – wer weiß.

Dreitausend in 207 Wohnungen – das waren rund gerechnet fünfzehn pro Apartment. Aber was hieß schon Apartment? Unser Kameramann mußte, als wir ein Fernsehporträt des hohen Hauses filmten, akrobatische Verrenkungen vollführen, um wenigstens das Wohnzimmer der Frau Wu einigermaßen total ins Bild zu bekommen. So eng war es. Frau Wu hatte im Wohnzimmer Holzwände gezogen und ihr Schlafzimmer durch eine dünne Mauer geteilt. An der Decke darüber klebte zusätzlich ein niedriger Verschlag, eine nur mit einer Leiter zu erreichende Schlafstätte. In einer Kammer, ursprünglich gedacht für Küchenutensilien, stand ein hölzernes Doppelbett. Summa summarum hausten auf den paar chaotischen Quadratmetern nächtens fünfzehn Menschen. Aber dadurch konnte Frau Wu wenigstens die Miete bezahlen und verdiente noch ein paar Hongkong-Dollar.

Im Käfig der Dreitausend gab es drei Fahrstühle, von denen einer ständig außer Betrieb war. Laut Vorschrift faßte jeder Aufzug neun Personen. Aber das war natürlich nur Behördentheorie. Kein Mensch hielt sich an die Bestimmung. Wie sollte er auch? Denn dann hätte Frau Wong mit ihren winzigen Gemüsebündelchen vom Markt nie ihre Küche und Fräulein Huang in hochgeschlitztem

Kleid und mit verblaßtem Make-up nach den Diensten der Nacht nie ihr eigenes Bett erreicht. Also herrschte vor den Aufzügen ein ständiges Schubsen, Stoßen und Drängen. Chinesische Höflichkeit? Beim permanenten Kampf um einen Platz im Lift blieb dafür keine Zeit.

Dreitausend Menschen machten Dreck. Wohin damit? Hinein in den Lichtschacht! Dort dickten die Abfälle von Jahren auf Fensterbänken ein. Der Rest flog bei Dunkelheit auf die Straße. Die Autos, die dort parkten, zierten bei Sonnenaufgang Bananenschalen, faules Obst, Essensreste, ausrangierte Sandalen und andere erbauliche Dinge. Altpapier, Lumpen und sonstiges brennbares Material wurden gelegentlich zusammengekehrt und einfach auf den Fluren verbrannt. Irgend jemand hielt Wache, auf daß der »goldene Staat« nicht in Flammen aufging.

Es waren nicht die Ärmsten der Armen, die dort wohnten. Im Kam Kwok lebte der Durchschnitt. Türen knallten, Radios plärrten, Babies krähten, Mahjong-Steine klapperten. Chinesen ohne Mahjong – gibt es die überhaupt auf der Welt? Sie sind diesem Spiel verfallen, regelrecht süchtig nach ihm. Die bunten Steine werden zu einer Mauer geschichtet, ausgespielt, zusammengefegt, gemischt und wieder aufgebaut; mit artistischer Fingerfertigkeit und atemberaubendem Tempo. Die Geräuschkulisse der Mahjong-Steine aus Wohnungen und Restaurants bis früh in den Morgen hat jeder, der einmal in Hongkong gelebt hat, noch heute im Ohr.

Unsere Mitarbeiterin Christa von Plettenberg hatte als Studentin der Sinologie neun Monate im »goldenen Staat« gewohnt und Tagebuch geführt. Sie lieferte uns das Drehbuch. Und natürlich wollten wir auch die beiden alten Chinesinnen filmen, von denen sie erzählte. Beim Zusammentreffen auf dem Flur hatten die beiden jedesmal gekeift und gekreischt, als wollten sie sich die Augen auskratzen. Sie konnten sich nicht riechen.

Wir klingelten, skizzierten, was wir wollten, und versprachen ein Honorar. »Machen Sie mit?« Die beiden in ihren schwarzen Pyjamas machten mit. Die eine kam aus der Tür links, die andere aus der gegenüberliegenden. Sie sahen sich, zischten die ersten Schimpfworte und keiften sich vor der laufenden Kamera immer ordinärer an. Wir fürchteten Kratz- und Bißwunden. Die Haare würden sie sich auch noch ausreißen.

»Kamera aus!« Die eine ging nach links und knallte die Tür, die andere nach rechts und knallte die Tür. Das war's! Eine Szene aus dem chinesischen Leben, dem wirklichen! Sie machte allergisch gegen all die Lyrik romantischer Bücher, die vom »Tempel der harmonischen Stille«, vom »Pavillon zur Bildung der Gefühle«, vom »Tempel des Sees der Weisheit« erzählen.

Seelenromantik ist in Hongkong kein Thema. Weil über der Erde kaum noch Platz ist, mußte die Kolonie unter die Erde gehen, und dort klotzt sie genauso wie unter dem Himmel. Hafentunnel verbinden die Insel mit dem Festland zwei- und vierspurig. Durch den einen fahren 32000, durch den anderen 118000 Autos täglich. Untertunnelt wurde auch die Bergkette auf der Insel von Central nach Aberdeen, benutzt von 51000 Autos täglich. Etwa 100000 Pkws und Lkws fahren täglich durch den Lion Rock Tunnel in den New Territories. Ja, auf Hongkongs Straßen schleicht Stoßstange hinter Stoßstange. Da kommen die zwei Millionen, die täglich mit der U-Bahn fahren, auch durch eine Röhre unter dem Wasser des Hafens, schon schneller ans Ziel.

Ob Hongkong, in Relation zu seinen 43 Schienenkilometern, tatsächlich das am meisten frequentierte U-Bahn-System der Welt besitzt, sei dahingestellt. Auf jeden Fall aber bewegt sich hier die längste Rolltreppe der Welt. Von Central führen ihre 800 Meter hinauf auf »midlevel«, wo die Apartmenthochhäuser beginnen, deren Mieten nur zahlen kann, wer eine Firma im Rücken hat, die ihm finanziell unter die Arme greift. Auf dieser überdachten Rolltreppe herrscht Einbahnverkehr. Morgens geht's runter in die Büros, abends hinauf nach Hause. Die Fahrt ist gratis und dauert bei ebenfalls kostenlosem Panoramablick von Anfang bis Ende zwanzig Minuten. Wer will, kann zwischendurch an mehreren Haltestellen abspringen.

Auch der Geist und die Musen haben inzwischen großzügig angelegte Heimstätten gefunden. Auf der Insel, direkt am Hafen, entstand das siebenstöckige, 400000 Quadratmeter große Kongreßzentrum, eingerahmt von zwei Luxushotels verschwenderischer Pracht. Auf der Kowloon-Seite steht für Theater und Konzerte das Kulturzentrum.

Gigantomanen arbeiten zur Zeit am größten Bauprojekt der ganzen Welt, am neuen Großflughafen auf dem Inselchen Chek Lap Kok vor der Insel Lantau. Die hundert Meter hohen Berge des Eilands sind bereits weitgehend auf sieben Meter abgehobelt. Prachtstück dieses Zukunftsprojekts der Superlative mit seinen Rollbahnen, Autobahnen, Schnellbahnen, Abfertigungshallen und Hotels soll eine 1377 Meter lange Brücke werden, die länger als die Golden Gate Bridge in San Francisco den Großflughafen an die Kolonie anbindet. Hongkong hat für das Jahr 2011 jährlich fünfzig Millionen Passagiere und 2,6 Millionen Tonnen Luftfracht errechnet. Mit siebzig Starts und Landungen in jeder Stunde soll Chek Lap Kok das alles schaffen. Veranschlagt wurde das Riesenunternehmen mit theoretisch 16,5 Milliarden US-Dollar, aber diese Summe steht bereits heute nur noch auf geduldigem Papier. 1997 sollen schon die ersten Jumbos starten und landen. Ob dieser Fahrplan eingehalten werden kann?

Mit atemberaubender Geschwindigkeit verändert Hongkong sein Gesicht. Wer die Kolonie zehn Jahre nicht gesehen hat, findet sich in ihr kaum noch zurecht. Billig ist sie auch nicht mehr. Vorbei sind die Zeiten, in denen sie als touristisches Einkaufsparadies galt. Es gibt zwar immer noch alles, was irgendwo auf der Welt produziert wird, aber nur noch zu saftigen Preisen: Kameras aus Japan, Tischdecken aus China, Autos aus Deutschland, Klimaanlagen aus Amerika, Uhren aus der Schweiz, Champagner aus Frankreich, Seide aus Indien, Whisky aus Schottland, Edelsteine aus Thailand, Käse aus Holland, Möbel aus Skandinavien, Krokodilleder aus Malaysia und Opium aus... Europäer und Japaner, die heute noch billig einkaufen wollen, sollten Hongkong meiden und besser nach New York fliegen. Nur für den Steuerzahler lohnt sich die Kolonie noch. Wer dort als Europäer und Amerikaner lebt und arbeitet, ist gut dran. Der Staat will ihm nicht weh tun und greift ihm deshalb nur zögerlich und gar nicht tief in die Tasche. »On profits« zahlt er 16,5 Prozent und auf sein Einkommen in der allerhöchsten Klasse noch einmal fünfzehn Prozent Steuern.

Das Hongkong von früher – wo ist es geblieben? Der Resident von einst könnte heute sentimental werden. Kulturrevolutionäre Bilderstürmer sind am Werk gewesen, Barbaren, Business-Hyänen ohne Sinn und Gespür für Geschichte und Tradition. Einst zierten im Stil eines großbürgerlichen Kolonialbarock Arkaden, Rundbögen, Säulen, Türmchen und Giebel die City. Da stand das Old Post Office, altmodisch, aber vertrauenerweckend, daß die Briefe und Päckchen die Adressaten rund um den Globus erreichen würden. Kuppeltürmchen und Säulen schmückten den vierstöckigen Hong Kong Club der allerfeinsten Herren des allerhöchsten Establishments. Diese barokken Zeugen aus geruhsamer Zeit fielen wie viele andere architektonische Geschichtskonserven der Spitzhacke zum Opfer. Das Hongkong von heute ist unsentimental und hat kein Herz für romantische Antiquitäten.

Auch der Cricket Club ist verschwunden, diese aufreizend britische Anlage, gleich gegenüber der alten Bank des kommunistischen China. Sein Rasen grünte mitten im Geschäftszentrum, wo der Quadratmeter am teuersten ist. 1866 fand dort die erste internationale Begegnung mit Sportfreunden aus Shanghai statt. Zugegeben, der Anachronismus des Cricket Club provozierte, aber das Anachronistische war angesichts des Weltrevolutionären im nahen China gerade so reizvoll.

Es war einmal das Repulse Bay Hotel, das legendäre, auf der dem Hafen abgewandten Seite der Inselberge. Die beiden Arme der Zimmerflügel wurden abgerissen, kastriert überlebt der Rest. Aus der Traum!

Es war einmal »tea-time« in der Lobby des berühmten Peninsula Hotels. Rechts saßen die Engländer, links der Rest der Welt. Die Ladies trugen Räder von Hüten und tranken genauso stilvoll ihren Tee. Noch immer spielen auf der Empore drei Filippinos Wiener Walzermelodien, aber die Lobby gehört inzwischen Japanern in Bluejeans und T-Shirts, die respektlos vor der Tradition des renommierten Hauses mit ihren Kameras blitzen.

Schräg gegenüber dem »Peninsula« stand einmal der kleine, schmucke Bahnhof. Auch er war zu Nutz und Frommen der neuen Zeit nicht mehr zu gebrauchen, wurde plattgewalzt und ein paar Kilometer weiter ganz modern wiederaufgebaut. Von dem alten steht heute nur noch der Uhrenturm.

Es waren einmal die Amahs in ihren weißen Jacken und schwarzen Pyjamahosen; viele trugen einen langen Zopf. Wie viele Europäer- und Amerikanerkinder mögen sie auf dem Rücken getragen und ihnen die ersten Schritte ins Leben gewiesen haben. Ausgestorben sind sie. Glücklich, wer heute noch eine solche Perle sein eigen nennt.

Es waren auch einmal die Spucknäpfe, aber hat es sie in Hongkong auch nach dem Krieg noch gegeben? In der Kolonie jedenfalls brauchte ich nie die Flucht zu ergreifen. Der Schrecken des Spuckens – aber das Wort ist viel zu harmlos: es war ein Rotzen –, also der Schrecken des Rotzens traf mich in Macao. Im Frühstücksraum des Hotels nahm eine chinesische Familie Platz: Großvater, Großmutter, Sohn, Schwiegertochter und Enkelkinder. Eigenartige Töpfe wurden neben sie auf den Boden gestellt; sie sahen aus wie deutsche Nachttöpfe. Und dann passierte es! Großvater holte aus den Tiefen seiner breiten Brust den dort seit der Nacht lagernden Schleim und beförderte ihn genüßlich in den für solche Zwecke bereitgestellten Topf. Kaffee und Rührei ließ ich stehen – weg war ich!

Über die wahrlich unappetitliche Sitte des Spuckens rümpften Europäer schon zu viel früheren Zeiten die Nase. »Auf die Eßlust wirkt es doch etwas lähmend«, notierte der Bremer Kaufmann Eduard Grösser vor dem Ersten Weltkrieg, »wenn dein Gegenüber sich aus tiefster Brust räuspert und klatschend auf den Fußboden spuckt oder wenn dein in Seide gekleideter Nachbar eine halbe Drehung zu dir hin macht, um sein linkes Nasenloch auszublasen, sich dann ebenso nach rechts schneuzt und die feuchten Finger in seinem Gewand abwischt. Zwischendurch wird noch laut und herzhaft gerülpst, ein Geräusch, das der chinesische Gastgeber gar so gern hört, da es ihm anzeigt, daß das Essen allen schmeckt.«[1]

Der Brauch ist in etwas zivilisierterer Form bei den Machthabern in Peking bis heute lebendig. Der ehemalige Bundeskanzler Helmut Schmidt berichtet in seinem Buch »Menschen und Mächte« von einem Zusammentreffen mit Deng Xiaoping. Dieser rauchte eine Zigarette nach der anderen »und machte von dem mehr als einen Meter entfernten Spucknapf artistischen Gebrauch; das ging geräuschvoll, anscheinend auch genußvoll vor sich«.[2]

Verboten in der Volksrepublik, aber in Hongkong ein Augenschmaus waren die Cheongsams, die geschlitzten Kleider der Chinesinnen. Wie sexy wirkten sie, wenn die Beine lang und schlank waren. Heute hängen die Cheongsams im Schrank. Die jungen Chinesinnen kleiden sich international von der Stange; adrett, schick und elegant. Trotzdem: sie stolzierten früher herausfordernder. Ihre geschlitzten Kleider erotisierten. Schade, daß Traditionen sterben müssen!

Rost geklopft wird auf den Schiffen im Hafen auch nicht mehr. Was war das früher für ein Lärm! Wie Küken um die Henne lagen Dschunken um die Frachter. Außenbords und an Deck hämmerten Kompanien von Kulis den Rost weg,

[1] Grösser, a. a. O., S. 96

[2] Helmut Schmidt: Menschen und Mächte, Berlin 1987, S. 363

von morgens sieben Uhr bis Sonnenuntergang, und wenn es sein mußte, auch nachts. Wehe dem, der auf einem solchen Schiff eine Kabine gebucht hatte! Die Ohren taten ihm weh. Aber wenn dann wieder Stille herrschte, zeigte sich der Dampfer in einem neuen Kleid – frisch gestrichen von oben bis unten.

Wer sieht im Hafen heute noch Dschunken? Nur derjenige, der Glück hat. Die schweren, müden Großsegel vor der Wolkenkratzerkulisse der Stadt sind selten geworden, aber es gibt sie dann und wann noch. Eine Dschunke – das ist ein China en miniature, wie der Europäer es sich in seiner Phantasie immer noch vorstellt. Die ganze Großfamilie lebt an Bord: Großeltern, Eltern und Kinder, die jüngsten mit einem Strick angebunden, damit sie nicht ins Wasser fallen. Die Neunjährigen tragen die Vierjährigen festgeschnallt auf dem Rücken. Fische trocknen in der Luft, und Wäsche hängt an der Leine. Ein Hund läuft nervös hin und her, und in einem Holzverschlag gackern Hühner. Auf einer Dschunke wird gezeugt, geboren und gestorben, und alle hören und erleben es mit.

Wie einst aber recken sich in schwindelerregende Höhe die Bambusgerüste der Bauarbeiter – heute mehr denn je und immer weiter in den Himmel. Es sieht aus, als würden sie umfallen, denn windschief scheinen sie zusammengebunden zu sein, aber nichts passiert – es sei denn, ein Taifun rast über Hongkong hinweg. Und auf den Bambusstangen klettern katzengleich die Bauarbeiter. Dem Fremden stockt der Atem, aber Chinesen schauen nicht hin.

Wer in Hongkong spricht noch Pidgin-Englisch? Es hatte keine Grammatik, dafür aber Musik, Volksmusik. In den Bars der Suzie Wongs in Wanchai wurde es gesprochen. Strickend und häkelnd saßen die Mädchen dort und warteten auf die »sailors«, die immer seltener wurden, denn die Seeleute der Containerriesen haben zum Landgang keine Zeit mehr. Gerade noch zum Kauf einer »Tüte Uhren« reicht sie heute, den spottbilligen Kopien unerschwinglicher Originale von Rolex, Cartier und Hermèz. Das Pidgin-Englisch der Suzie Wongs – »Where you from? Germany? Germans good people. You strong boy. You have money. You buy me drink!« –, auch das war einmal.

»Vanessa, die Bordellchefin von Hongkong«, aber hat nie gelebt. Sie entsprang den Sexphantasien deutscher Film- und Fernsehproduzenten. Auch die »Pension zur freien Liebe« stand nicht in Kowloon, sondern irgendwo in Germany. Hongkong kannte auch kein »Alpenglühn im Dirndlrock«, wie es ein deutscher Fernsehkanal Anfang der neunziger Jahre ausgestrahlt hat – schon aus Mangel an Zugspitze, Watzmann und Nackedeis in den Betten oberbayerischer Berggasthöfe nicht. Die Hongkonger sind viel prüder als die Germans.

Regelmäßig veröffentlicht der englischsprachige »Standard« die Urteile eines Tribunals gegen obszöne Druckerzeugnisse, die sogenannten »Obscene Articles Tribunal Notices«. Noch im Herbst 1991 nahmen sich die Sittenrichter außer chinesischen Magazinen die amerikanischen Sexpostillen »Playboy« und »Penthouse« vor. Sie wurden verdonnert, »the whole of the picture in page 94« entweder herauszureißen oder einen Teil desselben, die Schamhaare des Playgirls, schwarz zu überpinseln. Fast immer aber lautete der letzte Richterspruch des Tribunals: »To be published only when enclosed in polythene wrapper.« (»Nur freigegeben, wenn das Magazin in einen Kunststoffbeutel eingepackt ist.«) Zweck dieser Sittenstrenge: Potentielle Käufer sollten nicht darin blättern können.

Hongkong ist wahrlich kein Kloster, und die tausend Hostessen aller Rassen und Hautfarben in dem plüschigen »Bboss Club« (ausgesprochen: Biboss) sind keine Nonnen. Wo nächtens die spendablen Japaner verkehren, halten sich keine Unschuldsengel. Aber Hongkong ist kein Bangkok, wo der europäische Sextourismus Orgien feiert.

Das von puritanischen Briten immer mal wieder unterdrückte und nur stillschweigend geduldete Amouröse lebt in der Verbannung der Nacht. Im gleißenden Licht der Sonne glänzt nur ein einziger Club, meistens unter dem Kommando eines britischen Generals a. D.: der Royal Hong Kong Jockey Club, so ungefähr das Feinste vom Feinen. Ihm übertrug das viktorianische England die Kulturpolitik in der Kolonie: die Pferderennen. Sie sind klassenlos und multikulturell; unterscheiden weder zwischen arm und reich noch zwischen Orient und Okzident. Im Ansehen des britischen Kaufmanns konkurrierte das Pferd nur noch mit dem Missionar, aber im Rennen um die Seelen der Untertanen Ihrer Majestäten haben die Jockeys die Kulturoffensive gewonnen, die Missionare sie verloren.

In Happy Valley, dem glücklichen Tal auf der Insel, das so manchem, der sein Geld verwettete, viel Glück brachte, werden vor 40 000 Begeisterten Pferderennen noch immer gelaufen. Aber weil die Anlage des Volksansturms nicht mehr Herr wurde, entstand mit Schnellbahnanschluß in Sha Tin in den New Territories für 70 000 eine zweite. Sie soll mit all ihrer Elektronik, wieder in Superlativen schwelgend, die modernste Pferderennbahn der Welt sein. In einer einzigen Saison nahmen die Wettbüros – sage und schreibe – sieben Milliarden amerikanische Dollar ein. Ein großer Teil der Wettgelder fließt für soziale Zwecke in die Regierungskasse. Das koloniale Pferderennfieber ist inzwischen übergeschwappt nach China und hat Zehntausende in Guangzhou und Shanghai angesteckt.

Solange es das klassische Hongkong gibt, werden dort Pferderennen gelaufen werden. Die Jockeys überleben alle, haben auch die Peking-Astrologen überlebt, die einst in Hongkong ihren Stammsitz hatten.

Die Lauschangriffe modernster Techniken auf den Himmel über China, von drüben herübergeschmuggelte Wandzeitungen, Exemplare von Blättern aus abgelegenen Provinzstädten und natürlich auch die parteioffizielle Kiloware aus Peking wurden von Kompanien von Übersetzern ins Englische übertragen und von Experten ausgewertet. Pfundweise landeten die kommentarlosen Übersetzungen allmorgendlich auf den Schreibtischen jener, die für würdig befunden worden waren, das alles lesen zu dürfen. Es war eine strapaziöse Lektüre.

Habe ich mir damals eine journalistische Sternstunde ausreden lassen? Es war im Jahre 1964. Ein paar Kilo der maotriefenden Papiere lagen ungelesen abseits. Als ich mich dann schließlich Seite für Seite ans Werk machte, stieg meine Erregung von Artikel zu Artikel. Ich bildete mir eine sensationelle Entdeckung ein: Ein noch leises Donnergrollen eines Machtkampfes in Peking, aus Eigenschaftswörtern herausgehört, die dem Namen eines Mannes vorangestellt waren, der damals zu den Großen in China noch nicht zählte. Er hieß Lin Piao und wurde mit Adjektiven geschmückt, die ihn als aufsteigenden Stern am maoistischen Parteihimmel auswiesen. Außerdem wurde Lin Piao die Ehre zuteil, in Kombination mit Mao Tsetung genannt zu werden. Diese Paarung ließ aufhorchen, denn bis dahin hatte in Wort und Bild ein ganz anderer an

Maos Seite gestanden: Liu Shao-ch'i, der Staatspräsident. War er in Ungnade gefallen?

Ich rief einen Bekannten an, einen wegen seines Chinesisch und Japanisch ausgewiesenen Peking-Astrologen, und erzählte von meiner Erleuchtung. »Da stimmt etwas nicht in Peking, dort kündet sich ein Machtkampf an, die Parteiorgane stilisieren Lin Piao himmelhoch, und von Liu Shao-ch'i ist überhaupt nicht mehr die Rede.« Antwort: Die Interpretation sei kühn, zu kühn; gehe weit, zu weit; draufloszuspekulieren verführe zu falschen Schlußfolgerungen; von einem Machtkampf auch in den allerfrühesten Anfängen könne überhaupt nicht die Rede sein.

Die Argumente flogen hin und her, und weil der andere am anderen Ende der Leitung in das Pekinger Parteichinesisch eingelesener war als ich, kapitulierte ich schließlich. Das Ergebnis meiner Kaffeesatzleserei ging zu Hause weder mündlich über die Sender noch schriftlich irgendwo in Druck. Ich behielt mein großes Geheimnis versteckt in meiner Brust.

Anderthalb Jahre später aber ging es dann in Peking auf Leben und Tod. Die Kulturrevolution brach aus. In deren Verlauf wurde Staatspräsident Liu Shao-ch'i »in tiefster revolutionärer Empörung über seine konterrevolutionären Verbrechen« aus der Partei ausgestoßen und all seiner Ämter enthoben. Aus den blutigen Wirren ging Verteidigungsminister Lin Piao zunächst als Erbe und Nachfolger Maos hervor. Später starb er bei einem Flugzeugabsturz über der Mongolei, angeblich auf der Flucht nach Moskau.

Wahrheit und Irrtum lagen bei der Interpretation der marxistisch-leninistisch-maoistischen Phraseologie dicht beieinander. Trotzdem aber schlugen Hongkongs China-Beobachter aus ihr im großen und ganzen Funken zuverlässiger Erkenntnisse, die das Dunkel über den Vorgängen in China einigermaßen erhellten. In groben Linien kamen sie der Wahrheit nahe, mußten aber erdulden, daß ihre Kaffeesatzleserei in Europa und Amerika belächelt wurde, wußten die Koryphäen an ihren Schreibtischen dort doch alles besser – während der Kulturrevolution sogar viel besser.

Damals ging im Westen für schwärmerische Intellektuelle und jubelnde Studenten über China die ideologische Sonne einer ganz neuartigen Revolution auf. Dort verwirktlichten die Roten Garden, wovon die Linken in Berlin, Frankfurt und Paris nur träumen konnten.

Eines Tages machte sich aus dem westlichen Deutschland auch Joachim Schickel auf die weite Reise ins Land seiner maoistischen Hoffnungen, die ideologische Wahrheit mit der Seele suchend. Er hatte Gedichte Mao Tse-tungs übersetzt, war also als China-Kenner literarisch ausgewiesen. Ein einziges Buch trug er bei sich im Koffer: Goethes »Italienische Reise«. Warum? »Ihr ist das Motto ›Auch ich in Arkadien‹ vorangestellt. Arkadien, hat man gesagt, sei ›keine Gegend der Landkarte‹, es sei ›das Land des vergoldeten Alltags‹.«

Diesen vergoldeten Alltag fand Joachim Schickel im kulturrevolutionären China allüberall: in den Städten, am Geburtsort Maos, in Eisenbahn- und Stahlkombinaten, in Transistor- und Traktorenfabriken, in Grund- und Mittelschulen. Im Klappentext seines Buches »Die Mobilisierung der Massen« hieß es: »1964 kam er in ein Land der Restauration, wo Liu Shao-ch'i zu *befehlen*, 1970 fuhr er als Freund in ein Land der Revolution, wo Mao Tse-tung zu *empfehlen* hatte.« Dementsprechend fiel seine Laudatio aus. Die ihm allerorten vorexerzierte kulturrevolutionäre

Begeisterung war ihm »eine ermutigende Hilfe, die eigene marxistisch-leninistische Arbeit besser auszuführen. Lang lebe der Sieg im Volkskrieg!«

Ähnlich begeistert schrieben junge deutsche Sinologen, die in der Redaktion der »Peking Rundschau« arbeiteten. Sie stellten zu Hause in Deutschland alles in Frage – im kulturrevolutionären China nichts. Sie glaubten Mao Tsetung und seinen Jüngern jedes Wort. Sie ersetzten Wissen durch Glauben – ein Grundübel jugendbewegter deutscher Intellektueller.

Gegen so viel schwärmerischen Enthusiasmus waren wir Hongkonger China-Beobachter machtlos. Vor blauen Blumen politischer Romantik mußten wir kapitulieren. Wir schrieben gegen den Strom der Zeit an und gingen unter. Damals waren es nicht mehr, wie in früheren Zeiten, Lack, Seide, Porzellan und konfuzianische Schriftgelehrte, die das Chinabild im Westen vernebelten – dieses Mal geriet eine tonangebende Minderheit in Bücherstuben und auf Universitäten durch politische Phrasen in einen ideologischen Rausch. Der Riesenirrtum von Intellektuellen und Studenten über das China der Kulturrevolution entsprach dem Riesenirrtum der Chinesen hundert Jahre früher über den Westen.

Als sich Anfang der siebziger Jahre Chinas Tore für Diplomaten und Journalisten wieder einen Spaltbreit öffneten, verlor Hongkong seine Bedeutung als Beobachtungsposten. Heute sitzen die China-Kenner wieder direkt vor Ort in Peking. Aber auch auf Hongkongs neutralem Boden wird noch erkannt, erforscht und gedacht, und die Ergebnisse dieser Mühen sollten nicht ungelesen im Papierkorb landen.

Summa summarum hätte Hongkong 1991 allen Grund gehabt, seinen 150. Geburtstag zu feiern, denn es durfte ruhig ein bißchen stolz sein. Aber kein Gedenkstein wurde enthüllt, kein Feuerwerk gezündet, keine Festschrift gedruckt, keine Sonderbriefmarke herausgegeben. Nur der britische Stadtkommandant erließ einen Tagesbefehl an seine Handvoll Soldaten. Der Gouverneur aber schwieg. Er tat so, als hätte es den 25. Januar 1841 nie gegeben, als die ersten Briten ihren Fuß auf die Insel gesetzt hatten – dort, wo heute die Possession Street verläuft.

Über Hongkong lag bereits der Schatten Chinas. Der übermächtige Nachbar sollte durch nichts mehr gereizt, geschweige denn provoziert werden. Geburtstagsfeiern hätten ihn mißmutig stimmen, seinen nationalen Stolz verletzen können. Gouverneur Lord Wilson, ein Diplomat alter Schule und als Sinologe der chinesischen Sprache mächtig, hinterließ seinem Nachfolger, dem in Wahlkämpfen auf britischen Inseln parteipolitisch gestählten Chris Patten, das Vermächtnis: »Never think in terms of slogans like ›are you standing up to China‹ or ›are you kowtowing to China‹!« (»Denken Sie nie in Schlagworten wie ›Rückgrat zeigen gegenüber China‹ oder ›vor Peking einen Kotau machen‹.«)[3]

Von oben herab wurde Ruhe als die erste Bürgerpflicht verordnet. Nie waren die Hongkong-Chinesen politisiert und aufmüpfig gewesen. »Make money!« lautete ihre Maxime seit jeher, und sie hat alle Herrscher in China erfolgreich überdauert: die Kaiser, Sun Yat-sen, Chiang Kai-shek und Mao Tse-tung. Jetzt sollten die Menschen die 150jährige Erfolgsstory in aller Gelassenheit, dem

[3] South China Morning Post, 27. 4. 1992

Mammon weiterhin ergeben und dem Unabwendbaren gefaßt ins Auge sehend, zu Ende schreiben. »Don't rock the boat!« (»Wackelt nicht mit dem Boot!«) Es könnte kentern. Bleibt still sitzen!

China erbt 1997 eine Stadt, die auf der Welt nicht ihresgleichen hat. Aus den nackten Felsen mit kaum einem Haus darauf ist ein Hongkong geworden, das jeder bewundert, auch derjenige, der es nicht liebt. Schön, unbeschreiblich schön ist es geblieben und zu einer atemberaubenden Metropole des Erdteils Ostasien emporgewachsen. Im Hafen werden in immer größeren Mengen die Erzeugnisse der ganzen Welt aus-, ein- und umgeladen. Noch immer ist Hongkong hinter Japan der zweitgrößte Uhrenproduzent im weiten Rund des Erdballs – dreihundertfünfzig Millionen pro Jahr. Noch immer exportiert es jährlich hundertsechzig Millionen Oberhemden und Kameras, Radios, elektronisches Gerät. Bienenfleißig sind die Chinesen geblieben. Über zweihundert Banken kanalisieren Kapitalströme in alle Himmelsrichtungen. Es ist ein Umschlagplatz von Entwicklungsplänen und Entwicklungsideen, eine Know-how-Zentrale, ein Kommunikationsgehirn, eine kapitalistische Lokomotive mit explodierenden Energien im Kessel.

Hongkong dokumentiert den Kapitalismus in seinen frühesten Kinderschuhen. Es schämt sich seiner nicht, sondern hat ihm in Stein, Stahlbeton und Glas eine faszinierende Form gegeben. Die Kolonie sagt ja zu Geld und Geschäft und kennt kein schlechtes Gewissen. Die Koordinaten ihres Denkens und Strebens heißen Umsatz und Profit. Bauherren und Baumeister haben sie auf engstem Raum in architektonische Prachtexemplare umgesetzt. Aufreizend und provozierend, aber dennoch eindrucksvoll stehen sie da. Sind es Zwingburgen oder Hochburgen des Kapitalismus? Nach hundertfünfzig Jahren gibt das Ergebnis heute die Antwort.

Und noch etwas: Hongkong ist Ostasien, heimliche Versuchung, wachsende Herausforderung. Dort kann der Europäer den Ruf aus dem Osten hören, »the call of the East«. Die Schweizer Journalistin Lily Abegg, seinerzeit Seniorin der deutschsprachigen Ostasien-Korrespondenten, hat ihn in ihrem grundlegenden Buch »Ostasien denkt anders« umschrieben: »Es ist das ostasiatische Welt- und Lebensgefühl, das diese Stimmung hervorruft; die innere Ruhe, die philosophische Gelassenheit, die frohe Diesseitigkeit bei gleichzeitiger Demut vor dem Unerklärlichen und dem Ewigen, die muntere Betriebsamkeit und Tätigkeit, vereint mit dem Bewußtsein der Flüchtigkeit alles Tuns, die Freude am Materiellen, gepaart mit der Indolenz über dessen Verlust oder Zerstörung. Es ist das Gefühl, daß der Mensch nie allein ist, denn er bildet eine Gemeinschaft mit den Lebenden und mit den Toten, mit dem Weltengeist und mit der Natur, in der die Götter, Geister und Dämonen noch wie in alter Zeit walten und weben. In Ostasien gibt es keinen Teufel und keine Sünder, keine individuelle Überverantwortung und kein zerknirschtes Schuldgefühl. Ist es zu verwundern, wenn den von Verantwortung, Problemen und Sorgen niedergedrückten Abendländer dort bisweilen ein befreiendes Gefühl überkommt? Ein Ahnen, daß es auch anders geht, als wir es machen?«[4]

[4] Lily Abegg: Ostasien denkt anders, Zürich 1949, S. 99

Von Göttern, Priestern und Geistern

In den siebziger Jahren des vorigen Jahrhunderts stand in Diensten der britischen Kolonialverwaltung der deutsche Pastor Eitel. Er war Privatsekretär des Gouverneurs und gleichzeitig auch Inspektor des Schulwesens. Die Oberaufsicht über die schulische Erziehung ihrer und der Chinesenkinder gaben die Engländer damals in die Hände eines Deutschen. Ein übernationales, liberales Ruhmesblatt in gutem abendländischem Geist – und das zu einer Zeit, in der im fernen Europa der Nationalismus in Blüte kam und verhängnisvolle Weichen stellte.

Der Erste Weltkrieg machte die Völker umspannende und Grenzen überwindende Gemeinsamkeit zunichte, auch in Ostasien. In Hongkong wurden die Deutschen interniert und später in Lager nach Australien verfrachtet. In Canton wurde noch im August 1918 Deutschen und Österreichern das Spazierengehen im hellen Tageslicht im Ausländerreservat auf der kleinen Insel Shameen in einer öffentlichen Bekanntmachung des britschen Generalkonsuls mit der Begründung verboten: »Their connection of a nation which adopts as a policy the wanton and foul murders of Red Cross nurses, helpless wounded and defenceless prisoners of war place them in the category of moral lepers, and as such their appearance in public is an eyesore and an offence to civilised human beings.« (»Ihre Verbindung zu einer Nation, deren Politik die mutwillige und gemeine

Ermordung von Rot-Kreuz-Schwestern, hilflosen Verwundeten und wehrlosen Kriegsgefangenen ist, stellt sie in die Kategorie moralischer Aussätziger, und somit ist ihr Auftreten in der Öffentlichkeit ein Schandfleck und eine Beleidigung für zivilisierte Menschen.«)

Auf der Brücke, die die Stadt Canton mit der kleinen Insel verbindet, war noch 1919 ein Plakat mit der Aufschrift zu sehen: »Dogs and Germans not allowed«. (»Für Hunde und Deutsche verboten.«) Und ein Jahr nach Kriegsende schloß eine englischsprachige Zeitung in Hongkong einen Artikel mit den Worten: »No Germans wanted here.« (»Deutsche unerwünscht.«)[1]

Doch zurück in die toleranteren Zeiten von Pastor Eitel. Er stolperte nicht gedankenlos durch Hongkong und China, sondern formte seine Eindrücke und Erlebnisse zu einem kulturphilosophischen Weltbild. Er schrieb in englischer Sprache mehrere Bücher, darunter einen Klassiker seiner Zeit: »Europe in China«. Darin vertrat Eitel die Auffassung, Gott habe Hongkong dazu ausersehen, Europa und Ostasien miteinander zu verbinden, zwischen Okzident und Orient eine Brücke zu schlagen. In Hongkong seien beide Kulturen eine eheähnliche Beziehung, »a quasi marriage-alliance«, eingegangen. Allerdings konnte er sich als Sohn des kolonialen Zeitalters, eingebunden in das kulturelle Bewußtsein der Epoche, Hongkongs göttliche Bestimmung nur vorstellen »by due subordination of Asia to Europe«, durch gebührende Unterordnung Asiens unter Europa. Hier aber irrte unser deutscher Landsmann.

Nie werde ich meine erste Nacht in Hongkong vergessen. Ziellos durchstreifte ich damals, 1958, die Straßen.

[1] v. Hänisch, a. a. O., S. 146 f. und S. 183

Hitze und Feuchtigkeit badeten mich in Schweiß. Auf den Bürgersteigen lagen schlafende Menschen. Plötzlich hörte ich schrille Schreie. Sie gingen durch Mark und Bein. Ich folgte ihnen durch die nächtlichen Straßen und landete in einem Beerdigungsinstitut.

Vor einem Sarg heulten herzzerreißend zehn Frauen in Kapuzengewändern. Vor einer großen Fotografie des Toten lagen Kränze. Nach etwa zehn Minuten gingen die Frauen ruhig und gefaßt, als wenn überhaupt nichts gewesen wäre, auf die Straße, tranken Limonade, rauchten eine Zigarette und scherzten. Anschließend traten sie erneut vor den Sarg und heulten wie auf Kommando wiederum zum Steinerweichen.

Es waren berufsmäßige Klageweiber, die je nach der Höhe des Honorars laut oder leise, lang oder kurz, markerschütternd und nur so vor sich hin heulten. Intensität und Dauer ihrer Trauer richteten sich nach einer festen Gebührenordnung und natürlich auch nach der Qualität des Essens.

Das europäische, westliche, modernisierte, industrialisierte und heute auf technologischen Hochglanz polierte Hongkong hat die Chinesen kaum verändert. Seit anderthalb Jahrhunderten ist die Kolonie britisch, aber wer spricht dort Englisch? Die sieben Millionen Touristen im Jahr werden es kaum glauben: nur eine Minderheit – an der Rezeption der Hotels, am Schalter der Banken, in den Boutiquen in Central, im Geschäftsgewimmel um die Nathan Road und natürlich in den Büros der Firmen. Aber abseits der ausgetretenen Touristenpfade rennt der Besucher gegen die Wand des Chinesischen, speziell des Cantonesischen, der Sprache im Süden Chinas. Auf den wuseligen Märkten der Hongkonger Satellitenstädte, wo das

Blondhaar eines einzelgängerischen Europäers wie ein Leuchtturm aus dem Meer des Schwarzhaars der Chinesen herausragt, hilft kein englisches Wort weiter. In den Grundschulen, den Volksschulen, wird die Sprache der Regierenden, der Gerichte und des Business nicht gelehrt; erst auf den Oberschulen ist sie Pflichtfach.

Selbst dort, wo Touristenherzen höher schlagen, Europäer und Amerikaner Shopping gehen, ertrinken die Buchstaben des lateinischen Alphabets in der Flut der chinesischen Schriftzeichen. Wie dürftig, phantasielos und langweilig wirken da das A, B und C im Vergleich zu dem schwelgerischen Barock der chinesischen Zeichen. Überdimensional springen sie vor dem Hintergrund aller Farben ins Auge. Es badet in einem Meer ästhetischer Faszination, die den Künstler anscheinend mehr herausfordert als den Kaufmann.

Auch nach hundertfünfzig Jahren äußerlicher Verwestlichung essen die Hongkong-Chinesen noch immer nicht mit Messer und Gabel. Restaurants bieten sie natürlich an, aber wehe, sie können dem chinesischen Gast nicht auch mit Stäbchen dienen. Mit denen jongliert er wie ein Artist. Mit Messer und Gabel aber hantiert das Volk wie Skianfänger mit ihren Stöcken.

Gelobt sei, daß nach anderthalb Jahrhunderten noch immer nicht importiert wurde, was das karge Großbritannien auf der Welt so unverwechselbar macht: der spärliche Glanz seiner Küche. Roastbeef mit Meerrettich wird zwar hier und da angeboten, aber wer bestellt es schon? Frühlingsrollen, süß-saueres Schweinefleisch, scharf gewürzte Garnelen, Ente gebraten und leckerer Fisch schmecken besser. Aber chinesische Kochkünstler bieten dem Gourmet gedünstet, gekocht, geschmort und gebraten noch viel mehr.

Wie wär's mit einer Peking Ente? Nur deren knusperige Haut wird in einen hauchdünnen Pfannekuchen eingerollt. Oder mit »Beggar's Chicken«, dem Huhn des Bettlers? In Lehm gebacken und mit Gemüse und Kräutern gefüllt kommt es auf den Tisch. Ein Hammerschlag sprengt die ziemlich feste Umhüllung. Drinnen liegt das Huhn, in Lotusblättern eingewickelt. Wer's gern heiß mag, hot, so scharf, daß ihm die Augen tränen, ißt Szetschuan-style, wie es die Chinesen in der Provinz Szetschuan (das sich heute Sichuan schreibt) seit jeher tun.

Aber das alles sind Gaumenfreuden für den Anfänger. Die Geheimnisse von Chinas Küche offenbaren sich erst dem, der Mut hat, mögliche Polizeirazzien wegen Gesetzesübertretungen nicht fürchtet und das nötige Kleingeld besitzt. Der kann sich an Elephantenrüsseln, Bärenpfoten, Rehschwänzen, Schlangenfleisch, herzhaftem Salamander, zartem Hund und einem nach vietnamesischen Rezepten gebrauten Rattentopf delektieren. Den soll es sogar auch im »German style« geben, als Ratte in Pfeffer.

Ob ein chinesisches Restaurant empfehlenswert ist, erkennt der Gourmet sofort. Schmückt es sich mit barockem Schnickschnack, zarten Feen auf bunten Bildern, handgearbeiteten Tischdecken und handwerklich soliden Kopien kaiserlichen Hofmobiliars, meidet es der Kenner, denn da hat der Besitzer Geld für Kitsch ausgegeben und es dem Koch in der Küche abgezogen. In einem Restaurant mit gutem Ruf darf die Toilette gleich neben der Küche sein, aber Damen und Herren mit empfindsamen Mägen tun gut daran, keinen Blick in dieselbe zu werfen, denn die Hygiene dort entspricht nicht unbedingt den Vorschriften der Gesundheitsbehörde. Wie sagen doch die Hongkonger? »The messier the kitchen, the better the food.« (»Je chaotischer die Küche, desto besser das Essen.«) Nach stundenlangem Schlemmermahl sieht dann auch der Tisch wie ein Schlachtfeld aus.

Einzug gehalten ins traditionelle Hongkong der Chinesen aber hat die moderne, westliche Medizin. In Hospitälern diagnostizieren und operieren mit neuesten technischen Geräten an amerikanischen Prestigekliniken ausgebildetete chinesische Ärzte. Aber Röntgengeräte und Ultraschallapparate koexistieren friedlich mit den alchemistischen Geheimrezepturen jener Apotheker, die Magendrücken, Nieren- und Gallensteine, Rheuma und Gicht, Schnupfen und Mandelentzündung heilen wie ihre Väter und Vorväter im alten China. Diese Apotheken zieren auf hohen Regalen große Glasbehälter mit Kräutern, Stielen, Wurzeln, Körnern, Blättern, Pilzen und Gräsern. Gegen »Wind in den Knochen«, gegen Rheuma, empfehlen sie gemahlene Knochen eines Tigers; gegen Krebs und Erkältung getrocknete Seepferdchen; ältere Herren, die mit ehelichen und außerehelichen Freuden Probleme haben, ein gemahlenes Bröckchen des Geweihs eines Rehbocks.

Für Chinas, Taiwans und Hongkongs alchemistische Medizinmänner müssen zwischen Amur und Ussuri sibirische Tiger, auf der Halbinsel Kamtschatka Braunbären und in Afrika Nashörner sterben. Für die größten Wildkatzen der Erde, für sibirische Tiger, deren Knochen begehrt sind, werden pro erlegtes Exemplar angeblich 15000 Dollar gezahlt. Mit dem Horn von Nashörnern kurieren chinesische Alchemisten Potenzschwierigkeiten, und heilende Kräfte wittern sie auch in den Gallenblasen von Braunbären. Ihre Verletzung des internationalen Abkommens zum Schutz bedrohter Tierarten hat bereits zu politischen Komplikationen mit den USA geführt.

Nach anderthalb Jahrhunderten britischer Kolonialherrschaft werden Ostern, Pfingsten und Weihnachten auf dem Kalender der Hongkong-Chinesen immer noch kleingeschrieben. Ihre Geschäftspost datieren sie zwar nach westlicher Zeitrechnung, aber der wahre Rhythmus der Kolonie hinkt dieser um ein paar Wochen hinterher. Das chinesische Hongkong lebt nach dem Mondkalender, der für jedes Jahr neu berechnet werden muß.

In den ersten Tagen des ersten Mondes – zwischen Ende Januar und Mitte Februar – wird Neujahr gefeiert, das wichtigste aller Feste. Vorher hält die Mutter Hausputz und kauft ein, der Vater begleicht alle Schulden. Der Küchengott darf Süßes naschen, damit er bei seiner Himmelfahrt über die Familie droben nur Gutes erzählt. Es wird ihm buchstäblich um den Mund geschmiert. Die Kinder werden mit »lucky money« in roten Tütchen beschenkt. Am Neujahrsabend versammelt sich dann zum großen Festtagsschmaus die ganze Familie um den runden Tisch. Keiner darf fehlen. Auch für die Toten ist gedeckt.

An Chinesisch-Neujahr ruht sich ganz Hongkong für ein paar Tage aus – ein einziges Mal im Jahr. Alle Räder stehen still, und alle Geschäfte sind geschlossen.

Zur Frühlingszeit, um die erste Woche des dritten Mondes, folgt das Ching-Ming-Fest. Die Menschen besuchen die Friedhöfe und halten Picknick auf den Gräbern. Das Ritual wiederholt sich am neunten Tag des neunten Mondes, wenn sie das Chung-Yeung-Fest feiern. Dazwischen liegt am fünften Tag des fünften Mondes das Drachenbootfest. Dann rudern kräftige Chinesen in buntgeschmückten, kunstvollen Booten um die Wette, das regenbringende Ringen der Drachen am Himmel symbolisierend.

Chinesen benennen die Jahre nicht einfach phantasielos buchhalterisch mit dürren Zahlen, sondern geben ihnen von Mythen und Sagen, Religion, Magie und Aberglauben inspirierte Namen. Schon von Kindesbeinen an kennen sie das Jahr der Ratte, des Ochsen, des Tigers, des Kaninchens, des Drachen, der Schlange, des Pferdes, des Widders, des Affens, des Hahns, des Hundes und des Schweins. Und lange schon weiß jeder Hongkong-Chinese, daß 1997, wenn der Kolonie die Stunde schlägt, ein Jahr des Ochsen sein wird.

Britisch, westlich geworden sind die Hongkong-Chinesen in hundertfünfzig Jahren nicht. Sie haben sich der europäischen Kultur nicht untergeordnet und gebeugt. Vor grandioser westlicher Kulisse lebt China fort. Chinesen bleiben überall Chinesen, auch in Südostasien und in der Chinatown an der Spitze von New Yorks Manhattan. Allen Wirren turbulenter Zeiten zum Trotz kehren sie überall und immer wieder ihre kulturelle Besonderheit heraus. Sie gehen nicht unter. Beneidenswert ist diese kulturelle Zähigkeit, aber politisch auch schwerfällig. Chinesische Reformer haben es mit ihren Brüdern und Schwestern nie leicht gehabt.

Es gab Engländer, die überhaupt nicht verstanden, daß sich die Hongkong-Chinesen nicht anglisieren, verwestlichen ließen. Zu ihnen gehörte schon 1894 der für die Kolonien zuständige Lord Rippon, der damals an den Gouverneur schrieb, Hongkong sei unter dem Schutz der britischen Regierung chinesisch und nicht britisch geworden. Und der Lord meinte das recht vorwurfsvoll.

Noch nach anderthalb Jahrhunderten haben die Hongkong-Chinesen kein rechtes Vertrauen in den lieben Gott der westlichen Christenmenschen. Leben und Tod, Gesundheit und Glück nur einem einzigen Gott anzuvertrauen ist ihnen zu riskant; es wäre wie beim Roulette nur auf eine einzige Zahl zu setzen. Deshalb streuen sie die Versicherungspolicen für ein glückliches Erdenleben und ein ewiges Leben im Himmel breiter. Sicherheitshalber beten sie zu vielen Göttern, Gottheiten und Schutzpatronen. Man kann nie wissen! Sie opfern den Mächten der Erde, des Himmels, des Meeres, der Hölle, der Fruchtbarkeit, des Geldes, des Reichtums, der Gesundheit. Vielen, unendlich vielen bringen sie in Tempeln und auf Altären Papiergeld, Mandarinen, Apfelsinen, Bananen, Reis, Gemüse, Enten und sogar hin und wieder ein Spanferkel dar. Sollte das Gute, das sie sich wünschen, von der einen Gottheit mal nicht verstanden werden und das Vertrauen in diese verlorengehen, dann halten sie in der Hinterhand immer noch ein paar andere Gottheiten parat.

Wenn ein Hongkong-Chinese einen Tempel betritt, schließt er beim Entzünden der Räucherstäbchen mit dem diesbezüglichen Gott eine Art Arbeitsvertrag. Etwa so: Hier bin ich nun und opfere dir, erbringe also eine Vorleistung. Du mußt das Arrangement deinerseits aber auch erfüllen, indem du mir gibst, was ich von dir erwarte: Glück und langes Leben. Bei Nichterfüllung des Vertrages, verehrte Gottheit, gehe ich zur Konkurrenz und versuche dort mein Glück. Natürlich wollen die unter-, außer- und überirdischen Mächte nicht immer so, wie der Hongkong-Chinese will. Die Ernte ist schlecht, der Fischfang mäßig, an Geld mangelt es, und das Glück läßt auch auf sich warten. In einem solchen Fall reagiert ein Chinese ganz unsentimental und geschäftsmäßig nüchtern. Er kündigt seinem Gott die Freundschaft und probiert es beim nächsten. Frauen, bei denen der Kindersegen ausbleibt, streicheln dann an der Bowen Road auf Hongkongs Midlevel-Distrikt den Lover's Rock, einen von der Natur geschaffenen neun Meter hohen Felsen-Phallus namens Yan Yuen Shek.

Sein kleines persönliches Glück ist für den Hongkong-Chinesen unbeschreiblich wichtig, viel wichtiger als die Unsterblichkeit, über die ja niemand so recht Bescheid weiß. Also geht er, um über das Morgen und Übermorgen ganz genau Bescheid zu wissen, zum Wahrsager und straft all jene Lügen, die da immer wieder behaupten, der Chinese sei pragmatisch, vernünftig, berechnend und stehe stets mit beiden Beinen auf der Erde. Wenn er um sein Glück würfelt, kann ein Chinese auch ganz anders. Seine Vernünftigkeit schmilzt dahin wie der Schnee vor der Sonne. Wider alle reine und praktische Vernunft will er dann wissen, was sich nicht wissen läßt.

Der Wong-Tai-Sin-Tempel ist einer der größten und ziemlich neu, erst in den achtziger Jahren inmitten eines Hochhauskomplexes von Sozialwohnungen erbaut. Dort knien die Menschen in einem Hof vor dem Tempel nieder, entzünden Räucherstäbchen, beten und schütteln einen Behälter mit vielen Stäbchen so lange, bis eines herausfällt. Ganz in sich versunken, vergessen sie, was lärmend um sie herum passiert. Sie hören die spielenden Kinder nicht und auch nicht die wie Bauarbeiter gekleideten Tempeldiener, die lauthals daherreden, als sei der Tempel eine Kneipe.

Überhaupt sind die Diener an allen Hongkonger Tempeln eine besondere Spezies von Gottesfürchtigen. Zumeist lungern sie in T-Shirt und Hose gelangweilt herum, rauchen, essen, ja sehen sogar fern, und wenn es sie gelüstet, rotzen sie auch. Jeden Dienst, den sie leisten, lassen sie sich bezahlen. Umsonst tun die Herren keinen Schlag.

In einem Anbau des Wong-Tai-Sin-Tempels sitzen in schmalen Boxen die Wahrsager, gekleidet wie Bankangestellte: kurzärmeliges weißes Hemd, Krawatte. Sie lesen aus der Hand und aus dem Gesicht. Einer der Wahrsager hieß Mak On-sang, war vierundsechzig Jahre alt und empfahl sich älteren Frauen und jungen Mädchen mit einem Zeitungsartikel in englischer Sprache, der hinter Glas eingerahmt an der Wand hing; er tat darin kund, daß er sein Business von seinem neunzigjährigen Vater geerbt habe, und erzählte folgendes: Jedes Stäbchen, das durch Schütteln des Behälters beim Beten herausfalle, trage eine Nummer, und jeder Nummer entspreche ein Horoskop. Darauf stünde eine alte Geschichte in klassischem Chinesisch, das viele Menschen heutzutage nicht mehr lesen könnten. Also suchten sie zur Deutung dieser Geschichte den Wahrsager auf. Er, Mak On-sang, habe in einem dreißigjährigen Studium all diese Geschichten studiert mit heißem Bemühen und natürlich auch ihre Interpretation und Anwendung fürs Leben. Einmal sei ratsuchend ein Mann zu ihm gekommen, der als Horoskop die Geschichte des Generals Yue Fei geschüttelt habe. Dieser General habe in der Sung-Dynastie zwischen 960 und 1279 gelebt. Daraufhin habe er dem Mann empfohlen, Gold zu kaufen. Und siehe da, er habe tatsächlich Gold gekauft, sei reich geworden und habe ihm, Mak On-sang, später aus Dank 10000 HK-Dollar geschenkt. Ehrlicherweise aber müsse er eingestehen, daß er an den Gott Tai Sin, dem zu Ehren der Tempel erbaut worden sei, nicht recht glauben könne. Wenn er als Wahrsager an diesem Ort ziemlich erfolgreich sei und gutes Geld verdiene – fünf Dollar für ein Horoskop, fünfzig für Hand- und Gesichtslesen –, dann hauptsächlich wegen des günstigen *fung-shui.* »The temple is located at one of the best *fung-shui-spots* in Hong Kong.« (»Der Tempel steht an einem der günstigsten *fung-shui*-Flecken von Hongkong.«) Was das ist, *fung-shui*, kommt später.

Für die Box zahlt der Wahrsager an den Tempel monatlich 735 HK-Dollar Miete. Ohne diese Zahlungen der Handliniendeuter und Gesichtsfaltenleser müßte so mancher Tempel Konkurs anmelden, denn eine vom Gehalt automatisch einbehaltene Kirchensteuer ist unbekannt. Kein Mensch wüßte, wie sie prozentual verteilt werden sollte; das Religiöse geht bei den Chinesen bunt durcheinander. Theoretisch sind sie Buddhisten und Taoisten, aber die Wirklichkeit wirft jede Statistik über den Haufen. Selbst die Tempel wissen nicht genau, ob sie buddhistisch oder taoistisch sind, und retten sich dadurch, daß sie beide Religionen mixen. Nur ein weiser und in gelehrten Büchern bewanderter Theologe kann unterscheiden, wer von den finster dreinblickenden, recht bedrohlich aussehenden und mit grellen Farben bemalten Gottheiten was ist und wohin er gehört. Die Mutter mit dem Baby auf dem Rücken und die Oma mit dem Enkel an der Hand können es nicht.

Bei Totenmessen klingeln die Tempelkassen besonders vernehmlich. Auf sie ist der Green Pine Tempel im Westen der New Territories spezialisiert. In seinem Hof stand aus buntem Glanzpapier alles herum, was ein Verstorbener nach Meinung seiner Kinder und Enkel zu einem einigermaßen zivilisierten und bequemen Leben im Jenseits braucht: ein hellblaues Auto mit der glückverheißenden Nummer 888; ein Flugzeug, um den Himmel schneller zu erreichen – allerdings eine Propellermaschine aus den Anfangsjahren der Fliegerei; und, damit es dem Dahingeschiedenen droben nicht an Unterhaltung mangelt, auch ein Fernsehgerät.

Aus geöffneten Fenstern drang ein Gekeife wie von Waschweibern. Ob sie Krach hatten und sich die Augen auskratzten? Doch dann kamen sie, in bunte Roben gekleidet – die Priesterinnen. Die Trauergäste waren schon versammelt, in Hawaii-Hemden, hellen Hosen und Turnschuhen, eine achtköpfige Familie mit Kindern. Die da den Toten beweinten, sahen aus, als wollten sie auf den Tennisplatz. Auf wackeligen Schemeln spielten zwei Musiker die Querflöte und schlugen Becken, zwischendurch nahmen sie immer mal wieder einen tiefen Lungenzug aus der Zigarette. Auf den monotonen Singsang der sieben Priesterinnen in gelben und blauen Gewändern hörten sie nicht. Aber auch sie, der unbekannten Gottheit ergebenste Dienerinnen, nahmen die ganze Sache nicht todernst. Wenn die Ventilatoren den Wind in die falsche Richtung bliesen, unterbrachen sie ihren Gesang und rückten die Dinger wieder zurecht. Zelebriert wurde die Totenfeier für einen Chinesen, der zwei Wochen vorher in den USA verstorben war.

Das Leben und Treiben in Hongkongs Tempeln ist an normalen Tagen unerwartet profan. Von gottesdienstlicher Weihe keine Spur. Gebetet wird von einzelnen Besuchern inbrünstig, aber viel Rücksicht auf die Betenden wird nicht genommen. Der Unterschied zu der andächtigen Stimmung selbst von Touristen in europäischen Domen und Kirchen ist groß.

Aus vom Christentum geprägten Kulturkreis stammende Kenner der religiösen Szene Chinas haben Chinesen Religiosität schlichtweg abgesprochen. Lily Abegg urteilte: »Den meisten Chinesen erscheinen Fragen nach ihrer Religions- oder Sektenzugehörigkeit nicht sinnvoller oder beachtlicher als eine Erkundigung nach ihrer Kragenweite oder Lieblingsspeise. ... Mit großer Selbstverständlichkeit wird vorausgesetzt, daß alle Bonzen und taoistischen Priester arme, geldgierige und im übrigen recht nichtsnutzige Kerle sind, die meistens stehlen und lügen und außerdem sehr verfressen sind.«

Der Amerikaner Amaury de Riencourt schrieb: »In gewissem Sinne ist keine Zivilisation so konsequent unreligiös gewesen wie die chinesische.« Der gleichen Meinung war auch einer der großen Repräsentanten der europäischen Sinologie, der Pariser Professor Marcel Granet. In der Weisheitslehre der Chinesen spiele die Vorstellung eines Gottes überhaupt keine Rolle. »Wenn man über die chinesische Kultur schreibt, dann darf man der Religion kein besonderes Kapitel widmen.« Genauso urteilte Bertrand Russell: »China ist de facto religionslos, nicht nur in den oberen Klassen, sondern in der ganzen Bevölkerung.«

Wenn vom Glauben geredet wird, darf der Aberglaube der Chinesen nicht vergessen werden. Wenn schon nicht die Religion, so verdient doch auf jeden Fall er ein Sonderkapitel in der chinesischen Kulturgeschichte.

An Hongkongs Repulse Bay steht nicht der höchste, aber vielleicht der größte Apartmentblock für zahlungskräftige Mieter. Darin gähnt ein riesiges Loch, etwa acht Stockwerke hoch und zwei Apartments breit. Ein einmalig häßliches Bauwerk am schönsten Strand der Kolonie. Wie konnte der Bauherr nur auf die ausgefallene Idee kommen, ein Hochhaus mit Riesenloch vor den Steilhang der Bergkette hinzustellen? Antwort: Er hatte vor Baubeginn den *»fung-shui-man«* gefragt, und der hatte ihm gesagt, die Götter, Geister, Drachen und Dämonen der Gegend könnten, wenn das Hochhaus stünde, bei Sonnenaufgang nicht mehr in den blauen Wassern der herrlichen Meeresbucht planschen und spielen und würden deshalb an ihm, dem Bauherrn, irgendwann und irgendwie Rache nehmen. Empfehlenswert sei deshalb ein Loch, das den unsichtbaren Mächten den Weg ins Freibad öffne. Also wurden etwa acht Stockwerke in der Höhe und zwei Apartments in der Breite für den Drachen ausgespart, damit er allmorgendlich im Meer ein erfrischendes Bad nehmen kann. Um ihn gnädig zu stimmen, verzichtet der Hauseigentümer allmonatlich auf eine Viertelmillion Mark Miete. Es könnten auch mehr sein.

An einem Steilhang der Bucht, ein paar Meter über dem Meer, stand früher einmal ein Schloß. Grau das Gestein, nie eine Menschenseele zu sehen – düster und abweisend lag es da. Es gehörte einem 1941 verstorbenen chinesischen Millionär aus Singapur, der dort mit Zinn und Kautschuk reich geworden war. Als er eines Tages an besagter Stelle bauen wollte, zog auch er einen *»fung-shui-man«* zu Rate. Dieser prophezeite ihm Schreckliches. Sollte er je aufhören zu bauen, müsse er sterben. Und also baute der Chinese – Eu Tong-sen hieß er – sein Leben lang. An sein Schloß, das er Eucliffe nannte, verwandte er zunächst vier Jahre. Hier noch eine Mauer, dort noch ein Turm, drüben noch ein Erker. Als es dann nichts mehr zu bauen gab, errichtete er auf der anderen Seite der Bergkette, auf Midlevel, ein zweites Schloß und gab ihm den Namen Eustan.

Die *»fung-shui-men«* stehen mit den geheimen Mächten auf du und du, aber sehen überhaupt nicht geheimnisumwittert aus. Die Erfolgreichsten ihrer Branche, die Meister der geomantischen Kunst, residieren in mahagonigetäfelten Büros, die seriösen Banken alle Ehre machen würden. Dort errechnen sie am Schreibtisch und heutzutage auch mit Computern, wie »die Behausungen der Lebenden und Toten so zu arrangieren sind, daß sie mit den örtlichen Strömungen des kosmischen Atems harmonieren«. So definiert die »Encyclopedia Sinica« das nicht jedem Sterblichen zugängliche Ahnungsvermögen der gesellschaftlich hochangesehenen Priester.

Nach chinesischem Weltverständnis ist die Natur nichts Totes, sondern ein lebender, atmender Organismus, von einem spirituellen Band, das Himmel und Erde durchzieht, zusammengehalten. Das ganze Universum gleicht einem lebendigen Körper. Irgendwo in dieser Universalität hat mit seinen hellseherischen Gaben der *»fung-shui-man«* seinen Platz. Ihm obliegt es, alle jene Bahnen ausfindig zu machen, durch die lebensfördernde und glücksbringende Kräfte strömen.

Wer bauen will, fragt den *»fung-shui-man«*: Wo soll ich bauen? In welche Richtung sollen die Vorder- und Rückseite des Hauses zeigen? Bevor der spiritistische Bauaufseher nicht dort, wo der Grundstein gelegt werden soll, die örtlichen Strömungen des kosmischen Atems harmonisiert hat, nimmt kein chinesischer Arbeiter Schaufel und Hacke in die Hand, denn es würde Unglück bringen. Unter Tage, in das Innere der Erde, kletterte lange Zeit überhaupt kein Chinese hinab. Berichtet wird, 1910, beim Bau der Eisenbahnstrecke von Kowloon an die Grenze, hätten sich Chinesen geweigert, die Tunnel zu graben. Engländer und Italiener hätten einspringen müssen.

Zweite Frage des Bauherrn: Wann soll ich bauen? Jetzt

spielen Daten eine große Rolle: das Geburtsdatum des Eigentümers und Tag und Stunde der geplanten Grundsteinlegung.

Der Macht des *»fung-shui-man«* haben sich alle zu beugen, auch die »business people«, die als eiskalte Realisten gegen Abergläubisches theoretisch immun sein müßten. Kevin Rafferty erzählt in seinem Buch »City on the Rocks« die Geschichte der neuen Hong Kong and Shanghai Bank. 1985 konnte sie bezogen werden, aber die smarten Herren auf den Führungsetagen quälte die Frage: Wohin mit den beiden Bronzelöwen Stephen und Stitt, die seit Bestehen dieser nationalen Institution des großen Geldes deren Eingang geziert und bewacht hatten? Der *»fung-shui-man«* wurde gerufen und bestimmte, die beiden Wappentiere müßten am Sonntagmorgen in aller Herrgottsfrühe, um vier Uhr, an zwei Kränen gleichzeitig niedergelassen werden, und zwar so, daß Stephen und Stitt zur selben Sekunde den Boden berührten. Gesagt, getan. Anschließend mußten die graumelierten Herren in dunklem Anzug, Säulen des Hongkonger Establishments, tun, was der *»fung-shui-man«* von ihnen ebenfalls gefordert hatte: Sie mußten die beiden Löwen in feierlicher Prozession umschreiten und Stephen und Stitt streicheln.

Ähnliche Auflagen machte der Wünschelrutengänger dem in internationalen Almanachen der oberen Zehntausend als »number one« gerühmten Regent Hotel. Es liegt auf der Kowloon-Seite direkt am Hafen, mit unvergeßlichem Blick auf die Insel Victoria gegenüber. Kowloon aber heißt »neun Drachen«, und die würden Feuer und Rauch speien, sollte ihnen das Hotel die Aussicht auf den Hafen versperren und das Baden in dessen wahrlich nicht sehr sauberem Wasser verleiden. Also riet der *»fung-shui-man«*, die Lobby nur aus Glas zu bauen. Und so verdankt ihm der vor den Zimmerpreisen des »Regent« kapitulierende Tourist, daß er wenigstens bei einem Kännchen Kaffee oder einer Flasche Bier sich an einem der schönsten Panoramablicke hier auf Erden erfreuen kann.

Ärger aber macht noch immer die 314 Meter hohe, nadelspitze Bank des kommunistischen China. Ihr dreieckiges, scharfkantiges Grundmuster zerschneidet den Himmel. Die sozialistischen Kapitalisten drinnen, durch Mao Tse-tungs Ideen gegen Aberglauben geimpft, läßt das kalt, ihre in bürgerlichen Wahnvorstellungen noch immer verstrickten Nachbarn aber nicht. Also engagierten sie einen *»fung-shui-man«*, der zu kleinen Spiegeln riet, die die von der kommunistischen Bank ausstrahlenden schlechten Einflüsse auf dieselbe zurückwerfen würden. Dem britischen Gouverneur, der ebenfalls allen Grund hatte, die telepathischen Strahlen der nahen Kommunistenbank zu fürchten, setzte der *»fung-shui-man«* einen Baum in den Garten, der das Böse ablenken sollte. Dieser Baum aber scheint seine Pflicht nicht zu tun, denn Chinesen erzählen sich, der Vorvorgänger des jetzigen Gouverneurs sei gestorben und der gegenwärtig regierende schon von lebensgefährlichen Herzattacken gezeichnet.

Der Tod stellt den *»fung-shui-man«* vor seine schwerste Aufgabe. Der Wünschelrutengänger muß all seine Sinne mobilisieren, um für den Verstorbenen eine Grabstätte zu finden, die den Überlebenden zum Segen gereicht. Der Chinese begreift sich als ein grünendes Blatt am Familienstammbaum. Dessen Wurzeln reichen tief in die Erde und saugen Saft und Kraft aus den Gräbern der Ahnen. Wenn ihrer nicht gedacht wird, sie vernachlässigt und vergessen werden, kann der Baum nicht blühen, und seine Blätter verwelken. Kinder, Enkel und Urenkel sind deshalb verpflichtet, den Toten zu dienen. Der Ahnenkult ist heiliger als alle anderen Gebote. Gleichzeitig müssen die Verstorbenen an einer Stätte ruhen, die für die Ausstrahlung ihrer die Nachkommen segnenden Kräfte günstig liegt. Diesen Ort der Harmonie zwischen Toten und Lebenden zu finden ist des *»fung-shui-man's«* höchste Ehre.

Die Toten üben auf Chinesen eine große Macht aus. Sie müssen verwöhnt und versöhnt werden, andernfalls Unglück über die Familie kommt. Deshalb sind zu Neujahr und bei anderen Festen die Verstorbenen zu Gast, werden freudig begrüßt und großzügig bewirtet. Sie dürfen nicht hungern. Der Tod trennt Chinesen nicht so radikal und für immer und ewig wie Christenmenschen. Die Heiterkeit bei der Wiederkehr der Toten aber ist nur die eine Seite des Ahnenkults. Letztlich haben Chinesen Angst vor den Toten.

Die *»fung-shui-men«* mit ihren spiritistischen Wüschelruten, die Wahrsager mit ihren hellseherischen Gaben, die Tempel mit ihrem unauflösbaren Gemisch von Buddhismus und Taoismus, die unzähligen Götter, Gottheiten, Lokalheiligen und Schutzpatrone – die Endsumme von allen und allem ist die Volksreligion der Hongkong-Chinesen. Auch für Theologen, die das Irrationale rational mit dem Kopf und nicht mit Erleuchtungen aus anderen Körperteilen deuten wollen, ist sie ein Buch mit sieben Siegeln. Die Spontaneität der Volksreligion geht an der Theologie vorbei, läßt sie links liegen und stellt sie ins Abseits. Wenn das Volk glauben will, müssen ihm die Theologen hinterherlaufen; dennoch holen sie es nie ein.

Allen Aufklärungstendenzen im computerisierten Hongkong zum Trotz glauben die Armen und Reichen, die

Gebildeten und Ungebildeten, Bankiers und Kulis an die Magie der »lucky numbers«, der glückverheißenden Zahlen. Cantonesisch ausgesprochen, hören sich bestimmte Zahlen wie Wohlstand, Glück und langes Leben an. Folglich verspricht die Kombination solcher Zahlen alles Gute, Göttersegen und noch viel mehr. Davon profitiert die Zulassungsbehörde für Autos. Wer einen Wagen mit der Nummer 168 fährt, kann sich auf ein langes Leben in Reichtum und Wohlstand verlassen, wer nur mit einer 6 oder 8 am Auto durch Hongkong fährt, den haben die Götter ganz besonders lieb und als Auserwählten hier auf Erden auserkoren. Solchen Segen spenden die übernatürlichen Mächte; menschlich-allzumenschlich, wie auch sie nun einmal sind, selbstverständlich nicht umsonst. Sie lassen sich gern bestechen und nehmen Schmiergelder in unbegrenzter Höhe dankbar an. Die kassiert die Zulassungsbehörde. Für die Zahl 6 am Auto zahlte ein chinesischer Millionär 336000, ein anderer für die 8 an seinem Wagen sogar 560000 HK-Dollar.

In dieser Beziehung sind die Hongkong-Chinesen weitläufig um viele Ecken mit uns Deutschen verwandt. Die ICEs rasen ohne einen Wagen mit der Nummer 13 durch die deutschen Lande. Die Numerierung der Sitzreihen in den Flugzeugen der Lufthansa springt, das Zählen, das die Sechsjährigen in den Schulen pauken, schlicht verleugnend, von 12 übergangslos auf 14 über. In ein Hochhaus mit einem dreizehnten Stockwerk zieht keiner ein. Freitag, der 13., ist ein Unglückstag. Wer trotz vierblätterigen Kleeblatts, eines Glückspfennigs, eines Schornsteinfegers von irgendwoher immer noch böse Geister erwartet, klopft dreimal auf Holz.

Neben Mystik, Aberglauben, Magie und Glauben, die sich für das Fernsehen so exotisch filmen lassen, aber existiert noch eine unsichtbare »Kirche«, zweitausend Jahre alt und ohne Fenster, aber so lebendig wie am ersten Tag: der Konfuzianismus. Überall auf der Welt, wo Chinesen siedeln, reguliert er ihre zwischenmenschlichen Beziehungen. Der gestirnte Himmel über Hongkong, Singapur und der Chinatown von New York aber ist dem Konfuzianismus gleichgültig.

Geboren wurde Konfuzius nach unserer Zeitrechnung am 4. Oktober 551 vor Christus. Als 1991 seines Geburtstages gedacht wurde, erschien in der englischsprachigen »South China Morning Post« eine große Anzeige mit einem Zitat aus dem konfuzianischen Buch der Riten. Gleichzeitig wurde auf eine Confucius Hall in Hongkong hingewiesen. Die herauszufinden aber war nicht leicht. Sie lag in der Caroline Hill Road in Causeway Bay. Wer sich nach dorthin auf den Weg machte, stand vor dem verschlossenen Gartentor eines größeren Hauses. Telefonisch erhielt er die Auskunft, heute sei geschlossen.

Der Konfuzianismus kennt in Hongkong keine Tempel. Er bleibt unsichtbar, ist nicht zu besichtigen und als »Kirche« weder organisiert noch institutionalisiert. In der Religionsstatistik wird er nicht erwähnt. Und doch regelt er wie eine Religion das Zusammenleben der Menschen.

Konfuzius hinterließ eine moralische Straßenverkehrsordnung. Wer soll, damit in den zwischenmenschlichen Beziehungen Ordnung herrscht, Vorfahrt haben? Wer muß stoppen? An welchen Kreuzungen sollen Ampeln stehen? Gibt es Geschwindigkeitsbeschränkungen für die Mächtigen und Fußgängerüberwege für das Volk?

Fünf Grundregeln gelten. Da ist zunächst das Verhältnis

zwischen Herrscher und Untertan. Es soll auf gegenseitiger Treue und Loyalität beruhen. Der Sohn soll dem Vater Respekt entgegenbringen, die Frau dem Mann ergeben sein, der jüngere zum älteren Bruder aufblicken und die Freundschaft zwischen Freunden zum unverbrüchlichen Lebensbund werden.

Recht konservativ ist das, vom Reaktionären nicht weit entfernt. Aber Chinesen sind nun einmal konservativ, auch wenn sie sich wie Revolutionäre gebärden. Der Konfuzianismus steckt so tief in ihnen drin, daß sie über ihn weder viel nachdenken noch darüber diskutieren, ihn aber unbewußt täglich und stündlich leben. Diesseits aller Intellektualität und allen Buchwissens ist er der Sauerstoff, den Chinesen für das Funktionieren von Gesellschaft, Politik und Wirtschaft atmen. Der Konfuzianismus hat in Hongkong wie überall die festen Burgen gebaut, hinter denen Chinesen leben: die Familien, die Sippen und Clans. Diese familiären Burgen sind nicht zu stürmen. Mao Tse-tung hat es versucht und ist gescheitert.

Konfuzius war ein strenger Sittenlehrer. Hätte er das allerletzte Wort gehabt, wären die Chinesen langweilig geworden: überaus korrekt und vernünftig, standardisiert und gleichgeschaltet, amusisch und unromantisch. Aber ohne Stromstöße des Herzens, ohne Leidenschaft und Temperament, ohne Mond und Sterne kann auch der Chinese nicht leben. Also flüchtet er in die Volksreligion. Dort darf er die konfuzianische Disziplin und Strenge vergessen. Und dort darf er auch, was ihm Konfuzius verboten hat: das herrlich bunte Leben in vollen Zügen genießen. Und was wäre ein solches, bis an den Rand gefülltes Leben für denjenigen, der es sich leisten kann, ohne Frauen, Liebe und Sex?

Zwischen ehelicher Pflicht und außerehelicher Lust wandert ein wohlhabender Hongkong-Chinese hin und her. Im Ehebett muß er Söhne zeugen, so hat Konfuzius es bestimmt; im Gemach seiner Konkubine aber darf er die Pflichten vergessen und der Ausschweifung frönen. Dort kennt er keine Tabus, dort ist alles erlaubt. Für die Betten der freien Liebe haben Taoisten Anleitungen geschrieben, Stellungen gemalt und für die Steigerung der Potenz der Herren Kräuter, Wurzeln und Schlangenblut empfohlen.

Wie waren Christenmenschen einst empört, als sie entdecken mußten, daß Chinesen nicht die Busen der Damen, sondern deren Füße liebkosten, und zwar deren winzige Füßchen, verkrüppelt durch den abartigen Brauch, die Zehen nach unten auf die Fußsohle zu binden, so daß nur noch die große Zehe durchblutet wurde. Die schmerzhafte Prozedur mußten Mädchen aus gutem Hause schon im Alter von fünf Jahren über sich ergehen lassen, aber auch jene, die von ihren armen Vätern ausersehen waren, dereinst als »Blumenmädchen« sich und ihre Familie zu ernähren. Das Fußbinden verbannte die Frauen nicht nur dorthin, wohin sie gehörten, ins Haus, sondern verengte durch ihren trippelnden Gang, nach dem Hörensagen der Herren, ihre Vagina.

Diese Praktiken angeblichen Lustgewinns wurden bis in die Neuzeit von seriösen Chinesen verteidigt. Jenen Christenmenschen, die sich empörten, hielt der konservativromantische Interpret seines Landes und Volkes, Lin Yutang, die ihn abstoßende Praxis aus guten alten Tagen in Europa vor. Ihr Europäer wart nicht besser als wir Chinesen! Er zitierte aus einem britischen Modejournal von anno 1824: »Beim Verschnüren des neuen Korsetts empfiehlt es sich, daß die betreffende junge Dame sich im Schlafzimmer mit dem Gesicht nach unten auf den Fußboden legt, und daß die Mutter den Fuß auf die Taille der Tochter setzt, um einen guten Halt und Gegenzug zu haben. Der Schnürleib ist alsdann ohne besondere Schwierigkeit zum Schließen zu bringen.« Gesundheitsförderlich war ein solcher die Organe quetschender Schnürleib für Herz, Lunge, Leber und Nieren sicherlich nicht.

Nicht mehr erlebt hat Lin Yutang die Raffinessen raffinierter Europäerinnen von heute: ihre Schönheitsoperationen, Hungerkuren und Frischzellenbehandlungen mit Präparaten aus Schafsembryonen, ihre Salzwasserimplantate und Silikonprothesen zur Straffung der Brüste.

Fußbinden ist für die moderne Chinesin auch in Hongkong kein Thema mehr. Die jungen Mädchen vor den Telefonen, Schreibmaschinen und Computern der weltweit operierenden Büros weinen dem Brauch ihrer Mütter und Großmütter keine Träne nach. Ansonsten aber haben sie sich bei aller Eleganz ihrer Kleider, Röcke und Blusen aus den Modehäusern in Mailand und Paris kaum verwestlichen lassen. Sie bekleben wie ihre Eltern, wenn die Riten es erfordern, ihre Türen mit orakelnden Sprüchen. Über ihre Freunde, die in Autowerkstätten BMWs und Toyotas unter dem roten Licht eines kleinen Hausaltars reparieren, lachen sie nicht. Sie und alle Hongkong-Chinesen nehmen es als Kompliment, wenn Zyniker ihre Lebenshaltung und Weltanschauung »Moneytheismus« nennen. Aber mag auch ihr Herz für eine Rolex schlagen – für ein Linsengericht verkaufen sie ihr Chinesentum nicht.

Wer es nicht glaubt, fahre auf eine der vielen Inseln. Eine heißt Lung Chau. Neuntausend Menschen leben dort, die meisten vom Fischfang. Sie sind konservativ und halten am überkommenen Brauchtum fest. Zur traditionellen Elite der Literaten, die im alten China hochangesehen war, gehört keiner. Auf Lung Chau wohnen und arbeiten durchschnittliche Chinesen, die in ihrem Land immer die erdrückende, aber in vielen Büchern fast vergessene Mehrheit stellten.

Geheiratet wird dort immer noch wie zu Vorväterzeiten. Ein Vermittler arrangiert die Hochzeit, und oft haben sich Braut und Bräutigam vorher nur ein einziges Mal gesehen, und das auch nur ganz kurz und immer in Begleitung des »go between«. Am dritten Tag nach der Hochzeit schicken die Eltern des Mannes an die Eltern der Frau ein geröstetes Spanferkel. Sollte es ausnahmsweise aber eine geröstete Ente sein, droht den Jungvermählten Unglück, denn eine geröstete Ente signalisiert allen im Dorf, daß die junge Frau vor der Hochzeitsnacht bereits entjungfert war.

Die Pflicht der jungen Ehefrau ist es, Söhne zu gebären, denn nur sie dürfen die Ahnen verehren. Wenn aber der Stammhalter ausbleibt, darf sich der Mann eine Zweitfrau ins Haus holen. Das ist der religiöse Hintergrund für die Konkubinen, die in China immer einen geachteten Platz hatten. Inzwischen aber nimmt es der Chinese mit der Religion nicht mehr so genau, auch nicht der arme Chinese. Eine Konkubine lebt gewöhnlich unter dem gemeinsamen Familiendach und verträgt sich mit Frau Nummer eins mal schlecht, mal recht.

Am 19. des sechsten Mondes hat auf Lung Chau die Göttin Kun Yam Geburtstag. Sie kann Kranke und das Rheuma alter Frauen heilen, vorausgesetzt, sie kennt nicht nur den Tag, sondern auch die Stunde der Geburt. Angerufen wird sie auch, wenn der Sau für die Ferkel die Milch ausgeht. Kun Yam hilft immer, und deshalb ist es für jene, die an sie glauben, vorteilhaft, wenn sie die Göttin an ihrem Geburtstag großzügig beschenken. Ihr Altar biegt sich dann unter all den leckeren Sachen, die dem Gaumen Freude machen. Aber natürlich sollen Reiskuchen, Orangen und gekochte Hühner unter ihren Augen nicht vergammeln, und deshalb räumen die Lins, Chins und Mins nach der Andacht den Altar und gedenken der Göttin noch einmal beim Festmahl zu Hause.[2]

Von Lung Chau ist es mit der Fähre gar nicht weit in die Stadt, dort sind die Behörde, der Arzt und das Krankenhaus. Von überall in der Kolonie ist es nicht weit ins Zentrum, nur ein paar Minuten mit der Schnellbahn oder dem Autobus. Stadt und Land – wer will sie in Hongkong unterscheiden? Es gibt nicht die kosmopolitische Metropole hier und das urchinesische Dorf dort. Beide gehen ineinander über, mischen sich. Es existiert keine Grenze. Überall aber ist China – in den von alten Mauern umgebenen Dörfern der New Territories, in den Wohnsilos an der Eisenbahnstrecke nach der Volksrepublik, in den klimatisierten Hochhausbüros in Central. Ob Kuli, ob am Schalter der Lufthansa oder schreiend an der Börse – »wie wir« ist kein Chinese; der Arme nicht und auch nicht der Reiche.

Ein Chinese kann sich in Hongkong wie in China wähnen und ein Europäer in seiner kleinen Enklave von Wohnung, Büro, Club und Golfplatz wie in Europa. Beide Welten existieren miteinander und respektieren einander, aber die Chinesen machen vor der europäischen Kultur keinen Kotau und die Europäer nicht vor der chinesischen. Hongkong ist kein Schmelztiegel, wo sich Rassen, Religionen

[2] Cornelius Osgood: The Chinese. A Study of a Hong Kong Community, University of Arizona Press 1975

und Kulturen mischen. Der Europäer bleibt sich treu und der Chinese auch, aber sie tolerieren einander. Die Verwestlichung liegt über der Kolonie wie eine Käseglocke, aber darunter hat sich das traditionell Chinesische in Reinkultur erhalten.

Seit anderthalb Jahrhunderten stehen die Engländer in Hongkong am Ufer des breiten und träge dahinfließenden Kulturstroms von China. Nie haben sie versucht, ihn zu kanalisieren und in ein »westliches« Bett zu zwingen; ob aus Toleranz oder Arroganz – wer will es wissen?

Amerikaner wären sicherlich ganz anders verfahren und hätten die Chinesen mit dem »American way of life« zu beglücken versucht. Sie gedachten solches ja auch einmal in Vietnam zu tun. Während des Krieges dort sammelten humanitär gestimmte Amerikaner in der Vorweihnachtszeit die in Hotelzimmern nach Gebrauch zurückgelassenen Seifenstücke. Tonnen kamen zusammen. Die Seifenladung wurde nach Südvietnam verschifft, auf daß dort groß und klein abgeseift werden konnte. Da Vietnamesen in den Dörfern aber zur Seife ein anderes, distanzierteres Verhältnis als Amerikaner hatten, blieb die Weihnachtsfreude der edlen Spender getrübt.

Engländer sind weder Hygieneapostel noch Missionare der Demokratie. Sie lassen jeden nach seiner Fasson selig werden und mischen sich in Sitten und Gebräuche, Glauben und Aberglauben nicht ein. Ihre Toleranz hatte nur dann eine Grenze, wenn Londons Interessen gefährdet waren. Politisch herausgefordert, konnten Engländer hart und brutal sein. Kulturell und religiös aber fühlten sie sich nicht als Missionare. Nicht einmal mit Demokratie beglückten sie die Hongkong-Chinesen. Sie wollten keine Liebe, sondern nur Respekt.

Versicherungspolice Auslandspaß

Der weise Laotse, der irgendwann zwischen 600 und 300 vor Christus gelebt hat – aber wann genau, weiß keiner –, soll einmal zu seinen Jüngern gesagt haben: »Das Geheimnis der Lebenskunst ist weder Widerspruch noch Kritik, sondern das schlaue Sich-Einschleichen durch die Öffnungen, die es überall gibt.«

Chinesen mußten sich durch viele Öffnungen ein- und durch viele hindurchschleichen, denn die zweitausend Jahre ihrer Geschichte haben es mit ihnen nicht so gut gemeint, wie ihre klassischen Bücher glauben machen wollen. Wie überall auf der Welt waren auch in China die Zustände nicht immer ideal. Dank ihrer Weisheitslehren aber konnten sich Chinesen den Zeitläuften schmiegsam anpassen. Während andere Völker gern von sich sagen, im Glutofen der Geschichte gestählt worden zu sein, gehen Chinesen dem Pathos des Heroischen aus dem Wege. In zweitausend und noch mehr Jahren haben sie sich gebogen und gebeugt, sind flexibel und beweglich geblieben. Nichts hat sie umgeworfen. Immer wieder entdeckten sie Öffnungen, durch die sie hindurchschlüpfen konnten.

Chinesen können vor vielen Kulissen leben, ohne sich preiszugeben, zu assimilieren und ihre Besonderheiten zu opfern. Wo immer sie auf der Welt siedeln, ob in großen Gemeinschaften zu Hunderttausenden und Millionen oder in kleinen Gruppen von ein paar Zersprengten – überall ist

China mit ihnen und allgegenwärtig: in Hongkong, Singapur und den Chinatowns in den USA und Kanada. Vor keiner Kulisse wird der Chinese ein anderer, wurde es auch nicht vor der revolutionären Mao Tse-tungs.

Doch halt! Ein einziges Mal traf ich in China Chinesen, wie ich sie nicht kannte. Das war an einem Oktobernachmittag 1972, als ich im Journalistentroß von Bundesaußenminister Scheel in einer langen Wagenkolonne vom Flugplatz nach Shanghai hineinfuhr. Scheel unterschrieb später in Peking die diplomatische Anerkennung der Volksrepublik durch die Bundesrepublik Deutschland.

Der Himmel über Shanghai war verhangen, so daß über Landschaft und Stadt ein diffuses Grau lag. In diesem Licht wirkten die langen, nackten Mauern, die als Umgrenzung von Wohnblocks in den Vororten charakteristisch sind, trist und freudlos. An den schnurgeraden breiten Alleestraßen, auf denen uns nur selten ein Auto entgegenkam, standen Hunderte und, je mehr wir uns der Innenstadt näherten, Tausende von Menschen. Es war die Zeit, als in Fabriken und Büros Feierabend gemacht wurde.

Alle waren einheitlich gekleidet, Männer wie Frauen; sie trugen Grau- und Blauleinen. Nirgendwo in der Menge sahen wir einen Farbtupfer. Wir fuhren durch ein Spalier von Dunkelblau bis Verwaschengrau. Und weil die Menschen zum Jubeln nicht abkommandiert worden waren, sondern nach getaner Tagesarbeit zufällig an den Straßen standen, staunten sie die lange Wagenkolonne nur stumm an. Nicht einmal Neugier schien in ihren Gesichtern zu liegen. Mir war, als blickten sie stumpf, wie durch uns hindurch. Sie sahen uns und sahen uns gleichzeitig auch nicht.

In unserem Autobus war es ganz still. Selbst dem Spaßvogel, der während des langen Fluges seine Witze gemacht und uns alle zum Lachen gebracht hatte, fiel plötzlich nichts mehr ein. Wir blickten so stumm wie die Chinesen draußen. Die Kollegen waren zum ersten Mal in China. Wahrscheinlich hatten sie sich das Land so nicht vorgestellt. Von »blauen Ameisen« zu lesen ist etwas ganz anderes, als »blaue Ameisen« zu erleben.

Die Shanghai-Chinesen standen noch unter dem Schock der schrecklichen Jahre der Kulturrevolution. Sie hatten immer noch Angst. Tot waren ihre Seelen, vereist ihre Gemüter. Chinesen als Hülsen, innen leer.

Das hatte Mao Tse-tung aus ihnen gemacht. Seine neuen Menschen, die an Shanghais Straßen standen, waren verängstigte Gestalten. Heute sind Shanghai-Chinesen wieder die alten. Bleiben sie es, ist Mao gescheitert.

Seine Revolution war ein Kampf gegen die unkontrollierbaren, nicht faßbaren und unsichtbaren Mächte der chinesischen Psyche. Er ahnte schon früh, daß er Schlachten dagegen gewinnen, den Krieg gegen sie aber verlieren könnte. Er diagnostizierte Widerstandsnester dort, wo sie für seine Ideologie unerreichbar blieben: in den Köpfen der Chinesen. Er propagierte »die Konfiszierung der reaktionären Gedanken in den Köpfen« und rief immer wieder zu Kampagnen auf, wie sie in solchen Dimensionen und mit solch einem Getöse über kein anderes Volk hinweggegangen sind. Aber in den Köpfen hatte sich kein Klassenfeind, sondern China verschanzt. Mao warf den Chinesen vor – und wiederholte die Anklage millionenfach –, sie schwenkten rote Fahnen nur, um sich hinter diesen roten Fahnen zu verbergen.

Selbst als er sein Land während der Kulturrevolution in ein rotes Meer verwandelt hatte, plagte ihn die Sorge, wenn Ebbe komme, könne alles wieder grau werden. Unter Mao sollte »der Chinese« als Chinese sterben und als Maoist, als neuer Mensch, wieder auferstehen. Es ist noch gar nicht so lange her, daß es im Westen – gerade auch in Deutschland – Intellektuelle gab, die diesen Traum noch träumten, als Mao längst tot war.

Chinesen tragen Konstanten in sich, die sie gegen Umerziehung, Veränderung und Assimilierung praktisch immun machen. Lin Yutang, der in den dreißiger Jahren mit seinem englischsprachigen Bestseller »Mein Land und mein Volk« diese Konstanten in ganz unpolitischen Betrachtungen den Lesern im Westen erklärte, schrieb:

»Es gibt keine tiefgründigere Sammlung einer konzentrierten spitzbübischen Philosophie als die fünftausend Worte von Laotses ›Taotehking‹. Theoretisch wie praktisch läuft der Taoismus auf eine Art spitzbübischer Nonchalance hinaus, einen abgebrühten, unerbittlichen Skeptizismus, ein Hohngelächter auf die Gebrechlichkeit alles menschlichen Planens, aller menschlichen Einrichtungen – Gesetz, Regierung, Ehe –, einen entschiedenen Zweifel schließlich an jeder Art von Idealismus, und zwar weniger Zweifel aus Kraftlosigkeit als Zweifel aus Unglauben. Es ist eine Philosophie, die dem Positivismus des Konfuzius geradezu ins Gesicht schlägt und für die Unvollkommenheiten von dessen Gesellschaftsordnungen ein Sicherheitsventil öffnet. Das konfuzianische Weltbild ist positiv, das des Taoismus ist durchaus negativ; aus der Legierung dieser beiden ungleichen Bestandteile aber entsteht das unsterbliche Gebilde, das wir den chinesischen Charakter nennen. Aus diesem Grunde sind alle Chinesen Konfuzianer, solange sie Erfolg haben, und Taoisten, wenn es ihnen schlechtgeht. Der Konfuzianer in uns baut auf und strengt sich an, der Taoist in uns spielt die Rolle des Zuschauers und lächelt.«[1]

Als Zuschauer interessiert den Chinesen kaum, was um ihn herum geschieht. Zu Staat, Gesellschaft und Politik bleibt er auf Distanz. In Hongkong begreift er sich nicht als »Staatsbürger«. Sein Herz schlägt nicht für die Stadt; Lokalpatriot ist auch er nicht, und ein »Nationalbewußtsein« gar ist ihm gänzlich fremd. Hongkong könnte auch anders heißen, ihm wäre es ganz egal. Er verdient dort Geld, heute mehr denn je, und der ganze übrige Rest läßt ihn kalt.

Verwunderlich ist das nicht, denn schließlich ist Hongkong eine Kolonie. Nie haben die Chinesen die Briten geliebt. Kulturstolz wie sie sind, blieb die Kolonialherrschaft für sie eine Fremdherrschaft. In nüchterner Einschätzung der tatsächlichen Machtverhältnisse arrangierten sie sich, einen anderen Ausweg gab es ja nicht.

Aber nicht nur in Hongkong sind Chinesen Zuschauer, auch innerhalb ihrer Gastvölker in Südostasien und rund um den Globus. Ja selbst in ihrem Mutterland China waren sie oft nur Zuschauer. Sie leben wie in einer inneren Emigration. Sie sind da, aber gleichzeitig auch nicht da; denken an sich und machen Geschäfte. Für das große Umgreifende eines staatlichen Gemeinschaftslebens sind ihre »Antennen« nicht hinreichend entwickelt; für die kleinen Dinge des ganz persönlichen Lebens aber fahren sie höchst sensible Fühler aus. Grundsätzlich sind Chinesen apolitisch.

Die klassischen Bücher lobpreisen die Harmonie des Universums und aller Menschen, aber an diese moralischen Postulate hielten sich Kaiser, Minister und Beamte höchst selten. Der Idealfall blieb die Ausnahme. Korrupte Beamte

[1] Lin Yutang: Mein Land und mein Volk, Stuttgart o. J., S. 80

trieben die Steuern ein, bestechliche Minister intrigierten, und der Kaiser, »Herr über alles, was unter dem Himmel ist«, begriff sich als Mittelpunkt der Welt. Gegen jene, die ihn regierten, mußte sich der Chinese grundsätzlich immer verteidigen. Den Staat lernte er oft nur als Gegner, als Feind kennen, und so lag er ihm und seinen Repräsentanten gegenüber stets auf der Lauer. Vom Staat erwartete er überhaupt nichts, außer Ungemach, Ausbeutung und Unterdrückung.

Der Macht des Bösen stellten die Chinesen eine zinnenbewehrte Burg des Guten gegenüber – die Familie. Hier kannten sie jeden; Vater und Mutter, Bruder und Schwester, Großvater und Großmutter, Onkel und Tanten, Neffen und Nichten. Aber die Familie reichte über den kleinen Kreis naher Verwandter weit hinaus und schloß die ganze Sippe, den großen Clan ein. Auf alle konnte der Chinese sich verlassen: auf Schwiegersöhne und Schwiegertöchter, Enkel und Urenkel; auch auf Verwandte fünften oder sechsten Grades. Denn die Familie war und ist ihm heilig. Der Konfuzianismus hat ihr die religiöse Weihe gegeben. Für Chinesen gibt es kein größeres Verbrechen, als gegen die ungeschriebenen Gesetze der Familie zu verstoßen.

Über ihr schwebt der Geist der Harmonie. Aus diesem Begriff aber muß der Mensch des Westens die Lyrik herausfiltern. Harmonie kann Opfergang heißen, Despotie. Individualismus würde sie stören, das Pochen auf Freiheits- und Menschenrechte sie pulverisieren. Harmonie bedeutet Gehorsam und Unterordnung. Der Vater hat immer recht. Alle, die älter sind, haben immer recht. Gegen deren Autorität und die Hierachie insgesamt muckt keiner auf. Nach einem Wort des Konfuzius gleicht das Ich einem Nagel, der aus dem Brett herausragt und hineingeschlagen werden muß. Der Lebenskompaß von Chinesen orientiert sich an der Familie, am Wir der Familie. Sie windelt ihn vor der Wiege bis zur Bahre. Und deren »Harmonie« kann fürchterlich grausam sein.

Gordon Redding zitiert in seinem Buch »The Spirit of Chinese Capitalism« ein schreckliches Vorkommnis aus dem Jahre 1865. Damals schlug die Frau eines gewissen Cheng ihre Schwiegermutter. (Für Chinesen ist das bis heute unvorstellbar.) Daraufhin wurden sie und ihr Mann im Angesicht der Schwiegermutter lebendig gehäutet, Onkel und Brüder enthauptet oder gehängt. Weil die Mutter der unbotmäßigen Frau Cheng ihre Tochter nicht richtig erzogen hatte, mußte sie, mit dieser Anklage aufs Gesicht geschmiert, durch sieben Provinzen paradieren. Achtzig Stockschläge und mehr gingen auf die Familienoberhäupter in den Nachbarhäusern der Chengs nieder. Zusätzlich wurden sie aus dem Dorf verbannt.

Diese entsetzliche Brutalität war sicherlich ein Einzelfall. Unmenschliche Härten sind im Laufe der Geschichte abgeschliffen worden, aber auch heute noch kann Familienharmonie alles andere als lyrisch sein. Denken und Handeln auch moderner Chinesen kreisen um die Familie, um ihre Fluchtburg in den Turbulenzen der Zeiten. Sie kennen keine Ordnung, die sie überlagern würde, also höher stünde. »Herrscher mögen kommen und gehen, aber die chinesische Familie wird immer dieselbe bleiben.« (Lin Yutang)

Jeder Hwang ist auf jeden anderen Hwang angewiesen. Der Kampf um einen Platz an der Sonne zwingt zu Fleiß und harter Arbeit. Maßstab des Erfolges ist das Geld. Je mehr erwirtschaftet wird, desto größer ist die Sicherheit des Überlebens. Am Golde hängen, zum Golde drängen alle Menschen, aber Chinesen intensiver als andere, denn sie müssen mit einer Milliarde Landsleuten konkurrieren. Unproduktive Musen sind Luxus, und schon gar in der »feindlichen Umwelt« Hongkongs! Für Träumereien ist hier kein Raum.

Patriarchalisch, nach Familienvorbild, sind deshalb auch die Unternehmen organisiert, die Riesen wie die Zwerge. Als in Hongkong der größte Privatreeder der Welt starb, hatte er sein Imperium testamentarisch gevierteilt und seinen vier Schwiegersöhnen übertragen. Beim Tod »des Alten« sind chinesische Betriebe gefährdeter als andere.

Dort, wo in Hongkong produziert, ein Gewerbe betrieben wird, bleiben Größe und Umfang überschaubar wie die Familie. In der verarbeitenden Industrie zählt die Kolonie etwa 41000 Betriebe, davon beschäftigen 40000 bis zweihundert Mitarbeiter und davon wiederum 27000 höchstens neun Chinesen. Natürlich sind alle Betriebe registriert, und ihre Namen stehen im Telefonbuch, aber kein einziger Firmenname ist international bekannt. Wer sich hinter dem »Made in Hong Kong« verbirgt, weiß von den Kunden in den Kaufhäusern Europas und Amerikas keiner. Eine solche Anonymität in einer solch erfolgreichen Export»nation« muß Gründe haben. Sie liegen unter anderem in der Familienzentriertheit chinesischen Denkens.

Ein Familienbetrieb soll klein bleiben. Vater, Sohn und Schwiegersohn wollen die Übersicht behalten. Hätten sie den Ehrgeiz, größer und immer größer zu werden, müßten sie führende Mitarbeiter von außen einstellen, Fremde, Unbekannte. Seiteneinsteigern aber, von der Konkurrenz abgeworben oder von der Universität kommend, mißtrauen Chinesen. Auf sie ist kein Verlaß, denn sie gehören nicht zur Familie. Aus Shanghai wären sie möglicherweise auch nicht, von wo der Vater kam und wo die Gräber der Ahnen liegen. Regionale Bande sind hinter den familiären für Chinesen die zweitwichtigste Garantie erfolgreichen Zusammenwirkens. Mit Fremden von außen würde alles anonymer. Väterliche Autorität müßte delegiert, der Betrieb dezentralisiert werden. Vor dieser Art moderner Betriebsführung aber scheut ein Chinese, der es in der verarbeitenden Industrie zu einigermaßen Wohlstand gebracht hat, zurück. Es wäre eine Rechnung mit zu vielen Unbekannten. Also bleibt der Betrieb klein. Eine Familienburg braucht nicht groß zu sein.

Für Chinesen ist die Familie der Hafen, in den sie immer wieder zurückkehren. Dort wissen sie sich geborgen und fühlen sich sicher. Irgendwer in der Familie führt über die Sippe Buch, über die Lebenden und die Toten. In Hongkong war das immer ungefährlich. Keine Geheimpolizei schnüffelte, Denunzianten konnten weder Orden noch Geld verdienen. Also baute so mancher in der Kolonie seine ganz private Datenbank auf, in der er alles über die Familie Wissenswerte speicherte.

Dort laufen die Fäden zusammen – und Informationen über jene, die vor Jahr und Tag nach Kalifornien ausgewandert sind; dort werden Kontakte geknüpft zu den anderen, die zur Zeit in Australien studieren oder im hintersten Winkel Bayerns ein China-Restaurant betreiben. Registriert ist der Vetter vierten Grades, der auf irgendeinem Seelenverkäufer zur See fährt; der greise Onkel, der einst Kuomintang-General war und mit Chiang Kai-shek nach Taiwan flüchtete; und auch der Sprößling, der im kulturrevolutionären China mit den Roten Garden marschierte und heute im Nationalen Volkskongreß in Peking sitzt.

Eine chinesische Familie unterscheidet nicht zwischen Kommunist und Kapitalist, nicht zwischen Arm und Reich. Ein Chou ist und bleibt ein Chou, egal, ob er in Los Angeles eine Wäscherei besitzt, in der Volksrepublik einem Staatsbetrieb vorsteht oder in Singapur einen Tante-Emma-Laden betreibt. Er darf in der kommunistischen Partei Chinas Rang und Namen haben oder von Taiwan aus die Wiedervereinigung voranzutreiben versuchen. Die Chous dürfen konservativ und progressiv sein. Parteibücher spielen keine Rolle und Bankkonten auch nicht. In der Familie, in der Sippe sind alle grundsätzlich gleich. Diese Art von Solidarität überdauert Kriege, Revolutionen und Bankenzusammenbrüche. Und welche politische Lebensversicherung die sicherste ist – wer will es wissen? Es kann nicht schaden, wenn die Einlagen weit gestreut sind.

Chinesische Familiennetze sind über die ganze Welt geworfen. Sie berühren sich mit den Netzen anderer Familien. Durch Eheschließungen werden sie zusammengeknüpft. Freundschaften, auf Schulen und Universitäten geschlossen, durchkreuzen sie. Ein Labyrinth von Beziehungen entsteht: von China über Hongkong und Taiwan zu den Überseechinesen in Südostasien. Unentwirrbar ist dieses Netz. Seine geschäftlichen Kanäle gehen kreuz und quer. Wer sich in diesem Dschungel auskennt, kann heute, wo China die über Ostasien ausgeworfenen Netze von vielen Millionen chinesischen Familien ausnutzt, große Geschäfte tätigen. Entscheidend ist dabei nicht, was einer kann, sondern wen er kennt. Der Mensch des Westens aber, der diesen Dschungel entlauben will, erleidet Schiffbruch.

Gerade jetzt, in den Jahren vor 1997, ist es für Hongkong-Chinesen gut zu wissen, wer von der Sippe wo sitzt und was er macht, denn Hunderttausende wollen das »sinkende Boot« Hongkong verlassen. Nirgendwo ist es leichter, Fuß zu fassen, als dort, wo schon einer aus der großen Familienschar siedelt, denn als Angehöriger des Stammes der Hsu ist er verpflichtet, jedem Hsu, der kommt, die helfende Hand zu reichen.

Auf Einwanderungsformularen steht oft das ominöse Wort Familienzusammenführung. Da hinein läßt sich vieles packen. Die Hongkong-Chinesin, die schwanger ist und das nötige Geld besitzt, grübelt nicht über das Krankenhaus nach, in dem sie entbinden will, sondern über das Land. Die USA machen günstige Angebote, denn Amerikaner ist jeder, der zwischen San Francisco und New York geboren wird. Den amerikanischen Paß kann dem Säugling keiner rauben. Und wenn der eines Tages, größer und clever geworden, Vater und Mutter herüberholen will, entsinnt er sich des Stichwortes Familienzusammenführung. Mit der Entbindung wird in den Vereinigten Staaten ein Brückenkopf gebaut.

Brückenbauer sind auch die chinesischen Studenten, die von Hongkonger Hochschulen auf Universitäten in Amerika, Kanada und Australien überwechseln. Nach beendetem Studium gelingt es vielen irgendwie – offiziell, offiziös, legal oder illegal –, im Land zu bleiben. Sie finden Wege, um in den USA zunächst einmal in den Besitz einer »green card« zu kommen, jener existentiell so wichtigen grünen Karte einer Arbeitserlaubnis. Mit dieser in der Hand werden die ersten Dollars verdient. Eines Tages schaffen sie es dann auch, ihre Geschwister nachzuholen. Durch welche Hintertüren, bleibt ihr Geheimnis.

So sind rund um den Pazifik Brückenköpfe von Hongkong-Chinesen entstanden. Hunderttausende haben sich dahin mit Sack und Pack bereits auf den Weg gemacht. Aus Ungewißheit, Sorge und Angst vor dem schicksalhaften 1. Juli 1997 haben seit Mitte der achtziger Jahre zwischen 50000 und 60000 Chinesen Hongkong jährlich verlassen. In offiziellen Statistiken werden sie als Auswanderer geführt, in Wirklichkeit aber sind sie Flüchtlinge, denn sie gehen ja nicht freiwillig, sondern weil ihnen die Angst im Nacken sitzt.

Jung sind jene, die die Koffer packen, zwischen zwanzig und vierzig Jahre alt. Sie haben Oberschulen besucht, viele haben auch studiert; sie sprechen gut Englisch; etliche Berufsjahre in Banken, Handelshäusern und Konzernvertretungen liegen hinter ihnen. Auch Krankenschwestern sind unter ihnen, denn »nurses« sind überall gefragt. Die gut ausgebildete Mittelschicht verläßt die Kolonie. Europäische und amerikanische Unternehmen in Hongkong klagen, es seien die Besten, die gingen. Für diejenigen, die sich um die leeren Stellen bewerben, müssen die Ansprüche heruntergeschraubt werden. Wenn der Strom der Auswanderer anhält, werden bis 1997 eine halbe Million, vielleicht sogar knapp eine Million junge Chinesen das Weite gesucht haben, die Mehrheit jener Bildungsschicht, ohne die Hongkong niemals das geworden wäre, was es heute ist.

Zurück bleiben Eltern und Großeltern, die einst aus China geflüchtet sind. Noch einmal Flucht, noch einmal Neubeginn – dazu sind sie zu alt. Also richten sie sich schicksalsergeben ein auf das, was nach 1997 kommt; schweren Herzens. 1990 stellte eine Umfrage fest, dreißig Prozent aller Hongkong-Chinesen würden am liebsten auswandern.

Auf den Anzeigenseiten der Zeitungen preisen irgendwelche Berater ihre Dienste für eine reibungslose Auswanderung an. »Hongkong-Chinesen, wacht auf! Eure und Eurer Kinder Zukunft steht auf dem Spiel!« Schlepper sind wahrscheinlich auch darunter. Aus Deutschland inserierte mit Fax-Nummer ein Mr. Kraus. Er garantierte Dauerwohnrecht innerhalb von drei Monaten.

Europa aber lockt nur wenige. Sein Prestige ist verblaßt – nicht nur in Hongkong, in ganz Ostasien. In der Alten Welt sehen Chinesen, Japaner und all die anderen Völker die Lichter ausgehen; sie hat ihrer Meinung nach keine Zukunft mehr.

Die Länder der Zukunft heißen für die jungen, strebsamen Hongkong-Chinesen Australien, Kanada, USA. Dank ihrer angelsächsischen Kultur wird dort Englisch gesprochen. Da fällt das Einleben leichter, wirft kein Kulturschock aus dem Gleichgewicht. Und außerdem siedeln dort schon viele Chinesen. Die Chinatowns auf der anderen Seite des Pazifiks vermitteln ein Gefühl von Heimat.

Australien, das einst für Ostasiaten *off limits* war, hat Hongkong-Chinesen die Einwanderungstore inzwischen weit geöffnet. Vergangen sind die Zeiten, da im Impressum einer tonangebenden Wochenzeitung stand: »Australien für den weißen Mann und China für die Gelben.« Noch in den sechziger Jahren warb dort die Labour Party auf Wahlplakaten mit der Parole: »Für ein freies, demokratisches weißes Australien«. Mit Rassismus und dem Schlagwort »Keep Australia white!« aber sind heute keine Wahlen mehr zu gewinnen.

Das Umdenken hat die Australier Mühe gekostet, denn bis zum Zweiten Weltkrieg lag ihr Kontinent Seite an Seite mit Großbritannien »in der Nordsee«. Als dann eines Tages aber die Japaner vor ihrer Haustür standen, konnten die Briten auf ihren fernen Inseln im Atlantik nicht helfen. Australier mußten den Kompaß ihrer Geschichte total neu justieren: in Richtung USA und Pazifik. Damals erst, während des Zweiten Weltkriegs, entdeckten sie Ostasien. Um die Jahrtausendwende wollen sie ihre Bande zu Großbritannien endgültig durchschneiden, keinen Eid mehr auf Königin Elizabeth leisten, ihr Land zur Republik ausrufen und enger an Ostasien anbinden. Wirtschaftlich ist es bereits geschehen. Die immer größer werdende Zahl von chinesischen Einwanderern aus Hongkong baut in die Handelsbeziehungen bevölkerungspolitische, menschliche Stabilisatoren ein.

Ähnlich ist es in Kanada und dort speziell in Vancouver an der Pazifikküste. Von den 560 000 Einwohnern im Stadtgebiet sind 27 Prozent Chinesen. Vancouver und die Provinz British Columbia ziehen vor allem Hongkonger »fat cats«, Pfeffersäcke der Kolonie, an. Sie haben schon Milliarden investiert. Immobilien locken sie: Hotels, Bürohochhäuser, Einkaufszentren, Golfplätze. Das ganze Gelände der ehemaligen Expo kaufte ein Hongkong-Chinese für 320 Millionen Dollar. Kanada ist ein Land, in dem Chinesen auch schon früher relativ friedlich leben konnten.

Weiter südlich aber, in Kalifornien, explodierte der Volkszorn immer mal wieder in antichinesischen Pogromen. Von der Hauptstadt Sacramento aus bauten in der zweiten Hälfte des vorigen Jahrhunderts zehntausend bezopfte chinesische Kulis über die Berge der Sierra Nevada die transkontinentale Eisenbahnstrecke, die sich 1869 im heutigen Bundesstaat Utah mit den von Osten vorangetriebenen Gleisen traf und die Vereinigten Staaten von Amerika zum erstenmal verkehrsmäßig einte. Die chinesischen Kulis, die wie die Teufel schufteten, waren jedoch unbeliebt, denn sie verdingten sich für billigen Lohn. Die weißen Arbeiter kochten. »The Chinese must go!« Chinesen raus! In San Francisco, Los Angeles und in den Bundesstaaten Wyoming und Washington wurden Chinesen zusammengeschlagen. Es gab Tote und Verletzte. Der häufigen Rassenkrawalle und Rassenspannungen überdrüssig, machte der Kongreß 1924 die Einwanderungstore für Ostasiaten dicht.

Damals, im ausgehenden 19. Jahrhundert, lag in Kalifornien eine chinesenfeindliche Stimmung in der Luft, aus der sich bei Amerikanern und Europäern – wo genau, weiß keiner – ein Schlagwort herauskristallisierte, das Geschichte gemacht hat: »die gelbe Gefahr«. Dort, an der pazifischen Küste der USA, und auch in Australien lernten weiße Arbeiter zum erstenmal die billige Arbeitskraft chinesischer Kulis fürchten. Demagogen heizten die Ängste an. Die weißen Kalifornier fühlten sich nicht von »mongolischen Reiterhorden« bedroht, die ihr Goldgräber-Paradies erobern und brandschatzen würden, sondern von der für billiges Geld angebotenen Muskelkraft chinesischer Einwanderer. »Die gelbe Gefahr« bedeutete Verlust von Arbeitsplätzen.

Das alles ist längst Geschichte. Heute sind die Ostasiaten in den USA die am schnellsten wachsende Minderheit. Zwischen 1980 und 1990, innerhalb von nur zehn Jahren, verdoppelte sich ihre Zahl von 3,8 auf 7,3 Millionen. Drei Prozent aller Staatsbürger sind Asiaten. Das weiße Amerika beneidet sie um ihre intakten Familien, ihren kulturellen Stolz, ihren Fleiß, ihre Bildung, ihre Disziplin. Auf Schulen und Universitäten gehören ihre Söhne und Töchter zu den Besten. »Whiz kids« werden sie genannt, Wunderkinder. Die praktischen Wissenschaften wie Wirtschaft, Betrieb und Technik sind ihre Lieblingsfächer. Auf dem Campus von MIT, des Massachussetts Institute of Technology in Boston, einer Schmiede von Nobelpreisträgern der Physik und Chemie, kann sich der Besucher auf dem Gelände einer Universität Ostasiens wähnen.

Hongkong-Chinesen, die bei der Einwanderung Geld, viel Geld, mitbringen, werden in den USA mit offenen Armen empfangen. Sie fallen in die Kategorie »Investoren«, wenn sie versprechen, mindestens eine Million Dollar zu investieren und damit mindestens zehn Arbeitsplätze zu schaffen. Amerika tut's auch für die Hälfte, wenn sich Hongkong-Chinesen auf dem flachen Land oder in einer Region mit großer Arbeitslosigkeit niederlassen. Auch Australien rollt vor investitionsbereiten Millionären aus der Kolonie den roten Teppich aus. Der Gerechtigkeit halber aber sei angemerkt, daß beide Länder auch jenen Hongkong-Chinesen die Einwanderungstore weiter geöffnet haben, die nur mit ein paar Koffern kommen.

Das Visum für die USA ist gültig bis zum Jahre 2002. Der Grund: »to discourage an exodus from the territory that might deprive Hong Kong of much-needed talent« (»um einem Exodus vorzubeugen, der Hongkong dort gebrauchte Talente raubt«). Noch nie zuvor haben amerikanische Konsulate Einwanderungsvisen in der Hoffnung ausgestellt, daß sie nicht in Anspruch genommen werden. Diese Großzügigkeit zielt darauf ab, daß die Auswanderungswilligen bis 1997 und auch danach in Hongkong bleiben, damit die Nervosität nicht noch mehr um sich greift und vor allem das erfolgreiche Wirtschaftssystem auf gesunden Füßen steht. Mit einem amerikanischen Visum in der Tasche sollen sich die glücklichen Hongkong-Chinesen sicher fühlen und weiterhin das Blühen der Metropole im Geiste des Kapitalismus garantieren. »That can influence the future economic policies of Beijing.« (»Das kann Pekings zukünftige Wirtschaftspolitik beeinflussen.«) So stand es in einer Pressemitteilung des amerikanischen Konsulats.

Washington steuert den gleichen Kurs wie London. Großbritannien hat nämlich in der »Joint Declaration«, der Gemeinsamen Erklärung mit der Volksrepublik, seine Verantwortung anerkannt: »for the administration of Hong Kong with the object of maintaining and preserving its economic prosperity and social stability« (»für die Verwaltung von Hongkong mit dem Ziel der Wahrung und Aufrechterhaltung seiner wirtschaftlichen Prosperität und sozialen Stabilität«). Diese wichtige Zielvorgabe für die letzten Dienste, die London der Kolonie noch leisten kann, aber ist gefährdet, wenn die Besten und Intelligentesten der Hongkong-Chinesen auswandern. Den Briten liegt alles daran, daß viele bleiben, auf ihren Posten ausharren, bis 1997 und noch darüber hinaus ihre Pflicht tun. London denkt dabei vor allem an jene Chinesen, die in der Verwaltung und in der Polizei für die innere Sicherheit Verantwortung tragen.

Spät, sehr spät fiel der britischen Regierung ein, den Chinesen, an die sie denkt, Anreize zum Bleiben zu bieten. Die einzige Versicherungspolice aber, die heute noch in Hongkong zählt, ist ein ausländischer Paß oder ein Auswanderungsvisum, doch beide Rettungsringe konnten Hongkong-Chinesen nicht mehr hingeworfen werden. Denn seit 1981 besteht für die britischen Inseln ein neues Nationalitätengesetz. Einwohner der von Großbritannien abhängigen Gebiete werden nicht mehr als britische Staatsbürger betrachtet, auch wenn sie dort geboren sind, und können nicht mehr einwandern. Zu viele waren aus Pakistan, Indien, Bangladesh, der Karibik und aus Afrika gekommen.

Eine »Lex Hongkong« mußte durchs Parlament gepaukt werden. Margaret Thatcher stellt es in ihren Memoiren so dar, als habe sie dazu die Initiative ergriffen. Ab Januar 1984 »begann ich mir intensiv Gedanken darüber zu machen, wie wir jenen Bürgern der Kronkolonie am besten die Einwanderung nach Großbritannien ermöglichen könnten, die sich und ihre Familie in Gefahr bringen würden, weil sie bis 1997 in sensiblen Bereichen Hong Kongs tätig sein würden«[2]. Das klingt sehr verständnisvoll, aber die Premierministerin dachte zunächst ganz anders. »Do you want to see 3,2 million Chinese come here?« rief sie in der Parlamentsdebatte aus. (»Wollt ihr, daß 3,2 Millionen Chinesen ins Land kommen?«) So viele sind nämlich in der Kolonie geboren. Rassistische Töne schlugen im Parlament durch. Die Konservative Partei steuerte auf eine Zerreißprobe zu.

Schließlich und endlich aber wurde ein Kompromiß gefunden. 50000 Chinesen, die für Hongkong auf wichtigen Posten wesentliche Dienste leisten, damit die Kolonie reibungslos funktioniert, dürfen mit ihren Familien nach Großbritannien einwandern. Gegen diese Notbremse erhob Peking umgehend Protest. Hongkong sei chinesisches Territorium, und die Chinesen dort seien chinesische Staatsbürger. Dokumente, die das leugneten, würden nach dem 1. Juli 1997 von der Volksrepublik nicht anerkannt.

[2] Margaret Thatcher, a. a. O., S. 693

Der Ton der Drohung war konziliant, so daß das letzte Wort in dieser Angelegenheit wahrscheinlich noch nicht gesprochen ist.

Den Hunderttausenden, die die Kolonie bereits verlassen haben, rief ein Chinese in Peking die zynischen Worte hinterher: »Hongkong ist ein Apfelbaum. Jetzt wird er geschüttelt, und die faulen Äpfel fallen ab.«

Wieder einmal lernen Chinesen, wie schon so oft in der Vergangenheit, die Welt um sich herum als »feindliche Umwelt« kennen. Und wieder einmal bestätigt sich ihnen, daß alles, was mit Staat und Politik zusammenhängt, nichts, die Familie hingegen alles ist. Nur auf die in die Welt hinausgeworfenen Familiennetze ist für Hongkong-Chinesen noch Verlaß. Die sechs Millionen, die 1997 bleiben müssen, tröstet die Gewißheit, daß ihre Familie weiterlebt, auch wenn die Kolonie längst nicht mehr existiert. Chinesen kennen das aus ihrer Geschichte. Kaiser stürzten, Dynastien verschwanden, Eroberer kamen, ein Weltrevolutionär stellte das Land auf den Kopf, die Familie aber überdauerte alle und alles.

Hongkong gleicht gegenwärtig einer Dreiklassengesellschaft. »Auf den Holzbänken« sitzt das Volk, sitzen die sechs Millionen, die bleiben und hinnehmen müssen, was kommt. In der gepolsterten zweiten Klasse leben Chinesen, die ein Auswanderungsvisum in der Tasche tragen, aber vorläufig noch bleiben. Die luxuriöse erste Klasse ist für jene reserviert, die glückliche Besitzer eines ausländischen Passes sind. Dazu gehören Ausländer aller Nationalitäten, die, sollte es 1997 gefährlich werden, wahrscheinlich ohne diplomatische Komplikationen ausfliegen können. Unter die Kategorie »Ausländer« fallen völkerrechtlich auch ehemalige Hongkong-Chinesen, die seit kurzem australische, kanadische und amerikanische Staatsbürger, aber zurückgekehrt sind, weil sie bis zum Niederholen des Union Jack noch gut verdienen wollen. Nirgendwo kann ein geschäftstüchtiger Chinese zur Zeit so schnell reich werden wie in der Kolonie. Doch leben sie etwas gefährlich, weil ihre neuerworbene Staatsbürgerschaft von Peking nicht vorbehaltlos anerkannt wird.

Die luxuriösesten Abteile der Luxusklasse sind Hongkongs chinesischen Millionären vorbehalten. Raffinierter als andere tragen sie auf zwei Schultern. Auf ihrer rechten sitzt die Queen, auf ihrer linken Deng Xiaoping – oder wer immer ihm folgen wird. Täglich machen sie zwischen London und Peking, zwischen Kapitalismus und »sozialistischer Marktwirtschaft« einen Spagat und sichern sich nach allen Seiten ab.

Schon in den unruhigen Monaten der Kulturrevolution kam es zu wundersamen Metamorphosen. Da war zum Beispiel Fei Yi-ming, Verleger der prokommunistischen Tageszeitung »Ta Kung Pao«: Als die Unruhen 1967 von China nach Hongkong überschwappten, stellte sich Fei Yi-ming an die Spitze des Revolutionskomitees und ließ sich von seinem Fahrer in der klimatisierten und damals teuersten Luxuslimousine vor den Amtssitz des Gouverneurs chauffieren – in einem Mercedes 300. Von den versammelten Roten Garden umjubelt, zelebrierte er, mit der roten Mao-Bibel in der Hand, das kulturrevolutionäre Ritual. Der Heros des »Volksaufstandes« war elegant gekleidet. Auch Wochen später, als er unter Ausschluß britischer und amerikanischer Kollegen ausländische Korrespondenten zu einer Pressekonferenz einlud.

Der gebildete, weitgereiste und weltgewandte Mandarin

der Revolution begrüßte jeden seiner ausländischen Gäste mit ein paar Brocken in dessen Muttersprache. Den Franzosen mit »Bon jour, comment ça va?«; den italienischen Kollegen mit: »Buon giorno«; den Kanadier mit: »How are you? I am very glad to have you here«; und mich mit: »Guten Tag, wie geht es Ihnen?« Er legte jedem den Arm um die Schulter, bot Tee, Bier und Zigaretten an.

Der Gentleman blickte lächelnd in die Runde und bat, Platz zu nehmen. »Kamera ab! Ton läuft!« Sein Lächeln erstarb. Seine Menschlichkeit gefror. Er knallte antibritische Parolen wie Peitschenhiebe in den Raum. Seine Halsschlagader trat hervor. Ein Mandarin als Demagoge, glühend in seinem Haß, unbeherrscht in seiner Leidenschaft, zitternd vor Erregung.

»Kamera aus!« Der Revolutionär wurde wieder Gentleman. Hier ein Schwätzchen, dort ein Witz. Charmante Entschuldigungen, daß sein Deutsch nicht perfekt sei, Italienisch spreche er besser. Rom sei eine schöne Stadt, Paris auch, Bonn kenne er leider nicht. »Arrivederci, good bye, au revoir, auf Wiedersehen!«

Welches war sein wahres Gesicht? Das des Mandarins oder jenes des Demagogen? Hatte er den Haß nur gespielt und sich eine Maske aufgesetzt? Oder war sein Lächeln das Maskenhafte an ihm?

Fei Yi-ming ist tot. Einen Teil seines Vermögens brachte er in eine Stiftung ein. Aus ihrem Topf wird für jeweils zwölf Monate ein amerikanischer Professor bezahlt, der an der Universität in Nanking, heute Nanjing, Vorlesungen über die Beziehungen zwischen beiden Völkern hält. Er soll zwischen Amerikanern und Chinesen Brücken bauen, auf daß sie aus der Vergangenheit lernen und sich in Zukunft besser verstehen.

Ein anderer »Maoist« hieß damals, Mitte der sechziger Jahre, Percy Shen. Er war der Sohn eines ehemaligen Außenministers der Regierung Chiang Kai-shek, in Trinidad geboren und nach seinem Studium in England Rechtsanwalt geworden. In Hongkong leitete er den prokommunistischen Marco Polo Club, der ausländische Journalisten und Geschäftsleute im Geiste Mao Tse-tungs betreute. Auf Percy Shen konnte sich Peking verlassen. Als maoistischer Liberaler machte er sich gut.

Eines Tages aber brach die Kulturrevolution aus, die Hongkonger Maoisten genauso verwirrte wie ausländische Beobachter vor Ort. Jetzt aber verlangte Peking von seinen Getreuen in der Kolonie, ihren bis dahin ganz und gar unverbindlichen revolutionären Worten endlich Taten folgen zu lassen. Aber ausgerechnet in jenen Wochen, die alle Maoisten an Deck verlangten, entsann sich Percy Shen seiner Tochter, die auf einem Prestigeinternat am Genfer See zur Schule ging. Er setzte sich in die Schweiz ab.

Viele Mao-Anhänger entpuppten sich damals als höchst eigenartige Jünger. Wir deutschen Korrespondenten wurden von solchen der Nachrichtenagentur Xinhua betreut. Da für uns bei den gemeinsamen chinesischen Essen außer Mao-Zitaten nicht viel zu holen war, kreisten die temperamentvollen Gespräche um unpolitische Lappalien. Als auch die Xinhua-Kollegen nicht mehr definieren konnten: Kulturrevolution warum, weshalb, wieso und wohin?, verliefen die Treffen im Sande.

Eines Tages aber klingelte das Telefon. Einer aus der Maoistenrunde fragte, ob ich nicht jemanden kennen würde, der in den nächsten Tagen nach Kanada fliege. Er wolle mir auch sagen warum. In Kanada studiere nämlich seine Tochter. »Und Sie wissen ja, so ein junges Mädchen trägt nun einmal gern schönen Schmuck. Der aber liegt hier bei uns in Hongkong. Jetzt suchen wir jemanden, der ihn mit nach Kanada nimmt.«

Als durch Chinas Blockade Wasser, Gemüse, Obst und Eier in der Kolonie knapp geworden waren, meldete sich bei einem Chiang-Kai-shek-Chinesen ein Mao-Tse-tung-Chinese. Beide waren in längst vergangenen Zeiten in Shanghai gemeinsam zur Schule gegangen und hatten sich in Hongkong wiedergetroffen. Als Söhne aus gutem Hause waren beide jenseits aller Parteibücher gute Konfuzianer und demnach zu ewiger Freundschaft verpflichtet. Der Taiwan-Chinese war Reeder und der Peking-Chinese Direktor eines kommunistischen Kaufhauses, im Besitz also von Frischgemüse und frischen Eiern. »Sag mir, was du brauchst, und ich liefere dir alles frei Haus!« Und so geschah es auch. »Der Rote« aus dem China Maos versorgte fortan den »Erzreaktionär« aus dem China Chiang Kai-sheks.

Konfuzianer kennen keine Parteien, legen sich aber, wenn die Riten es erfordern, aller Parteien Orden und Abzeichen an. Im Kulturrevolutionsjahr 1967 luden die Maoisten, wie üblich, in ihre Bank zum Nationalfeiertag ein. Auf der Fahrt im Lift nach oben kramten einige der vom kommunistischen Protokoll handverlesenen Chinesen das in jenen Tagen für Geschäftsbeziehungen jeglicher Art höchst empfehlenswerte feuerrote Abzeichen mit Maos goldenem Profil aus der Tasche und steckten es ans Jacket. Nach der Party, auf der Fahrt abwärts, nahmen sie die revolutionäre Miniplakette wieder ab.

Der Leiter der Nachrichtenagentur Xinhua gilt in Hongkong als Pekings Botschafter. Das wichtige Amt bekleidete sieben Jahre lang der schon über siebzig Jahre alte Genosse Xu Jiatun, ein alter Kämpfer Maos, einst Politkommissar der Roten Armee und Provinzgouverneur, Mitglied der Central Advisory Commission der Partei und des Nationalen Volkskongresses. Im April 1990 flüchtete er bei Nacht und Nebel. Groß war das Rätselraten über seinen Verbleib. Die Medien stiegen in die Story groß ein. Eines Tages tauchte er in einem buddhistischen Tempel bei Los Angeles auf.

Hongkong entläßt den Besucher aus dem Westen nicht aus der Ungewißheit, ob Maoisten, Millionäre und Milliardäre tatsächlich glauben, was sie vorgeben zu glauben. Doppelzüngigkeit und Maske sind uralte Probleme der chinesischen Geschichte. Chinesen können so, aber sie können auch anders.

Wenn Peking ruft, meldet sich der Geldadel von Hongkong freiwillig. Im Beratungskomitee für den Bau des neuen Flughafens, das der kommunistischen Regierung mit Ratschlägen zu Diensten ist, sitzen die Söhne von vier der reichsten Hongkong-Chinesen. Im »Who is Who« der Kolonie scheint Peking geblättert zu haben, als es für die Übergangsperiode bis 1997 ein Preliminary Working Committee berief. Darin sitzen der Milliardär Li Ka-shing, der Filmzar Sir Run Run Shaw und der in Großprojekte zur Entwicklung Chinas eingestiegene Peter Woo. Die »Frankfurter Allgemeine« zitierte einen chinesischen Bankier in der Kolonie mit den Worten: »Es ist merkwürdig zu sehen, wie die Hohenpriester des Hongkonger Kapitalismus sich während ihrer servilen Pilgerreisen nach Peking vor dem Altar des Kommunismus verbeugen.«[3]

[3] FAZ, 3. 4. 1993

Legendär ist der Reichtum des Li Ka-shing, dessen Sohn, nach einem Studium an der amerikanischen Stanford-Universität Kanadier geworden, die Investitionsmillionen seines Vaters in Kanada überwacht. Dieser Li kam mit elf Jahren nach Hongkong, verließ mit dreizehn die Schule, weil er seine Eltern unterstützen mußte, und machte mit Plastikspielzeug und Plastikblumen sein erstes Geld. Heute wird sein Vermögen auf drei Milliarden Dollar geschätzt. Ein einziges Wort von ihm, und Hongkongs Börsenkurse steigen oder fallen. Er saß in dem von Peking berufenen Beratergremium zur Ausarbeitung des Basic Law, der »Verfassung« für die Zeit nach 1997. Als der britische Premierminister John Major einmal Hongkong besuchte, soll Li Ka-shing ihm für seine Konservative Partei 100000 Pfund beim abendlichen Dinner gespendet haben. Andere Millionäre griffen noch großzügiger in die Tasche. Politische Gegner von John Major spotteten, jetzt sei also auch die Konservative Partei »Made in Hong Kong«.

Es ist schwer, Licht in das Beziehungsgeflecht chinesischer Familien zu bringen. Da gab es in Hongkong aus reichem Hause einen Richard Yung, einen erfolgreichen Unternehmer im weiten Feld der Elektronik. 1990 zog er mit seiner Firma nach dem Vorbild anderer Chinesen nach Singapur um. Er wollte für 1997 auf Nummer Sicher gehen. Sein Onkel war in Peking Vorstandsvorsitzender von CITIC, sein Vetter Repräsentant des Unternehmens in Hongkong. CITIC steht für China International Trust and Investment Corporation und ist Pekings langer Arm für Überseeinvestitionen.

Für Wirbel auf dem Hongkonger Medienmarkt sorgte im Herbst 1993 der in Malaysia geborene chinesische Milliardär und als Pekings »fellow-traveller« bekannte Robert

Kuok. Er sicherte sich die Kontrolle der dem Establishment zugetanen Zeitung »South China Morning Post«. Der die Kolonie dominierende Fernsehsender TVB gehörte ihm bereits. Kuok machte seinem Ruf, vor Pekings Thronen niederzuknien, alle Ehre, als TVB eine von der BBC produzierte Dokumentation über Mao Tse-tung aus dem Programm nahm. Die Kommunisten hatten protestiert, der Film verletze die Gefühle der 1,2 Milliarden Chinesen.

Am 1. Oktober 1991 erschien in den englischsprachigen Zeitungen der Kolonie in großen Lettern eine ganzseitige Todesanzeige: »Sir Yue-kong Pao, beloved husband of Sueing, father of Anne, Bessie, Cissy and Doreen, father-in-law of Helmut, Peter, Shinichiro and Edgar passed away peacefully, aged 73.« Gestorben war der größte Privatreeder der Welt, Herr über zweihundert Schiffe von zwanzig Millionen *deadweight*-Tonnen.

Als Shanghai-Flüchtling hatte Y. K. Pao 1949 in Hongkong angefangen. Englisch sprach er damals nur radebrechend, mit Ach und Krach. Gegen Ende seines Lebens aber standen in seinem Arbeitszimmer Fotos mit der Queen, Margaret Thatcher, Präsident Reagan, dem japanischen Ministerpräsidenten und Deng Xiaoping. Dieser berief ihn als Stellvertretenden Vorsitzenden in den Pekinger »Verfassungsausschuß« zur Ausarbeitung des Basic Law für die Kolonie. Um die gleiche Zeit stiftete er den britischen Konservativen nach Presseberichten eine Million Pfund.

In dem mehrseitigen offiziellen Nachruf hieß es in englischer und chinesischer Sprache: »Sir Yue-kong took a great personal interest in the development of Hong Kong, and especially in the maintenance of cordial relations between Great Britain and China.« (»Sir Yue-kong engagierte sich persönlich für die Entwicklung von Hongkong und besonders für die Aufrechterhaltung guter Beziehungen zwischen Großbritannien und China.«) Aus der Volksrepublik schickte Deng Xiaoping einen Kranz, aus Washington Präsident Bush ein sehr persönlich gehaltenes Kondolenzschreiben. Der Verstorbene sei ein guter Freund gewesen, und »Barbara and I« würden ihn vermissen.

Auf der Trauerfeier wurden Reden in Englisch und Chinesisch gehalten, westliche und chinesische Musik gespielt. Den offenen Sarg umschritten als erste der britische Gouverneur und seine Frau, zuletzt die Angehörigen mit den Enkelkindern. Danach zelebrierte ein Dutzend kahlgeschorener Priester in safranroten Gewändern das buddhistische Totenritual.

Der Sarg wurde geschlossen und von acht Herren hinausgerollt. Es waren: der die Liste Hongkonger Milliardäre anführende Li Ka-shing; der Mogul des »Hollywood« der Kolonie, Sir Run Run Shaw; der Vorstandsvorsitzende der Winsor Industrial Corporation, Dr. Ann Tse-kai; der Vorstandsvorsitzende der japanischen Industriebank, Kisaburo Ikeura; der Vorstandsvorsitzende der Hong Kong and Shanghai Bank, William Purves; ein Ex-Vorstandsvorsitzender dieser Bank, Sir John Saunders; der »Botschafter« Chinas in der Kolonie, Xinhua-Direktor Zhou Nan und – Sir Denis Thatcher, der Mann von Margaret Thatcher.

Im Tode kannte der Hongkong-Milliardär keine Parteien, im Leben hatte er auch keine gekannt – der weisen Klugheit des Laotse folgend: »Der neugeborene Mensch ist biegsam und zerbrechlich; wenn er tot ist, wird er hart und steif. Bei ihrer Entstehung sind die Pflanzen und Bäume zart und biegsam; bei ihrem Tode sind sie hart und steif. Härte und Steifheit sind Attribute des Todes; Biegsamkeit und Schwäche sind Begleiter des Lebens.«

Alte Herren neuen Zeiten trotzend

Der britische Löwe brüllt nicht mehr. Auch in Hongkong ist er zahm geworden. Sein letzter Dompteur dort, Gouverneur Chris Patten, knallt zwar kräftig die Peitsche, auf daß er noch einmal seine Krallen zeige, aber der Auftritt imponiert kaum noch jemandem, den Machthabern in Peking schon gar nicht.

Die Schicksalsuhr tickt. Keiner kann sie mehr anhalten. Das einzige, was den Briten noch bleibt, ist, auf geliehenem Platz in geliehener Zeit Haltung zu bewahren – so der Titel eines Buches von Richard Hughes.[1] Unter Wahrung des Gesichts wollen sie um die mitternächtliche Stunde des 30. Juni 1997 ihre Fahnen einholen, ehrenvoll.

Trotzig kehren die Briten ihren Konservativismus heraus. In der Nähe des Yachthafens der Insel Victoria steht eine Kanone, doch an modernen Kalibern gemessen ist es nur ein Kanönchen. Blank geputzt glänzt das antiquarische Prachtstück in der Sonne. Jeden Mittag, kurz vor zwölf Uhr, erscheint ein wie ein Admiral ganz in weiß gekleideter Chinese und macht das Ding schußfertig. Es gehört dem renommierten Handelshaus Jardine, dessen Imperium auf Opium gebaut wurde und das beim Ausbruch des Opiumkrieges kräftig seine Finger im Spiel hatte.

[1] Richard Hughes: Hong Kong. Borrowed Place, Borrowed Times, London 1968

Zu dem mittäglichen Zeremoniell waren an diesem Tag Geschäftsfreunde des ehrenwerten Hauses nebst Gattinnen aus Florida eingeladen. Die distinguiert gekleideten Ladies und Gentlemen schossen vor der Kanone zunächst ein paar Erinnerungsfotos, schließlich kommt es auf der Welt nicht ein zweites Mal vor, daß Damen in luftigem Sommerdreß und Herren in dunklen Anzügen eine Kanone abfeuern dürfen.

Als der Uhrzeiger immer dichter auf die Zwölf rückte, wuchs die Spannung. Der erfahrene chinesische Artillerist übernahm das militärische Handwerk des Ladens und Entsicherns. Einer der Herren aus Florida trat hinter das Kanönchen und löste exakt zur Mittagsstunde den Schuß aus. War das eine Freude! Wer im Auto- und Hafenlärm den Schuß gehört hatte, wußte: Jetzt ist es in Hongkong Punkt zwölf Uhr.

So geschieht es seit über hundert Jahren jeden Mittag und zusätzlich noch zur mitternächtlichen Stunde jedes neuen Jahres. Der Brauch soll nach der Legende auf das Jahr 1850 zurückgehen, als einer der damals noch hemdsärmeligen Rabauken des Hauses Jardine aus Freude über das Einlaufen eines Opiumschiffes den Kanonenschuß vorschriftswidrig auslöste. Der Gouverneur der Kolonie war darob sehr empört, denn Opiumschiffe seien des Salutschießens unwürdig, und gab seiner Indignation dadurch Ausdruck, daß er befahl, Jardine müsse fortan jeden Tag den Mittag in Hongkong einschießen. Und so geschieht es, über alle Fährnisse der Geschichte hinweg, bis heute.

Solcherart Anachronismus hat Stil, und nicht immer ist dieser Stil verstaubt. Er dokumentiert auch Mut und Zivilcourage, selbst in scheinbar aussichtsloser Lage. Unvergessen bleibt jener britische Offizier in Tropenuniform und kurzer Hose, der am Amtssitz des Gouverneurs in der Upper Albert Road an einem Maitag 1967 vor die lärmende Schar kulturrevolutionärer Demonstranten trat. Ein paar hundert Rote Garden mit Mao-Bibeln in der Hand sangen und brüllten. Ihre Sprecher traten vor und forderten Einlaß beim Gouverneur. Der britische Offizier fragte seinen chinesischen Dolmetscher: »What do these gentlemen want?« Die Worte übersetzte der Dolmetscher den Herren des Revolutionskomitees, die, dem großbürgerlichen Establishment der Kolonie angehörend, wahrscheinlich besser Englisch als Chinesisch sprachen, ins Chinesische. Deren Antwort lautete in ihrer Muttersprache: »Wir wollen den Gouverneur sprechen!« Wieder mußte der Dolmetscher in Aktion treten und das Chinesisch der Revolutionäre dem britischen Offizier ins Englische übersetzen. Dessen Antwort: »Sorry, the Governor has no time.« Als auch diese sechs Wörter erneut ins Chinesische gedolmetscht waren, schlugen die Bannerträger der proletarischen Kulturrevolution ihre mitgebrachten Mao-Bibeln auf, Seite 27, und verdonnerten im Chor Kolonialismus und Imperialismus. Der Brite drehte sich um und ließ das Gebrüll an seinem Rücken abprallen.

Die Szene aus dem Englischen ins Chinesische und aus dem Chinesischen wieder zurück ins Englische wiederholte sich mehrere Male. Und immer wenn die Antwort des britischen Offiziers hieß, der Gouverneur habe zu seinem großen Bedauern keine Zeit, die Herren zu empfangen, schlugen diese in ihren Mao-Bibeln neue Seiten auf und rezitierten, alle Reaktionäre seien Papiertiger. Und jedesmal drehte sich der Brite um und zeigte der erregten Chinesenmenge seinen Rücken.

Einer gegen tausend, allein gegen »Volkswut« und »Volkszorn«! Dazu gehörte Mut. In jenen Stunden wußte noch keiner, was mit Hongkong in der Kulturrevolution passieren würde. Ein falsches Wort, eine provozierende Geste, ein Schuß aus irgendeiner Pistole – und das blutige Ende der Kolonie hätte nahe sein können. Als alles um ihn herum kochte, ließ sich der britische Offizier nicht aus der Ruhe bringen, bewahrte Haltung, stand den Fanatikern scheinbar gelangweilt gegenüber. Von Minute zu Minute wurde er nur etwas blasser.

Damals spielten auf grünem Rasen vor der mit Mao-Parolen auf rotem Tuch bepflasterten Bank of China britische Herren, ganz in Weiß, das britischste aller Spiele: Cricket. Auf der Terrasse des schlichten Clubhauses saßen Damen und schauten zu. Von gegenüber, nur durch eine Straße getrennt, beschallten Lautsprecher das friedliche Schlagen und Fangen mit revolutionären Liedern. Die kommunistischen Herren in der maoistischen Bank wurden nicht müde, den Herren, die da Cricket spielten, das Ende ihrer Tage anzudrohen. Aber die Gentlemen schien ihr kommender Untergang in keiner Weise zu beeindrucken. Ihre couragierte Gleichgültigkeit muß die roten Revolutionäre zur Weißglut gebracht haben. Ganz anders reagierten Fotografen. Das Grün-Weiß im Vordergrund, das Knallrot dahinter und dazu auch noch die politische Symbolik – es war ein Motiv, das ihre Herzen höher schlagen ließ. Ihre Fotos gingen um die Welt.

Aber so sind Briten nun einmal: neuen Zeiten wie alte Herren trotzend. Ein Blick in die noch weiter zurückliegende Geschichte. Es ist Anfang Dezember 1941. Dunkle Wolken ziehen über dem blauen Pazifik auf. Kriegsgefahr liegt in der Luft. Im Juli haben die Japaner Französisch-

Indochina besetzt. Als Vergeltung hat Washington den Handel mit Japan verboten und die japanischen Vermögen in den USA eingefroren. Im nahen Canton, jenseits der Grenze, stehen japanische Truppen schon seit Oktober 1938. All das haben Rundfunk und Zeitungen berichtet. Keiner aber weiß in diesen ersten Dezembertagen 1941, daß schon seit dem 26. November ein japanischer Flottenverband durch die sturmgepeitschten Schlechtwettergebiete des nördlichen Pazifiks in Richtung Pearl Harbor auf Hawaii unterwegs ist.

In Hongkong packen japanische Geschäftsleute die Koffer. Frauen und Kinder sind schon zu Hause. Die Kolonialbehörden fordern ihre britischen Untertanen auf, nach Australien auszuweichen. Die Chiang Kai-shek Regierung rät chinesischen Staatsbürgern, nach China zu kommen. Der holländische Generalkonsul empfiehlt seinen Landsleuten ebenfalls, die Kolonie zu verlassen. Für die Polizei wird eine Urlaubssperre verhängt. Die Behörden erklären chinesischen Restaurantbesitzern, sie müßten bei Ausrufung des Notstands ihr Küchenpersonal gegen Bezahlung zur Verfügung stellen. Die Iren in der Kolonie sagen zum ersten Mal in der Geschichte ihrer »St. Patrick's Society« einen Ball ab. Der Hongkonger Rundfunk unterhält die Bevölkerung mit dem populären Schlager »Lily Marleen«.

Am Freitag, dem 5. Dezember 1941, kündigt die »South China Morning Post« für den kommenden Abend feierlich den »Chinese Women's Club Grand Fancy Dress Ball« im Peninsula Hotel an.

Im politischen Teil berichtet sie von dem erfolglosen Versuch zur Ermordung Mussolinis. »These Italians are hopeless. They will have to get a German to do it.« (»Die Italiener sind hoffnungslos. Sie werden sich einen Deutschen besorgen müssen, der das kann.«) Im Inseratenteil wird empfohlen, in Zukunft mit Gas zu kochen.

Samstag, 6. Dezember: »Have your chimneys swept before Xmas!« (»Holt vor Weihnachten den Schornsteinfeger!«) Die American Pioneer Line verspricht fahrplanmäßige Abfahrten nach New York, Boston, Baltimore und Philadelphia via Panama-Kanal. Radio Hongkong kommentiert am Abend für Minuten deutsche Propagandasendungen.

Sonntag, 7. Dezember: Der »Hong Kong Sunday Herald« druckt in englischer Übersetzung auf der ersten Seite in ganzer Länge den Leitartikel von Dr. Goebbels aus der Wochenzeitung »Das Reich«. Ein Buchgeschäft bietet für fünf Dollar Adolf Hitlers Fortsetzung zu »Mein Kampf« an; Titel: »My new order«. Aus London wird berichtet, die britische Regierung betrachte die Weltlage als äußerst ernst. Burma ordnet Verdunklungsmaßnahmen an. Singapur verhängt eine Urlaubssperre für Marine, Luftwaffe und Heer. In Hongkong werden die Kapitäne alliierter Schiffe zurück an Bord gerufen.

An diesem Sonntag werden Fußball- und Cricketspiele abgesagt, wegen der Einberufung von Freiwilligen. Der Gap-Rock-Leuchtturm wird abgeschaltet. In Happy Valley aber werden noch Pferderennen gelaufen. Jockey Ostroumoff aus Tientsin gewinnt auf »A Luxurious Time« das wichtigste. Der Royal Hong Kong Yacht Club segelt das sechste Rennen des Commodore's Cup. Die Geschäftsleute können der Presse entnehmen: »All things considered, business has not been too dull this week.« (»Alles in allem war das Geschäft in der vergangenen Woche durchaus nicht lustlos.«)

Am Montag, 8. Dezember, werden die Hongkonger von Kriegslärm geweckt. Japanische Flugzeuge bombardieren den Flughafen Kai Tak und zerstören die wenigen Maschinen der Royal Air Force. Die chinesischsprachige Zeitung »Ta Kung Pao« aber bleibt in ihrem Kommentar optimistisch. Krieg werde es vorerst nicht geben, denn für diesen Fall hätten die USA und Großbritannien den Japanern eine Seeblockade von Alaska über Hawaii bis nach Singapur angedroht.

Irrtum! Aus Südchina marschierten die Japaner auf Hongkong zu. Alle Ausländer in der Kolonie waren gespannt auf die Dienstag-Ausgabe ihres Leib- und Magenblattes »South China Morning Post«. Der Krieg war da, und die Zeitung würde ihnen sagen, wie es weitergehe.

Dienstag, 9. Dezember; Seite 1, links: »Truly a Gift for Xmas – The Speeko-Electric Shaver« (»Ein schönes Weihnachtsgeschenk: der Elektrorasierer von Speeko«). Und weiter: Wenn das Baby Magenschmerzen habe, dann *Phillip's Milk of Magnesia*. Darunter die Anzeige der *Far East Flying Training School Kai Tak Airport*: Flugstunden könnten jederzeit genommen werden, auch »lady students« seien willkommen.

Seite 1, rechts, nach vierundzwanzig Stunden Krieg: *Gibbs S. R. Zahnpasta* empfiehlt sich und auch *Ewo*, das Qualitätsbier. Im Café Wisemann wird heute getanzt.

In den mittleren Spalten der ersten Seite: Der Rotary Club trifft sich um ein Uhr im Hong Kong Hotel. Heute vor dreihundert Jahren starb der große niederländische Maler Anthonis van Dyck. Das einzige Lebewesen, das auf St. Helena noch mit eigenen Augen Napoleon, den Kaiser der Franzosen, gesehen hat, ist eine 165 Jahre alte Schildkröte. News aus Neuseeland. Dort hat ein Junge eine tolle Idee gehabt. Er brachte Trümmer eines abgeschossenen deutschen Flugzeuges mit in die Schule, und jeder, der draufspucken wollte, mußte ein paar Pfennige als Spende an das Rote Kreuz bezahlen.

Kein Kriegsgeschrei auf Seite 1. Das war sicherlich auch besser so, hätte es doch nur unnötige Unruhe provoziert. Weil jugendgefährdend, gehört kein Krieg auf die erste Seite, sondern versteckt auf die zweite. Doch auch dort waren die Japaner noch nicht vorhanden.

M. P. Thompson ist mit einem Leserbrief vertreten, und zwar in einer unerhörten Angelegenheit: Auf seinen Hund ist geschossen worden. Er bittet um Mithilfe bei der Dingfestmachung des Täters.

Seite 3: Zweimal wöchentlich fliegen Pan American Clipper in fünf Stunden nach Manila. »Only 14 Shopping Days Before Christmas.« (»Nur noch vierzehn Einkaufstage bis Weihnachten.«)

Seite 4: Anzeigen.

Seite 5: Anzeigen.

Und dann schließlich auf Seite sechs die Überschrift: »Hong Kong awakened yesterday to find herself at war. The great majority rose in blissful ignorance.« (»Als Hongkong gestern erwachte, befand es sich im Krieg. Die Mehrheit der Bevölkerung stand in herrlicher Ahnungslosigkeit auf.«) Einschließlich, das mag erlaubt sein zu behaupten, der Journalisten der »South China Morning Post«.

In diesem Geist ging es bei der Zeitung weiter. Der Krieg fand nur im Innern des Blattes statt. Die Vorderseiten blieben Anzeigen und Schmankerln aus dem Papierkorb der Weltpresse vorbehalten. Laut »South China Morning Post« konnten die Hongkonger noch immer nach den USA, Kanada, Ceylon und Indien reisen.

Der Krieg dauerte zwei Wochen. Aus China kommend, dessen Küstenprovinzen sie seit 1937 erobert hatten, durchquerten die Japaner die New Territories und standen schon bald auf der Kowloon-Seite des Hafens. Die tonangebende Zeitung richtete die Bevölkerung mit der Ankündigung einer Wunderwaffe auf: Chinesische Truppen unter dem direkten Befehl von Generalissimus Chiang Kai-shek seien im Anmarsch und würden die Japaner im Rücken und in der Flanke angreifen. Aus London kabelte Churchill: »We are watching day by day and hour by hour your stubborn defence of the port and fortress of Hong Kong. You guard a vital link famous in world civilization between the Far East and Europe. All our hearts are with you in your ordeal. Every day of your resistance brings nearer our certain victory.« (»Wir verfolgen Eure hartnäckige Verteidigung von Hafen und Festung Hongkong Tag für Tag und Stunde für Stunde. Ihr bewacht eine in der Weltzivilisation berühmte und lebenswichtige Verbindung zwischen dem Fernen Osten und Europa. Unser aller Herzen sind in diesem Martyrium bei Euch. Jeder Tag Eures Widerstandes bringt uns dem sicheren Sieg näher.«)

An den sicheren Sieg aber glaubte in jenen Tagen keiner mehr, zu groß war die Übermacht der Japaner. Als sie schon auf der Insel gelandet waren und Briten, Kanadier und Inder die letzten Brückenköpfe auf dem Festland geräumt hatten, wollten Anzeigen in der »South China Morning Post« die Hongkonger noch immer in Urlaub schicken: »Regular sailings for United Kingdom«, nach Java und Australien. »Going on leave? See America!«

Längst aber trieben die Japaner die alliierten Soldaten durch die Inselberge vor sich her. Sie durchschnitten Victoria etwa entlang der Serpentinenstraße, die von Wanchai nach der Repulse Bay führt. Den letzten Widerstand organisierten die Briten auf der Halbinsel Stanley.

Am 24. Dezember hörten sie im Rundfunk die Weihnachtsbotschaft des Gouverneurs: »In pride and admiration I send my greetings this Christmas Day to all who are fighting and to all who are working so nobly and so well to sustain Hong Kong against the assault of the enemy. Fight on! Hold fast for King and Empire! God bless you all in this your finest hour!« (»In Stolz und Bewunderung sende ich allen, die so nobel kämpfen und arbeiten, um Hongkong gegen den Ansturm des Feindes zu halten, meine Weihnachtsgrüße. Kämpft weiter! Haltet aus für König und Empire! Gott segne Sie alle in dieser Ihrer ehrenvollsten Stunde!«)

Am 25. Dezember 1941 mußte Hongkong kapitulieren. Kurz, aber grausam war der Krieg gewesen. 2113 alliierte Soldaten waren gefallen, 1332 verwundet. Auf Gefangene stießen Japaner mit Bajonetten ein, und mit Bajonetten spießten sie im Lazarett in Stanley Verwundete auf. Für diese und andere Kriegsverbrechen wurden nach dem Kriege mehrere japanische Offiziere hingerichtet oder zu langen Haftstrafen verurteilt.

Das Ende der britischen Kolonialherrschaft war gekommen – so wenigstens schien es. Der Union Jack würde nie wieder über Hongkong wehen. Dieser Ansicht war auch der amerikanische Präsident Roosevelt. Nach dem Sieg sollten Victoria, Kowloon und die New Territories chinesisch werden, denn das amerikanische Volk kämpfe in diesem Krieg für die Befreiung aller, auch der Kolonialvölker. Für dieses Kriegsziel mit gutem Beispiel vorangehend, gaben die USA im Januar 1943 ihre exterritorialen Rechte in China an die Regierung Chiang Kai-shek zurück. Die

Briten taten es ihnen nach und überließen den Chinesen ihre Internationale Niederlassung in Shanghai und ihre Konzessionen in Canton und Tientsin, die damals aber noch von Japanern besetzt waren. Die Rückgabe von Hongkong jedoch stellten sie für die Zeit nach dem Sieg nicht in Aussicht; denn dorthin wollten sie eines fernen Tages zurückkehren.

Als es im August 1945 soweit war, kam es zwischen London und Chiang Kai-shek zum Streit. Dieser verlangte, die Kapitulation der Japaner in Hongkong sollten chinesische Offiziere entgegennehmen. Chiang appellierte an den neuen amerikanischen Präsidenten Truman, China dieses Recht zuzugestehen. Doch Truman ergriff Partei für London. Die Meinungsverschiedenheiten verzögerten die offizielle Kapitulation der Japaner um vier Wochen. Sie mußten die Dokumente ihrer Niederlage erst am 16. September unterschreiben. Auf seiten der Alliierten nahm die japanische Kapitulation ein britischer Admiral entgegen – im Namen von Großbritannien und China.

Noch einmal durfte Hongkong britisch bleiben, aber wie lange noch? In China herrschte Bürgerkrieg, die Rote Armee Mao Tse-tungs war im Anmarsch. Er versprach dem chinesischen Volk in seinen Reden und Schriften die Vertreibung auch des letzten Imperialisten und Kolonialisten von der heiligen Erde Chinas.

Im Oktober 1949 nähern sich die Kommunisten Canton. Ein nicht abreißender Strom von Flüchtlingen ergießt sich in die Kolonie. 40000 britische Soldaten stehen an der Grenze bereit. Am 18. Oktober, morgens um drei Uhr, besetzen Maos Soldaten die Grenzstation Shumchun. Werden sie die Grenze überschreiten und auch Hongkong nehmen? Auf die dramatischen Tage der Ungewißheit zurückblickend, kommentiert die »South China Morning Post« die Spannungen an der Grenze: »There was no display of provocation on either side. Behaviour was decorous, immediately dispelling all previous fears that armed clashes might occur. To the officers in charge of their units on both sides of the frontier goes credit for exemplary discipline« (»Es gab auf beiden Seiten keine Provokationen. Das ordentliche Benehmen zerstreute umgehend alle voraufgegangenen Sorgen vor bewaffneten Zusammenstößen. Den Offizieren der Einheiten auf beiden Seiten gebührt für beispielhafte Disziplin Anerkennung.«)

An der Grenze ist es im großen und ganzen bis auf den heutigen Tag ruhig geblieben, bedeutend ruhiger als an der Grenze zwischen China und der Sowjetunion. Die Briten konnten sich in Hongkong wieder häuslich einrichten wie in alten Zeiten: höfisch, patriarchalisch und anachronistisch. Während ein Weltrevolutionär nur ein paar Kilometer weiter Millionen erschießen, erschlagen, verhungern und in Gefängnisse werfen ließ und für romantische Jünger seines Glaubens auch in Europa und Amerika den gesinnungsethischen Mao-Look kreierte, gingen in London neuernannte Gouverneure der Kolonie zum Schneider, ließen sich ihre Galauniformen und den mit Schwanenfedern geschmückten Zweispitz anpassen und die dazu vorgeschriebenen Säbel reichen. Zu den ersten schweren Entscheidungen, die sie treffen mußten, gehörte die Wahl eines chinesischen Namens. Pang Ding-hon, den in London keiner kannte, konnte in Hongkong durchaus Gouverneur sein.

Jedes Jahr harren die tonangebenden Kreise dem sorgfältig editierten Buch des Protokolls entgegen. Es bestimmt, wer wo mit wem stehen und sitzen, wer wann wie lange reden darf. Die höchste Ehre gebührt dem Vertreter Ihrer Majestät, dem Gouverneur. Ihm folgen der Commander of British Forces, der Chief Justice, der Chief Secretary, der anglikanische und nach ihm der römisch-katholische Bischof. Herren, auch Chinesen, die sich um Hongkong verdient gemacht haben, werden geadelt und dürfen sich Sir nennen. Einer Chinesin wurde die seltene Ehre eines Sitzes im Oberhaus zuteil.

Aber leider sind nicht alle, die etwas zu sagen haben, aus britischen Edelhölzern geschnitzt. Einst, während der kulturrevolutionären Unruhen, befehligte Peter Fitzroy Godber die Blue Berets, eine Eliteeinheit der Polizei. Er sah wie ein weißer Offizier aus kolonialen Bilderbüchern aus: männlich, drahtig, jovial; ein Kerl, den sich eine gewisse Kategorie von Ladies zum Schwiegersohn wünschte. Während der unruhigen Wochen 1967 war er auf den Fernsehschirmen in aller Welt sicherlich der bekannteste Hongkonger, denn die Kameraleute standen überall dort, wo Godber kommandierte. Dort war immer was los. Ordengeschmückt ging er aus der Kulturrevolution hervor.

Sechs Jahre später aber war dieser Peter Fitzroy Godber weg. Auf dem Airport unkontrolliert, weil ihn dort jeder kannte, hatte er ein Flugzeug bestiegen und sich aus dem Staub gemacht, im Nacken einen Haftbefehl wegen Bestechung. Es war aufgefallen, daß er auf einem Fuß lebte, der allein aufgrund seines Salärs so groß nicht sein konnte, und Dollars in Millionen auf Banken in fernen Ländern überwies. Großbritannien, wo er sich niedergelassen hatte, lieferte ihn erst nach langwierigen Prozeduren nach Hongkong aus. Urteil des Gerichts: vier Jahre Gefängnis und Aberkennung aller Ehrungen.

Dieser einst hochwohllöbliche Polizeioffizier hatte Gelder aus Quellen genommen, die in Hongkong auch für andere fließen, so sie irgendwo und irgendwie in verantwortlichen Diensten stehen. Korruption gilt als ein altes Leiden in der Kolonie. Immer mal wieder fliegt ein »Begünstigter« auf. Zeugen sagen dann aus, ein ganz normaler Polizist könne es monatlich, wenn er die Augen zudrücke, auf zusätzliche 100000 HK-Dollar bringen. Wer lasse sich solch bekömmliches Zubrot schon entgehen? Korruption sei so natürlich wie das Zubettgehen am Abend und das Aufstehen und Zähneputzen am Morgen. Sosehr es ein Gouverneur begrüßt, daß sich seine Herren morgens die Zähne putzen, so betrübt ist er, wenn sie sich bestechen lassen. Also verspricht er, wenn unter die Affären, die die verkaufte Auflage der Zeitungen steigen lassen, ein Schlußstrich gezogen ist, in Zukunft werde alles besser und Hongkong »clean«, sauber werden.

Eines Tages kam Prinz Philip und schenkte der Kolonie im Namen der Königin ein Wappen: Ein Löwe links und ein Drache rechts, gemeinsam ein Schild haltend, stehen sich gegenüber; Symbole des Britischen und des Chinesischen. Auf des Schildes oberstem Rand reckt sich noch ein kleiner Löwe mit einer Perle zwischen den Pranken, der Perle Ostasiens – Hongkong. Vor dem Hintergrund dieses Wappens plädieren in den Gerichten Anwälte in schwarzen Roben und unter weißgelockten Perücken für ihre Mandanten. Genauso traditionalistisch auftretend sprechen Richter Recht – in weltlichem Geist.

Noch bevor sich Gouverneure um die Kolonie verdient gemacht haben, dürfen sie bei Amtsantritt mit der Ernennung zum Knight Commander of the Order of St Michael and St George rechnen, abgekürzt KCMG. Der Hongkonger Volksmund hat es übersetzt mit »Kindly Call Me God« – Sie dürfen mich ruhig Gott nennen.

In gewisser Beziehung ist ein Gouverneur auch ein Gott. Er ernennt die Mehrheit der »Volksvertreter« im »Parlament«, alle Minister in der Regierung und alle wichtigen Mitarbeiter. So taten es vor hundertfünfzig Jahren schon seine Vorgänger. Die Bandbreite der Herrschaft durch das Volk und für das Volk ergänzten die Briten in Hongkong durch die patriarchalische, autoritäre Demokratie. An dieser urgroßväterlichen Ausgabe von Volksherrschaft hat sich bis heute nur Minimales geändert.

»We cannot permit Hong Kong to be a battleground for contending political parties. We are just simple traders who want to get on with our daily round and common task. This may not be very noble, but at any rate it does not disturb others«, sagte in den fünfziger Jahren Gouverneur Sir Alexander Grantham.[2] Auf deutsch: »Wir können Hongkong doch nicht zum Schlachtfeld sich streitender politischer Parteien werden lassen. Wir in Hongkong sind Geschäftsleute und nur an Geschäften interessiert. Sehr nobel ist das sicherlich nicht, aber wen stört's.«

Keinen hat es gestört, auch nicht die sechs Millionen Chinesen in der Kolonie. Jeder von ihnen darf seine politischen Idole loben und preisen, aber die Heiligen des anderen nicht diffamieren. Wer einst an Mao Tse-tung in Peking glaubte, durfte Chiang Kai-shek auf Taiwan nicht beschimpfen und umgekehrt. Die verfeindeten Lager koexistieren friedlich nebeneinander. Wenn das kommunistische China der Arbeiter und Bauern am 1. Oktober seinen nationalen Gründungstag feiert, wehen in Hongkong

[2] Jan Morris: Hong Kong, London 1987, S. 72

rote Fahnen dort, wo Geld und Kapital vermutet werden dürfen: auf Banken, Kaufhäusern, Restaurants und Verlagen. Wenn zehn Tage später die Nationalchinesen auf Taiwan der Revolution von 1911 gedenken, hissen Hongkongs »arme Schweine«, Arbeiter und Bauern, die Fahnen.

Es hätte allerhand passieren können, wenn der Kolonie ein Chinese mit Charisma geboren worden wäre, ein Volkstribun und Demagoge, der die Massen mobilisiert hätte: für Mao Tse-tung gegen Chiang Kai-shek oder für Taiwan gegen Peking. Noch ein Drittes wäre denkbar gewesen: nationale Unabhängigkeit von Hongkong, das Wagnis der Abspaltung des Zwergs vom Riesen. Was zu Hause ganz privat Chinesen auch immer politisch gedacht haben mögen – auf die Straße getragen, wären die Gedanken gefährlich geworden. Und deshalb haben die Menschen sie für sich behalten und sind ihrer Arbeit nachgegangen.

Weil sie oder ihre Eltern einst aus China geflohen sind und besser als andere wissen, wie es drüben aussieht, wollen sie in Hongkong keine politischen Explosionen. Unpolitische Freiheit haben sie, politische wollen sie nicht.

Überall in ihrem Empire haben die Briten des Volkes Stimme gegen kolonialistische Bevormundung vernommen: in Singapur durch die People's Action Party, in Malaya durch die United Malays National Organization und in Indien durch die Kongreß-Partei. Einzig und allein in Hongkong übt sich das Volk in politischer Abstinenz.

Die Sorge, irgendwer könnte Hongkong als Propagandabasis benutzen, hat die Briten immer umgetrieben. Sie nahmen die Medien deshalb schon Anfang der fünfziger Jahre an den Zügel. »Unverantwortlich« darf nicht berichtet und »Falsches« weder in Ton noch Bild gesendet und gezeigt werden, was immer das auch heißen mag.

Ansonsten aber mischen sich die Kolonialbehörden nicht ein. Vom Business lassen sie die Finger weg. Dafür steckten sie einen Rahmen ab, der so weit ist, daß darin das Gute und Schlechte des Frühkapitalismus des 19. Jahrhunderts Platz haben. Die zehn Gebote der Bibel ergänzt Hongkong durch ein elftes: *Make money!* Demokratie nach Art der britischen Inseln haben die Hongkong-Chinesen nicht, den frühen Kapitalismus dort aber cleverer als andere gelernt.

Der Mann auf der Straße spricht zu Fremden nicht gern über 1997. Es kostet einige Mühe, ihn zum Reden zu bringen. Er scheut das westliche Gespräch, die Diskussion, das Hin- und Herfliegen von Argumenten. Wenn der Ausländer nachfragt, bohrt und keine Ruhe gibt, bricht für Sekunden Haß auf die Engländer durch, weil sie die Hongkong-Chinesen im Stich ließen; Verachtung, weil ihnen vor Chinas Thronen die Knie schlotterten. Emotionen aber kommen schnell wieder unter Kontrolle. Was bringt's? Helfen kann uns keiner. Und Zweck hat es auch nicht. Fremde verstehen uns Chinesen seit eh und je nicht; Europäer am allerwenigsten.

Wahrscheinlich bis zum letzten Tag werden die Briten Hongkong wie Taoisten regieren. Was das heißt? Die Definition im »China Handbuch« lautet wie folgt: »Da in einer vom *Tao* bestimmten Welt keine gewaltsamen Eingriffe nötig sind und alle Dinge sich nach ihrer Art frei entfalten können, wird auch dem Herrscher eine besondere Art von Nicht-Tun anempfohlen, das heißt, er soll allein durch seine Tugendkraft herrschen. In praxi wird ihm geraten, sich beim Regieren so behutsam zu verhalten wie beim

Kochen zarter Fischlein oder wie beim Umgang mit einem kostbaren, zerbrechlichen Gefäß.«

Das ist sehr blumig und unpolitisch und deshalb auch nicht wortwörtlich zu nehmen, kommt aber der Art und Weise, wie die Briten über Hongkong herrschen, nahe. Sie halten Distanz, als regierten sie nicht, sondern verwalteten nur; als seien sie nicht mit dem Herzen dabei, sondern nur mit dem Kopf. Sie lassen den Chinesen große Freiräume.

Diesen Geist nehmen die Briten 1997 mit. Keine Statistik spricht von ihm, keine Graphik kann ihn darstellen. Er bleibt unsichtbar und wird erst bemerkt werden, wenn er nicht mehr waltet. Es könnte sein, daß es dann Hongkong-Chinesen geben wird, die ihn als Teil ihres Sauerstoffs, den sie so lange geatmet haben, vermissen werden. Denn trotz allem, was London und Peking über die Zukunft der Kolonie schwarz auf weiß festgeschrieben haben – und manches liest sich gar nicht schlecht –: ab Juli 1997 wird Chinas Geist über Hongkong sein, nicht mehr der Großbritanniens. Und daß sich beider Geister fundamental unterscheiden, wird niemand leugnen.

Ein Land – zwei Systeme

Kommt alles so, wie es auf dem Papier steht, dem geduldigen, darf Hongkong 1997 hoffen: Nur Belangloses soll sich ändern. Das Bild der Queen wird von Münzen und Dollarnoten verschwinden, weil es ab 1. Juli »inappropriate«, unangebracht wäre. Daran wird kein Hongkong-Chinese Anstoß nehmen, denn die Motive auf seinen Geldscheinen haben ihn nie interessiert; Hauptsache, die Kaufkraft seiner Dollars blieb stabil. Bereits heute werden Dollars von Hongkongs kommunistischer Bank of China herausgegeben, aber auch das ist den Menschen egal. Soll Währungshüter sein, wer will – es zählt für sie nur die Stärke ihrer HK-Dollars.

Die mit dem neuen Geld schon heute angebrochene neue Zeit wurde mit Artikel VII aus Annex I der »Joint Declaration« eingeläutet. So heißt der von der britischen Premierministerin Margaret Thatcher und dem chinesischen Parteichef Zhao Ziyang am 19. Dezember 1984 unterschriebene Vertrag, der unter Hongkongs koloniale Vergangenheit nach hundertfünfzig Jahren einen Schlußstrich zieht und sein Schicksal endgültig und »auf ewig« besiegelt. Heim ins Reich nach China muß Hongkong – ob es seine sechs Millionen Menschen wollen oder nicht.

Das Geld soll sie trösten, denn der Hongkong-Dollar war, ist und bleibt der Motor, der die Metropole in Gang hält. Er soll weiterhin frei konvertierbar sein, auf daß

Hongkong seinen Platz als internationales Finanzzentrum behaupten kann. Von der Gans, die ihm bisher goldene Eier legte, will die Central People's Government, Peking also, auch keine Steuern eintreiben. Finanziell soll sich die Verwaltungssonderzone selbst regieren.

Erstaunlich, daß der Vorsitzende der Kommunistischen Partei Chinas die »Joint Declaration« unterschrieben hat, denn die Buchstaben des Vertrages entstammen nicht den »Gesammelten Werken« eines Mao Tse-tung, Lenin oder Marx, sondern idealistischen Entwürfen und freiheitlichen Verfassungen ihrer bürgerlichen Widersacher im demokratischen Westen. Wie Briten und Amerikaner dürfen sich die Hongkonger auch weiterhin aller Freiheiten und Rechte erfreuen, die in westlichen Demokratien selbstverständlich sind. Sie dürfen sagen und in Zeitungen drucken, was sie wollen. Arbeiter dürfen streiken, Wissenschaftler forschen, Pastoren predigen und alle, so sie das Geld haben, verreisen. »Rights and freedoms, including those of the person, of speech, of the press, of assembly, of association, of travel, of movement, of correspondence, of strike, of choice of occupation, of academic research and of religious belief will be ensured by law.«

Das liest sich wie der Katalog von Grundrechten in einer liberalen Demokratie. Mehr konnte Margaret Thatcher, so denn die koloniale Uhr für Hongkong tatsächlich abgelaufen war, von den Pekinger Machthabern nicht erreichen. Sie sind ihr in der Theorie, auf dem Papier weit entgegengekommen. Selbst das Privateigentum garantieren sie: »Private property will be protected by law.« Privateigentum bleibt gesetzlich geschützt. Wenn da nur die Gespenster der maoistischen Vergangenheit nicht wären! Haben denn einst die Maoisten das chinesische Volk nicht in riesige Volkskommunen getrieben? Mögen die Hongkonger auch die akademische Literatur über Maos China nicht kennen, die heute in Universitätsbibliotheken steht – wie es damals den Menschen ergangen ist, ihren Verwandten und Freunden, das wissen sie.

Was vergangen ist, ist vergangen! Die Zukunft hat für sie große Versprechungen bereit. Für fünfzig Jahre, ein halbes Jahrhundert, bleibt Hongkong aus dem Sozialismus ausgeklammert: »The socialist system and socialist policies shall not be practiced.« Es darf weiterhin so kapitalistisch sein wie heute: »Hong Kong's previous capitalist system and lifestyle shall remain unchanged for fifty years.« Staatsrechtlich wird Hongkong am 1. Juli 1997 eine Special Administration Region, eine Sonderverwaltungszone, mit einem hohen Grad an Autonomie (»high degree of autonomy«).

Bei der Lektüre der »Joint Declaration« atmeten die Hongkonger auf. Damit ließ sich leben – vielleicht, wahrscheinlich, möglicherweise. Es würde alles schon nicht so schlimm werden, wenn sicherlich auch nicht besser, aber letztlich dürfe man den Herren in Peking doch wohl vertrauen. Hatten sie nicht alle internationalen Verträge eingehalten? Lobten nicht auch die Geschäftsleute die Vertragstreue der Landsleute jenseits der Grenze? Warten wir also ab. Gegen das Schicksal sich zu sträuben ist ohnehin zwecklos. Geschichte muß genommen werden, wie sie kommt. »Einst wollten wir ja auch die Engländer nicht haben, aber schließlich und endlich ist es mit ihnen doch noch gutgegangen. Warum nicht auch übermorgen mit Leuten unseres eigenen Volkes? Wir sind doch alle Chinesen und stolz darauf. Und manchmal, im geheimen, haben wir uns doch gewünscht, daß die koloniale Fremdherrschaft enden möge.«

Die Behörden der Kolonie fühlten den Puls des Volkes. »Was halten Sie von der ›Joint Declaration‹?« Das Ergebnis der Meinungsumfragen hieß in trockenem Amtsdeutsch: Es herrsche unter der Bevölkerung weder positive Begeisterung noch passive Fügung. Die Hongkong-Chinesen hätten Realismus bewiesen. Das mehrheitliche Urteil über den Schicksalsvertrag laute: »generally acceptable«, grundsätzlich annehmbar.

Dank Deng Xiaopings Zukunftsvision. In der »Joint Declaration«[1] ist zum ersten Mal seine kühne Maxime vertraglich festgeschrieben worden: »Ein Land – zwei Systeme«. Geglaubt hatte an sie bis dahin kaum jemand. Als Propagandaschlager machte sich die Parole gut, aber wie sollte sie in der Wirklichkeit funktionieren? Theoretisch läuft die Formel auf eine Teilung des chinesischen Volkes hinaus. Es soll in Zukunft »zwei Chinas« geben: auf der einen Seite das Riesenreich mit 1,2 Milliarden Menschen unter dem Diktat der Kommunistischen Partei und auf der anderen Seite den winzigen Brückenkopf Hongkong mit seinen nur sechs Millionen Menschen in Freiheit.

Ein nationales Experiment dieser Art hat in der Geschichte freiwillig noch keiner riskiert. »Ein Land – zwei Systeme« ist problematisch, ein Wagnis – schon rein ökonomisch. Soll es dabei bleiben, daß in Hongkong höhere Löhne als in Shanghai gezahlt werden, und zwar in den nächsten fünfzig Jahren? Bei der Wiedervereinigung Deutschlands ist die Angleichung der Löhne eines der großen Probleme. Und wie stellt sich Deng Xiaoping die noch viel spannungsreichere Problematik der geteilten Freiheit vor? Nur in Hongkong sollen die Menschen den-

[1] Vgl. Anhang, S. 257 ff.

ken, sagen und schreiben dürfen, was sie wollen, in Peking dagegen nicht? So die Machthaber ihre weitreichenden Versprechungen in jenem Geiste einhalten sollten, in dem die Briten die »Joint Declaration« verstehen, ist Unruhe in China programmiert. Denn Peking ist seinen 1,2 Milliarden Untertanen die Erklärung schuldig, warum ihnen Rechte vorenthalten werden und Freiheiten verboten sind, die für ihre sechs Millionen Landsleute in Hongkong Selbstverständlichkeiten bleiben. »Wie schaffen wir das«, fragte ein hoher Regierungsvertreter in Peking, »unseren Leuten zu sagen, daß sie die Rechte, die wir den Hongkongern gewähren, nicht bekommen?«

Die innenpolitischen Kosten für die Parole »Ein Land – zwei Systeme« können für das Regime hoch und gefährlich werden. Aber Deng Xiaoping scheint sie riskieren zu wollen. Der körperlich so kleine Mann ist einer der großen Chinesen dieses Jahrhunderts. Am 22. August 1994 ist er neunzig Jahre alt geworden. Er kann kaum noch gehen, wird von einer seiner Töchter gestützt, die ihrem schwerhörigen Vater übersetzt, was andere in Ergebenheit stammeln, und umgekehrt sagt, was mit seinen kaum verständlichen Lauten ihr Vater gemeint haben könnte. Protokollarisch ist Chinas mächtigster Mann ein *nobody*, denn er bekleidet nicht ein einziges Amt mehr, aber als Konfuzianer, die die Chinesen nun einmal sind – sowohl die konservativen als auch die revolutionären –, verehren sie das Alter. Genauso war es in den letzten Lebensjahren Mao Tse-tungs. Ausländischen Besuchern wurde damals ein seniler Greis vorgeführt. Doch es galt auch zu seiner Zeit, was vor über zweitausend Jahren Konfuzius gelehrt hat: »Ehret das Alter!« Alte Männer haben immer recht, auch noch mit neunzig Jahren.

Wer hätte gedacht, daß Deng Xiaoping, der in der blutigen Kulturrevolution zweimal Gestürzte, je eine solche Machtfülle in Händen halten und zu einem Mythos werden würde. Wer erinnert sich noch, daß er damals, 1967, als er, der Generalsekretär der Kommunistischen Partei und alter Kämpfer der Bewegung, seinen politischen Tod nahe fühlte, zum letzten Strohhalm griff, der ihm noch blieb, und sich angeblich der größten Verbrechen bezichtigte? Wenn er vor dem Spiegel sitze, soll er bekannt haben, laufe ihm ein Schauer über den Rücken, denn er erkenne dann den Bourgeois, der er sei, voller Hochmut und dem Glauben an die eigene Unfehlbarkeit. Nie habe er die rote Fahne der Mao-Tse-tung-Ideen in die Hand genommen, geschweige denn hochgehalten und geschwenkt; nie den Massen vertraut, nie die Revolution unterstützt und nie das Proletariat. Ja, sein Einfluß müsse ausgemerzt und von Partei und Volk Schaden abgewendet werden.

Das Ende der Geschichte vom gebrochenen Rückgrat kam wie damals üblich: Rote Garden nahmen sich Dengs politischer Verbrechen an. Begleitet von ihrem hysterischen Gebrüll verschwand er auf scheinbar Nimmerwiedersehen in der Versenkung. Einer seiner Söhne, von Rotgardisten gejagt, sprang aus dem Fenster und ist heute querschnittgelähmt.

Im Frühjahr 1973 aber tauchte Deng Xiaoping überraschend wieder im Pekinger Rampenlicht auf. Er wurde einer der Stellvertreter von Ministerpräsident Chou En-lai, als dessen Schützling er galt. Schon ein Jahr später feierte er Premiere auf der Weltbühne der Vereinten Nationen in New York. Aber 1976, nach dem Tode Chou En-lais, stürzte er ein zweites Mal, und jetzt, so schien es, endgültig. Auf Vorschlag des großen Führers, Lehrers, Oberkommandierenden und Steuermanns Mao Tse-tung wurde Deng vom Politbüro des Zentralkomitees einstimmig aller seiner Ämter innerhalb und außerhalb der Partei enthoben; nur einfaches Mitglied der Partei durfte er noch bleiben. Zweiundsiebzig Jahre war er damals alt und, an einem durchschnittlichen Leben gemessen, von Ehrgeiz entschlackt und vom Willen zur Macht geheilt.

Doch nach dem Sturz der »Viererbande«, mit Maos Witwe an der Spitze, stand Deng Xiaoping Ende der siebziger Jahre wieder ganz oben. Jenen, der am Totenbett Mao Tse-tungs die das chinesische Volk verpflichtenden Worte gesprochen hatte: »Kritisiert Deng, kritisiert ihn scharf und in ganzer Tiefe!« – diesen Hua Guofeng bootete er aus. Jetzt endlich im Besitz der ganzen, der totalen Macht, gab er sie nie mehr ab.

Unbändig muß sein Wille zur Macht gewesen sein und stahlhart dazu, aber auch reich an Ideen und Zielen. Sein China kennt keiner wieder, der noch Maos China gekannt hat. An dessen Dogma gemessen ist sein Nachfolger ein Reformator, ein Konterrevolutionär.

Die neue Zeit brach anekdotenhaft an, mit kleinen Geschichten, die 1977 in Peking erzählt wurden. Als Deng noch in hohen Ehren stand, besuchte er eines Tages mit seinem kleinen Enkel den greisen Mao. Dieser bat den Jungen, er solle Onkel zu ihm sagen, doch der Kleine blieb bei der einstudierten Anrede »Großer Vorsitzender«. Mao war betrübt, doch Deng wußte Rat. Mao solle dem Kleinen einen der Äpfel schenken, die dort auf dem Tisch lägen. Der Große Vorsitzende tat's, Dengs Enkel biß hinein und sagte ganz freudig: »Ich danke dir schön, Onkel Mao!« Darauf Deng Xiaoping: »Habe ich es nicht gesagt, Großer Vorsitzender: materielle Anreize bewirken Wunder!«

Deng sprach sibyllinisch: »Mir ist es egal, ob die Katze schwarz oder weiß ist, Hauptsache: sie fängt Mäuse.« Eines Tages wagte er dann auch die Quadratur des Kreises und prägte den Begriff »sozialistische Marktwirtschaft«. Er verband Feuer und Wasser, vermählte Extreme, die sich gegenseitig ausschließen. Aber Chinesen ist schon vieles gelungen – vielleicht wird ihnen auch das noch gelingen. Und für Hongkong fand Deng die Formel »Ein Land – zwei Systeme«. Riskant sind diese vier Wörter, aber sie dokumentieren politische Phantasie und Kreativität.

Als in China die Saat aufgegangen war, die Deng Xiaoping mit den Worten ausgestreut hatte, wenn der Sozialismus immer arm bleibe, könne er sich nicht halten, und deshalb sollten die Chinesen vor einem bißchen Kapitalismus keine Angst haben – als Deng, so seine Überzeugung, die allgemeingültigen Wahrheiten des Marxismus mit der konkreten Praxis in China zu einem Sozialismus mit chinesischen Charakteristiken verbunden hatte: da meinten auch die Hongkong-Chinesen für ihre Zukunft Gutes zu ahnen. »Viele kleine Hongkongs« wollte Deng in China erblühen sehen. Also nahm er sich Hongkong zum Vorbild. So wuchs in der Kolonie die Hoffnung, die Versprechungen in der »Joint Declaration« würden in jenem Geist erfüllt, den die Briten hineininterpretieren.

Aber dann demonstrierten im Juni 1989, auf dem Platz des Himmlischen Friedens in Peking, junge Menschen für etwas mehr Freiheit und Demokratie. Eine Freiheitsstatue zimmerten und kleisterten sie zusammen, ein Abbild jener Freiheitsgöttin, die im New Yorker Hafen hoch die Fackel reckt. Symbol der Freiheit für Unterdrückte in der ganzen Welt ist immer noch Amerika. Europa kommt ihnen in ihren Träumen und Sehnsüchten nie in den Sinn.

In jenen ereignisreichen Tagen war Gorbatschow in Peking. Scharen internationaler Fernsehteams waren angereist. Sie richteten ihre Kameras auf die gutgläubigen, idealistischen, utopischen Studentinnen und Studenten auf dem Tiananmen-Platz. Aufrichtig, ehrlich und naiv sprachen sie ihre Botschaften in die Mikrofone, versuchten zu sagen, was sie wollten. Sie redeten mit dem Herzen, ganz unschuldig und überhaupt noch nicht befleckt von den Manövern, Raffinessen und Intrigen der Macht. Ein unpolitischer Aufstand der Jugend? Auf jeden Fall kein strategisch ausgeklügelter Kraftakt zum Sturz des Regimes.

Panzer fuhren auf. Plötzlich stand auf dem Fernsehbild ein junger Chinese mutterseelenallein vor einem solchen Ungetüm, unbewaffnet, in der rechten Hand eine Plastiktüte. Kind gegen Panzer! Wer es Tausende von Kilometern entfernt, bequem im Sessel sitzend, sah, hielt den Atem an. Da stellte sich einer einem stählernen Koloß mitten in den Weg! Mut der Verzweiflung im Rausch der Träume von einer besseren Welt.

Wasserwerfer oder Panzer? Das war die Frage. Die Nacht zum 4. Juni brach an. Was dann genau passierte, hat kein ausländischer Kameramann mehr gesehen. Die jüngste Geschichte der Kommunistischen Partei schildert das Geschehen so: »Im Verlauf der Ereignisse und unter Umständen, die immer unerträglicher wurden, mußten die Truppen das Feuer eröffnen. Mehr als dreitausend Zivilisten wurden verwundet, mehr als zweihundert getötet, darunter sechsunddreißig Studenten.«[2] Ausländische China-Experten schätzen die Zahl der Toten auf mindestens achthundert.

[2] The Standard, 5. 10. 1991

Das Regime in Peking kennt keine Wasserwerfer. Trotz aller Modernisierung denkt es an sie nicht. Es baut Autobahnen, Stahlwerke, Raffinerien, Automobilfabriken; füllt die Warenhäuser mit Radios, Fernsehgeräten, Kameras, Kleidern, Anzügen; überschwemmt die Märkte mit Reis, Gemüse und Obst. Aber unsichtbar im Hintergrund, in der politischen Etappe, stehen keine Wasserwerfer, sondern nach wie vor Panzer. An das Wasser als moderne Waffe verschwenden die Machthaber keine Gedanken. Wer ihnen entgegentritt, wird nicht naß, sondern erschossen. Von Deng Xiaoping wird berichtet, er habe gesagt, eine Million Tote sei ein kleiner Preis für ein Volk von einer Milliarde Menschen.

Hongkong erstarrte im Schock. Hoffnungen sackten in sich zusammen, alle Zuversicht verflog, jedwedes Vertrauen war dahin. Millionen demonstrierten in den Straßen: Schüler und Studenten, Arbeiter und Kaufleute, Männer und Frauen, Kapitalisten und Kommunisten. Von der kommunistischen Bank of China wehten Banner, die das Pekinger Blutbad verurteilten. Kommunistische Kapitalisten finanzierten großflächige Anzeigen, die der Toten und Verwundeten gedachten; kommunistische Zeitungen wechselten die roten Schriftzeichen ihres Namens gegen schwarze aus und schrieben über die Tränen, die alle Chinesen weinten. Gouverneur Sir David Wilson sprach von einem »traumatic effect on Hong Kong«, von einem Trauma der Hongkonger.

An 1997 denkend, kommentierte die »New York Times«: »No other democracy has ever forced its passport holders to live under communist rule.« (»Keine andere Demokratie hat jemals ihre Paßinhaber gezwungen, unter dem Kommunismus zu leben.«) Der Londoner »Independent« schrieb: Die Engländer lieferten die Hongkong-Chinesen aus »to whatever group of gentlemen, statesmen, madmen or butchers happens to be ruling China in 1997« (»an welche Gruppe von Gentlemen, Staatmännern, Wahnsinnigen oder Schlächtern China 1997 auch immer regiert«).

In einem Menschenrechtsausschuß der Vereinten Nationen rief der Vertreter von Mauretanien dem britischen Delegierten zu: »You don't return it as an empty apartment. There are people in it!« (»Sie geben Hongkong nicht als ein leeres Apartment zurück. Darin leben Menschen!«)[3]

Der Sorgen und Ängste in Hongkong nahmen sich auch die Präsidenten und Regierungschefs der sieben führenden Industrienationen an. Auf dem Pariser Wirtschaftsgipfel 1989 erklärten sie: »We understand and share the grave concern felt by the people of Hong Kong following these events. [Gemeint war das Blutbad in Peking.] We call on the Government of the People's Republic of China to do what is necessary to restore confidence in Hong Kong. We recognize that the continuing support of the international community will be an important element in the maintenance of confidence in Hong Kong.« (»Wir verstehen und teilen die ernsten Sorgen der Hongkonger Bevölkerung. Wir rufen die Regierung der Volksrepublik China auf, alles Notwendige zu tun, um in Hongkong wieder Vertrauen herzustellen. Wir anerkennen, daß die fortlaufende Unterstützung der internationalen Gemeinschaft ein wichtiges Element zur Aufrechterhaltung des Vertrauens in Hongkong ist.«)

Ungerührt von den Toten und Verwundeten auf dem

[3] Dick Wilson: Hong Kong, London 1990, S. 217

Tiananmen-Platz und den Protesten in aller Welt aber blieb Deng Xiaoping. »Warum«, so fragte er in der »Pekinger Volkszeitung« drei Jahre später, »haben wir die studentische Agitation so schnell und gründlich erledigt? Weil China keinen Aufruhr gebrauchen kann. Wenn es wieder einmal Unruhe geben sollte, werden wir nicht zögern, sie mit allen Mitteln zu unterdrücken.«

Deng Xiaoping ist für viele zu einem Garanten der Hoffnung geworden; für jene, die Geld verdienen wollen, auch die schnelle Mark auf krummen Wegen; für kleine Krauter und ehrbare Großkaufleute, Seriöse und Neureiche. Eine Minderheit aber hat von ihm keine Gnade zu erwarten: Dissidenten.

In Hongkong aber leben einige Millionen Dissidenten. Als die Panzer in Peking die jugendbewegten Demonstranten niedergewalzt und ihren Protest in Blut und Tränen erstickt hatten, wurden in ihnen wieder Erinnerungen wach, meldete sich wieder die Geschichte. Sie lasen Chinas Verfassung aus dem Jahre 1954. Ihre 106 Artikel versprachen im Grunde das gleiche wie die »Joint Declaration«: die Freiheit der Rede, der Presse und der Religion; die Freiheit von Wissenschaft, Literatur und Kunst. Und all das überhöhend, bestimmte der Artikel 89: »Die Freiheit der Person ist unverletzlich.«

Mit diesen freiheitlichen Grundrechten aber begann Mao Tse-tung die blutige Unterdrückung des chinesischen Volkes. Dreißig Millionen Tote soll er auf dem Gewissen haben, es können auch zehn Millionen mehr sein. Einer der Kaiser aus legendärer Zeit, den Mao verehrte, hieß Chin Shihuang, der Bücher verbrennen und Gelehrte lebendig begraben ließ. Zu diesem Nero der chinesischen Geschichte zog er 1958 auf dem VIII. Parteitag Parallelen.

In den Protokollen ist nachzulesen, was er über den Tyrannen sagte: »Er hat 460, wir haben 46 000 Gelehrte begraben. Wir haben den Ersten Erhabenen Herrscher von China hundertfach übertroffen. Wenn ihr uns Chin Shihuangs und Diktatoren nennt, so akzeptieren wir das. Ihr habt das leider nur immer noch nicht genügend herausgestellt. Wir müssen das noch wesentlich mehr betonen. (Großes Gelächter)«

Mao Tse-tung ist seit 1976 tot. Grundlegendes hat sich in China zum Besseren verändert. Die Hongkong-Chinesen unterschlagen es nicht. Ihre Demonstrationen sind abgeebbt, das Pathos ihrer Bürgerrechtler ist schwächer geworden. Wenn nur nicht die Ungewißheit wäre, die Angst, ob die etwas freiheitlichere Luft zum Atmen drüben, jenseits der Grenze, von Dauer ist. Verstehen die Machthaber in Peking überhaupt, warum und wieso Hongkong »tickt«, aus den Nähten platzt, boomt und blüht? Fast ein halbes Jahrhundert hat es sich ganz anders entwickelt als das maoistische China. Die Zeiten haben extrem unterschiedliche Mentalitäten geprägt. Die 1997 von drüben kommen werden, können ihre Denkgewohnheiten, die Praktiken ihres Regierens und Indoktrinierens nicht einfach abschütteln wie der Pudel das Wasser, und umgekehrt können die Hongkonger ihre Art zu leben nicht einfach wie einen Mantel an der Garderobe abgeben. Welten werden aufeinanderstoßen. Selbst wenn es im großen und ganzen gutgeht, wird es nicht leicht werden.

Auf jeden Fall gibt es ab 1997 in Hongkong »mehr Staat«. Peking wird die Zügel anziehen, straffer, als es London je getan hat. In dem dann in Hongkong geltenden Grundgesetz, dem »Basic Law«, vom Präsidenten der

Volksrepublik am 4. April 1990 erlassen, ist es festgeschrieben. Gesetze der Sonderverwaltungszone müssen dann dem Ständigen Ausschuß des Nationalen Volkskongresses in Peking zur Genehmigung vorgelegt werden. Sagt er nein, ist jedes Gesetz ungültig. Wenn darüber Streit entsteht und Hongkongs Vertreter vor Pekings Thronen den Mut haben, auf ihren »high degree of autonomy«, ihren hohen Grad an Autonomie, zu pochen, dann geht der Konflikt vor kein Verfassungsgericht, sondern bleibt in dem politischen Gremium des Ständigen Ausschusses hängen. Er hat die Macht, Hongkongs Verfassung zu interpretieren.

Nicht Richter in roten Roben wie in Karlsruhe entscheiden einen Streit zwischen der Zentralregierung und der Sonderverwaltungszone, sondern »Parlamentarier«, die in der Vergangenheit den Mächtigsten immer gefällig waren.

Sorgen zerstreut das »Basic Law« nicht – im Gegenteil. Artikel 23 bestimmt: »The Hong Kong Special Administration Region shall enact laws on its own to prohibit any act of treason, secession, sedition, subversion against the Central People's Government.« Sinngemäß auf deutsch: Hongkong verbietet Verrat, Sezession, Aufwiegelung und Subversion gegen Peking.

Mit »Subversion« – ein Wort, das Kommunisten immer zu Diensten war – konnten sie alles beweisen, weil sie mit ihrer Dialektik alles hineinzupacken verstanden. Der Subversive auf der Anklagebank hatte Grund, um sein Leben zu fürchten. Er war dem Konterrevolutionär verwandt, dem die Todesstrafe drohte.

Was heißt Aufwiegelung? Wer auf die Straße geht und demonstriert – wiegelt der auf? Oder vielleicht derjenige, der die garantierte Pressefreiheit wie im Westen versteht und schreibt, was den Herren nicht gefällt?

Was ist mit Sezession gemeint? Will derjenige, der den versprochenen hohen Grad an Autonomie einklagt, Hongkong von der Volksrepublik abtrennen? Wäre er als Föderalist ein Separatist?

Auch nach dem Begriff Verrat ist zu fragen. Er steht da ziemlich abstrakt und beziehungslos. Wie leicht ist das Wort Kommunisten immer über die Lippen gekommen. Waren sie im Grunde nicht alle Verräter, die das maoistische Regime mit dem Leben bezahlen mußten?

Von ausländischen politischen Gruppen ist im Grundgesetz die Rede, denen jedwede politische Betätigung verboten wird. Was bedeutet das? Dürfen amerikanische und europäische Studenten auf dem Campus der Hongkonger Universität nicht mehr mit ihren chinesischen Kommilitonen und Kommilitoninnen zusammensitzen und über Gott und die Welt, Freiheit und Demokratie diskutieren? Was heißt überhaupt politisch? Im Grunde ist alles politisch, selbst das Gespräch über Konfuzius.

Die politischen Gruppen in Hongkong dürfen ihrerseits zu politisch Gleichgesinnten im Ausland keine Verbindungen aufnehmen. Das heißt ja wohl, daß Peking keine Parteien zulassen will, denn Parteien sind ohne internationale Verbindungen heutzutage überhaupt nicht mehr denkbar.

Zu den politischen Gruppen könnten möglicherweise auch die Hongkonger Kirchen zählen, die mit aller Welt verbunden sind, besonders mit ihren Glaubensbrüdern in den USA und in Großbritannien; und die katholischen Gemeinden natürlich mit dem Papst in Rom. Dessen Hirtenbriefe sind oft hochpolitisch. Werden sie dann in Hongkong verboten?

Fragen über Fragen. Das letzte Wort hat Peking. In der Vergangenheit entschied es immer anders als Hongkong. Wird es umdenken? Kann es überhaupt umdenken? Die Ungewißheit bleibt.

Über Hongkongs Wassern schwebt ein ganz anderer Geist als über der Landmasse Chinas: *the rule of law*, die britisch interpretierte Herrschaft des Rechts. In den Gerichtssälen der Kolonie sitzen Richter, Staatsanwälte und Verteidiger unter weißen Perücken in schwarzen Talaren. In Zimmerlautstärke kommen zögernd die Einlassungen der Angeklagten. Dolmetscher übersetzen das Chinesische ins Englische.

Der Richter war Hongkong-Chinese, Staatsanwalt und Verteidiger waren Engländer. Angeklagt wegen Rauschgifthandels, saß hinter Gittern ein junger Chinese. Seine Mutter verfolgte den Prozeß auf den Zuschauerbänken. Die Sitzung wurde unterbrochen. Der Angeklagte durfte neben seiner Mutter Platz nehmen. Um neun Uhr hatte die Verhandlung begonnen, am Mittag war sie noch immer nicht zu Ende.

In der Volksrepublik sind die Prozesse kürzer. In Sportstadien brüllen Zehntausende: »Schlagt sie tot, die Angeklagten! Hängt sie auf! Gebt ihnen den Genickschuß!« Unten im weiten Rund zittern die Gefesselten, den Kopf zu Boden gesenkt. Mit Rauschgift sollen sie gehandelt haben, von der Prostitution leben, korrupt sein. Sie brechen zusammen, als das Urteil verkündet wird: »Tod durch Erschießen!« Sie werden abgeführt und sofort erschossen.

Irgendwo in der südwestlichen Provinz Sichuan waren zehn Ehepaare angeklagt, weil sie die Abtreibung verweigerten, obgleich sie bereits ein Kind hatten. In China ist nur ein Kind pro Familie erlaubt. Die Männer mußten sich entkleiden und bekamen für jeden Tag der Schwangerschaft einen Stockschlag. Ihren Frauen drohte die gleiche Strafe. Aus Angst vor den Schlägen willigten sie in die Abtreibung ein. Die Zeitung »Ningxia Legal Daily« frohlockte: »Ein überzeugender Sieg über reaktionäre Elemente!«

Menschenrechte? Chinesen, alle Konfuzianer in Ostasien, glauben an andere als Amerikaner und Europäer. Die Völker in Orient und Okzident sind auf ganz unterschiedlichen Kulturböden gewachsen. Der vom Christentum geprägte Kulturraum fühlt sich den Worten der Schöpfungsgeschichte verpflichtet: »Und Gott schuf den Menschen ihm zum Bilde, zum Bilde Gottes schuf er ihn.« Nur eine einzige Instanz steht über ihm: Gott selbst; sonst nichts: kein Staat und auch nicht, wie in Ostasien, die Familie. Der gottebenbildliche Einzelmensch, aus allen geschichtlichen und sozialen Koordinaten gelöst, ist ein abendländisches Ideal, obgleich ihn die Jahrhunderte verschiedenartig definiert haben.

Den Gott des Christentums kennt der konfuzianische Ostasiate nicht. Deshalb kann er zu ihm auch keinen direkten Bezug haben. Chinesen, Japaner und Koreaner orientieren sich an ihrem Vater, der sie zeugte. Um ihn dreht sich für sie alles. Der Kompaß des Konfuzianers weist auf sein Elternhaus, nicht auf den Himmel. Er wird in ein familiäres Beziehungsgeflecht hineingeboren. Daraus darf er nicht flüchten. Sollte er sein Ich entdecken, ist er verpflichtet, es auf dem Altar der Familie, der Gruppe zu opfern.

Das konfuzianische Ostasien kennt kein der Bibel entsprechendes Buch und auch kein der amerikanischen

Unabhängigkeitserklärung vergleichbares Dokument, das da verkündet, alle Menschen seien dank ihres Schöpfers mit unveräußerlichen Rechten geboren, »darunter Leben, Freiheit und das Streben nach Glück«. Für den Konfuzianer sind das, gemessen am religiös-idealistischen Geist des Westens, Fremdworte. Als einklagbares Recht, das ihm Gott gegeben hat, kennt er die Freiheit nicht. Kein Konfuzianer hat sie hymnisch besungen wie Schiller:

> Der Mensch ist frei geschaffen, ist frei,
> Und würd er in Ketten geboren.

In Amerika und Europa pocht der einzelne Mensch auf seine Rechte. Für die Konfuzianer in Ostasien aber ist das Auftrumpfen des Individuums Hybris. Sie wollen Ordnung und empören sich nicht, wenn westlich verstandene Freiheiten gezügelt werden. Im Konfuzianismus wird der Einzelmensch nach christlichem Verständnis unter Wert gehandelt. In Ostasien ist der Mensch nicht auf der Welt, um sein Ich herauszukehren und auszuleben, sondern um es zu disziplinieren zum Wohl der überschaubaren Gemeinschaft der Familie und in Japan heute noch zusätzlich zum Gedeihen der Firma. In einer solchen Gesellschaft ist der Individualist ein Störenfried und Unruhestifter. Er rüttelt an unsichtbaren Ketten, könnte sie sprengen und alles zum Einsturz bringen.

Das Menschenbild der Ostasiaten fördert kein Ich-Bewußtsein, sondern ein Wir-Gefühl. Deshalb wird die Menschenrechtsproblematik dort anders als im Westen gesehen. Als US-Präsident Clinton von der Volksrepublik deutliche Fortschritte in der Frage der Menschenrechte verlangte und China sie verweigerte, konnte sich Peking darauf verlassen, daß die regierenden Konfuzianer anderer

Völker Ostasiens seinen Verteidigungsplädoyers applaudieren oder sie aus Rücksicht auf Washington zumindest durch ein ostentatives Schweigen billigen würden.

Die Chinesen sagten den Amerikanern und damit dem ganzen Westen, es gebe keine international verbindliche Definition des Begriffs Menschenrechte. Auch historisch sei er extremen Schwankungen unterworfen gewesen. Als die »drei großen Berge« – Imperialismus, Kolonialismus und Feudalismus – das chinesische Volk niedergedrückt hätten, habe der Westen geschwiegen. Außerdem dürften nicht nur Rechte von einzelnen selektiv herausgegriffen, sondern es müßten die kulturellen, wirtschaftlichen und sozialen Werte aller berücksichtigt werden. In dieser Beziehung leiste China durch seine Entwicklung und Modernisierung einen eminenten Beitrag für den Schutz des Menschenrechts auf Leben. Der Plan, das Bruttosozialprodukt in zwanzig Jahren zu vervierfachen, sei Menschenrechtspolitik nicht in Worten, sondern in Taten. Jedes Land müsse, seinen Bedingungen entsprechend, in der Menschenrechtsfrage seinen eigenen Weg gehen dürfen. Amerikaner und Europäer dürften ihre Ideen, Wertvorstellungen und Modelle anderen nicht aufdrängen. Überall seien die kulturellen, religiösen, historischen, wirtschaftlichen und sozialen Gegebenheiten unterschiedlich.

Das deutschsprachige Pekinger Sprachorgan, die »Beijing Rundschau«, schrieb 1992: »Als Chinas Sitz in den Vereinten Nationen Anfang der siebziger Jahre wiederhergestellt wurde, befand sich das Land gerade mitten in den Wirren der Kulturrevolution. Die Menschenrechtslage war ganz sicher nicht perfekter als jetzt, und doch fanden zu jener Zeit keine vergleichbaren Attacken gegen China statt.«

Das Blatt hatte recht. Als US-Präsident Nixon im Februar 1972 Peking besuchte, machte er mit Chou En-lai und Mao Tse-tung eine politische Tour d'horizon von Taiwan bis Indochina, von Japan bis Pakistan. Im anschließenden Kommuniqué von Shanghai tauchte das Wort Menschenrechte nicht ein einziges Mal auf. Ich kann mich auch nicht erinnern, daß Bundesaußenminister Scheel mit uns Journalisten 1972 auf dem Flug über New York, Hawaii und Tokyo nach Peking anläßlich der diplomatischen Anerkennung der Volksrepublik China durch die Bundesregierung ein einziges Mal über die Menschenrechtsfrage gesprochen hätte. Sie war kein Thema, obgleich die Kulturrevolution Millionen in den Tod gejagt hatte und immer noch andauerte. Und warum war sie kein Thema? Weil China zur Eindämmung, zur Einkreisung der Sowjetunion gebraucht wurde. Kommentatoren schwärmten euphorisch, als habe der Westen mit China seinen »verlorenen Sohn« in Ostasien wiedergefunden.

Mit Menschenrechtsparolen »vergiftete« Pfeile hatten weder Europäer noch Amerikaner im Köcher, als sie während der Kulturrevolution zum ersten Mal gen China flogen. Auch aus Hongkong brauchte die Volksrepublik »ideologische Luftverschmutzung« nicht zu befürchten. Ein Leuchtturm ideeller Herausforderung ist die Kolonie nicht, kein »Brückenkopf der Freiheit« im roten Meer wie einst in den fünfziger und sechziger Jahren West-Berlin.

Auch die Hongkong-Chinesen sehen Freiheit und Menschenrechte nicht abstrakt ideologisch, sondern konkret und praktisch. Wie viele Tonnen Lebensmittel, wackelnd an Bambusstangen über der Schulter, mögen sie in all den Jahrzehnten auf ihren Besuchsreisen nach drüben getragen, wie viele Millionen, vielleicht sogar Milliarden ihrer drüben so begehrten Hongkong-Dollar überwiesen haben? Sie sorgten sich nicht um Ideen und Rechte, sondern um das leibliche Wohl ihrer Verwandten, Freunde und Bekannten. Auch Hongkong-Chinesen holen das Reich der Ideen aus den Himmeln von Dichtern und Denkern herab auf die Erde. Auch für sie ist nur die Reisschale entscheidend, ob sie voll ist oder leer.

Unter den kolonialen Briten ist sie voll, voller denn je und rückversichert bei der Göttin mit den verbundenen Augen, der Briten *rule of law*, ihrer Herrschaft des Rechts. Vor den Schranken der Gerichte sind alle gleich: der Mao-Jünger und der Chiang-Kai-shek-Anhänger, der Polizeioffizier und der Gangster, der Bankdirektor und der Kuli. Unter dieser Käseglocke des nach dem abendländischen Menschenbild geformten Rechtssystems leben die konfuzianischen Hongkong-Chinesen.

Mögen sie die Menschenrechte auch nicht philosophisch abstrakt definieren können – sie atmen und leben sie, und viele jüngere, die Ober-, Fach- und Hochschulen besucht haben, können auch sagen, was Menschenrechte sind. Die Sprachlosen werden sie erkennen, sollten sie sie ab 1997 vermissen müssen. Mit Hongkong erbt die Volksrepublik ein Potential von Millionen Dissidenten.

China hat sich ohne einen Hauch von westlichen Menschenrechtsvorstellungen entwickelt. Seine Tradition kennt das Recht nur als Waffe gegen das Verbrechen und als Instrument der Macht in den Händen der Mächtigen. Zum Schutz des Menschen, jedes Menschen, wurde das Recht weder entdeckt noch angewandt. In China wird keiner mit Menschenrechten geboren. *The rule of men*, die Herrschaft der Herrschenden, gilt, nicht *the rule of law*. So war es früher, so ist es heute – wie wird es morgen sein?

Diese Sorge bewog eine Hongkonger Journalistin nach Unterzeichnung der »Joint Declaration«, Premierministerin Margaret Thatcher zu fragen: »Prime Minister, you signed an agreement with China promising to deliver over five million people into the hands of a communist dictatorship. Is this morally defensible?« (»Prime Minister, Sie haben mit China ein Abkommen unterzeichnet und versprochen, über fünf Millionen Menschen in die Hände einer kommunistischen Diktatur auszuliefern. Ist das moralisch vertretbar?«)[4]

[4] William Shawcross: Kowtow, Hong Kong 1989, S. 1

Die Hongkongisierung Chinas

Lok Ma Chau heißt ein Hügel in den New Territories. Eine kurze Steigung geht's hinauf, dann wird der Wagen geparkt, und von dort sind es nur noch ein paar Schritte bis zum Aussichtspunkt, der den bewaldeten Buckel einst berühmt gemacht hat.

Alte Frauen unter flachen, strohgeflochtenen Hüten und in schwarzen Pyjamas hielten die Hand auf. Sie zeigten auf die Kamera, zurück auf ihr Gesicht und sagten »Master« und »Missi«. Fotografiert wollten sie werden – gegen einen kleinen Obolus. Ziemlich aufdringlich waren sie und postierten sich so, daß der Besucher zwischen den Bäumen die Landschaft kaum sah. Dieser Landschaft wegen aber war er gekommen.

Auf der Anhöhe Lok Ma Chau durften die Touristen einen Blick nach China hinein werfen. Dort lag ihnen das rätselhafte Land zu Füßen. Was hatten sie über Maos Reich zu Hause in den Zeitungen nicht alles gelesen! »China rast vorwärts im Tempo des Weltraumflugs, stürmt in Schlachtordnung die Festungen der Natur!« So wollte Peking die Welt glauben machen. Geschichten waren erzählt worden, die nicht wahr sein konnten. Nur noch in der Nacht von Samstag auf Sonntag dürften Chinesen mit ihren Frauen schlafen; der konzentrische Arbeitseinsatz der Millionen erfordere die Trennung der Geschlechter. Bilder von gigantischen Massenaufmärschen in Peking waren um die

Welt gegangen. Da marschierte ein glückliches Volk in den bunten Trachten seiner vielen ethnischen Gruppen an seinem großen Führer vorbei. Aber Reisende hatten berichtet, sie hätten ein Volk von blauen Ameisen gesehen. Das lächelnde Gesicht Chinas von einst sei bis zur Unkenntlichkeit erstarrt.

Das alles ging Besuchern am Aussichtspunkt Lok Ma Chau durch den Kopf, aber was sahen sie von alledem? Nichts! Im Vordergrund den schmalen Grenzfluß Shum Chum, dahinter Teiche, die angelegt waren, als gehörten sie zu einer Entenfarm, dann Reisfelder und weit hinten am Horizont ein paar Häuser. Kein Mensch, nirgends eine blaue Ameise. Ein China aus alten Bilderbüchern: friedlich, bäuerlich, in sich selbst versunken und arm, bitter arm.

Und heute? Die Hutzelweibchen auf Lok Ma Chau betteln noch immer, aber jenseits des Grenzzauns ist eine Großstadt aus dem Boden gestampft worden, ein Hochhaus-Dorado, ein zweites Hongkong. Sein Name: Shenzhen. Einst hatte das Nest zehntausend, heute zählt die Stadt zwei Millionen Einwohner. Sie ist ein Kind Hongkongs, durch Investitionen von Hongkong-Chinesen in die Welt gesetzt. Hongkong ist übergeschwappt, hat sich nach China hineingefressen und die Menschen drüben mit seinem Kapitalimus angesteckt. Unter dem Druck des 1997 Unabwendbaren ist Hongkong aus der Defensive zur Offensive übergegangen. Es hat zur Eroberung angesetzt. Shenzhen »gehört« ihm bereits und auch große Produktionsregionen in der Provinz Guangdong ringsum. Immer weiter schieben sich die Milliarden der Hongkong-Chinesen vor: in Richtung Süden auf die Insel Hainan, nach Norden haben sie Shanghai erreicht.

Aus Hongkong kam die Initialzündung für ein neues, boomendes China entlang seiner Küste. Soll das ganze Land unterwandert, das alte Regime überall aus den Angeln gehoben werden? Wird die Volksrepublik hongkongisiert?

Aufgesprungen auf den Zug, der mit atemberaubendem Tempo dahinrast, sind Taiwan-Chinesen. Auch sie investieren Milliarden, um mitfahren zu können. Ausgerechnet sie, die noch in einer Art Bruderkrieg mit dem Festland liegen. Aber Peking nimmt es hin, duldet es, ja, lockt sie mit vorteilhaften Grundstückspreisen und niedrigen Löhnen.

Im Dreieck Taiwan-Hongkong-Shanghai nimmt ein China Form und Gestalt an, das noch auf keiner Landkarte eingezeichnet ist. Ohne irgendeinen Maastricht-Vertrag ist dort eine, nein: *die* Wirtschaftswunderzone der Welt entstanden. Wachstumspropheten schwelgen in Superlativen.

Auch Überseechinesen aus den Siedlungsgebieten in Südostasien mischen mit; ihre Investitionsmilliarden spielen eine bedeutende Rolle. Politische Rahmenverträge brauchen auch sie nicht. Chinesen schaffen Wunder und »neue Länder« vertragslos, durch ihr Netzwerk von Beziehungen und Verbindungen. Auf sich selbst verlassen sie sich, auf ihre Söhne und Schwiegersöhne, ihre Freunde und Bekannten und auf jene, die ihnen empfohlen werden. Paragraphen kann jeder Rechtsanwalt biegen, beugen und verdrehen; konfuzianisch festgezurrte Familien- und Freundschaftsbande aber stehen jenseits aller Gesetzesbücher und trotzen jedem politischen Wetter.

Chinesen in Thailand, Malaysia, Singapur, Indonesien, auf den Philippinen und Taiwan, in Hongkong und den Küstenprovinzen der Volksrepublik vernetzen ihre Geschäftsinteressen und ihr Profitstreben. Steigt da am wirtschaftlichen und politischen Horizont ein China ohne Grenzen, ein Großreich, ein chinesisches Empire auf?

Das fragen sich vor allem die südostasiatischen Gastvölker der fünfundzwanzig Millionen Überseechinesen. Beliebt sind sie bei denen nicht. Einst wurden sie von Nationalisten zwischen Djakarta und Bangkok verdächtigt, Mao Tse-tungs »fünfte Kolonne« zu sein, trojanische Pferde der Pekinger Kommunisten. Heute wird ihre Loyalität den Staaten gegenüber, in denen sie leben, erneut in Zweifel gezogen. Warum investieren sie in China? Ist das Reich der Mitte immer noch ihre Heimat? Was haben sie vor?

Längst sind die meisten Überseechinesen keine »Chinesen« mehr, sondern reguläre Staatsbürger ihres jeweiligen Landes, aber sie werden den Vorwurf nicht los, immer noch Chinesen zu sein. Einmal Chinese – immer Chinese, egal wie der Paß in der Tasche aussieht. So denkt das einfache Volk in Städten und Dörfern. Und so gehen immer mal wieder chinesische Geschäfte und Restaurants in Flammen auf. Antichinesische Pogrome gehören zur Geschichte Südostasiens, wie einst antijüdische Pogrome in Rußland und Polen.

Als chinesische Unternehmer und Kaufleute aus aller Welt im November 1993 in Hongkong das globale Netz ihrer Verbindungen und Beziehungen enger knüpften, redete ihnen der Vater des Wirtschaftswunderlandes Singapur, der in der internationalen Presse wie kein anderer Ostasiate ständig zitierte Lee Kuan Yew, mahnend ins Gewissen: »We are ethnic Chinese, but we must be honest and recognize that at the end of the day our fundamental loyalities are to our home country, not to China. After two or three generations away from China, we have become rooted in the country of our birth. Our stakes are in our home countries, not China where our ancestors came from.« (»Wir sind ethnisch Chinesen, müssen aber ehrlich sein und anerkennen, daß unsere elementare Loyalität letztendlich dem Land gilt, in dem wir leben – nicht China. Nach zwei oder drei Generationen sind wir in dem Land unserer Geburt verwurzelt. In diesen unseren Heimatländern hängt für uns alles ab – nicht in China, von wo unsere Vorfahren kamen.«)[1]

Mögen die Überseechinesen in Südostasien leben, wo sie wollen; ihre Milliarden fließen seit kurzem nach China. Die neue Zeit dort kennt bereits ein Symbol; es heißt Shenzhen, die *boomtown* in der Nachbarschaft Hongkongs.

Ihre im Schnellverfahren ausgebildeten Public-Relations-Prediger, in Hongkonger Schulen gegangen, werden lyrisch, wenn sie in vielfarbigen Hochglanzbroschüren auf englisch rühmen: »In 1990's, Luck Goddess revisits the ancient China and takes Shenzhen as the apple of her eye.« (»In den neunziger Jahren ist die Glücksgöttin in das alte China zurückgekehrt und hat Shenzhen zu ihrem Augapfel gewählt.«) »Shenzhen is smiling at you! Dear friends, come on! Shenzhen warmly welcomes you!« (»Shenzhen lächelt euch an. Kommt, Freunde! Shenzhen heißt euch willkommen!«)

Zuerst kamen die Hongkong-Chinesen, die Taipans mit dem großen Geld. Sie stiegen in Shenzhen und der die Wirtschaftssonderzone umgebenden Provinz Guangdong mit Investitionen von bisher mindestens siebzehn Milliarden Dollar ein, gründeten 30 000 Firmen und beschäftigen zur Zeit drei Millionen Mitarbeiter. Die Geschäfte für sie

[1] Far Eastern Economic Review, 14. 7. 1994

und ihre Landsleute aus Taiwan und Übersee lohnen sich, denn sie zahlen dort nur ein Zehntel ihrer Löhne von zu Hause. Ein Arbeiter in Hongkong kostet im Monat fünfhundert, ein Arbeiter in Südchina nur fünfundfünfzig bis neunzig Dollar.

Gemessen wird das Wachstum nach *Shenzhen speed*, nach dem von Shenzhen vorgelegten Tempo. Von ihm heißt es in Hochglanzdrucken: Zwischen 1979 und 1992 wuchs das Bruttosozialprodukt jährlich – ja: jährlich, wird behauptet – um 46 Prozent, das Produktionsvolumen der Industrie um 65 Prozent und der Export um 61 Prozent. Allein in dieser einen Stadt versprachen bis Ende 1992 hauptsächlich Hongkong- und Taiwan-Chinesen Investitionen in Höhe von knapp zehn Milliarden Dollar, von denen knapp die Hälfte auch angelegt wurde.

Dieser Riesenbatzen kam über Shenzhen hinaus der ganzen Provinz Guangdong zugute. Fast so groß wie das vereinigte Deutschland, meldete sie in Broschüren, die auf einer Messe in Hamburg zum Mitnehmen auslagen: In den vierzehn Jahren zwischen 1979 und 1992 seien mit ausländischem Kapital in der Größenordnung von zwanzig Milliarden Dollar 58000 Unternehmen gegründet worden. Der Außenhandel der Provinz, die einem deutschen Bundesland entspricht, habe 1992 bei rund dreißig Milliarden Dollar gelegen, eine Steigerung von 33 Prozent im Vergleich zum Vorjahr. Damit habe Guangdong mit seinen sechsundsechzig Millionen Einwohnern von allen chinesischen Provinzen im siebten Jahr hintereinander einsam an der Spitze gelegen. Ausländische Beobachter bescheinigen der Region im Mündungsgebiet des Perlflusses, eines der größten Produktionszentren der Welt zu werden. Das *Made in Hong Kong* müßte an Textilien, Schuhen, Koffern,

Taschen, Uhren und Spielzeug heute theoretisch ersetzt werden durch ein *Made in Guangdong*. Dort in der Provinz arbeiten fleißige Hände und flinke Finger; in der Stadt, in Hongkong, die Köpfe und Gehirne. »Auf dem Land« wird produziert, in den Zentralen der Metropole gedacht.

Das gesamte Dreieck von Taiwan über Hongkong und die Küstenprovinzen hinauf bis Shanghai wird in ausländischen Publikationen schon heute hinter den USA, Europa und Japan als vierte Säule des Welthandels gefeiert. Chinesen auf der Insel Taiwan, auf die einst Chiang Kai-shek mit den Resten seiner ihm noch verbliebenen Divisionen vom Festland herüberflüchtete; chinesische Millionäre und Milliardäre aus dem kolonialen Hongkong, die dem britischen Gouverneur bei der jährlichen Geburtstagsfeier für die Queen die Ehre geben; und Chinesen, die in der kommunistischen Volksrepublik Maos blutige Kampagnen überlebten, haben einen ideologische Gräben und politische Grenzen überschreitenden Dreibund gegründet, mit dem sie sich rühmen dürfen, die Geschichte um ein Novum bereichert zu haben.

Geschäftsleute haben Politiker verdrängt und die Entwicklung in die eigenen Hände genommen. Wohin das führen, welches Ergebnis eines fernen Tages dabei herauskommen könnte: darüber wird nicht geredet. Die Akteure, die Geschäftsleute schweigen. Vielleicht kennen sie nur den Weg, aber nicht das Ziel; vielleicht aber handeln sie auch nach der Maxime: Immer daran denken, nie davon reden.

Noch keiner hat dem Dreibund, dessen Konturen sich immer deutlicher abzeichnen, einen Namen gegeben. Taiwan-Chinesen haben einen Begriff ins Spiel gebracht, der in seiner Wolkigkeit zwar alles offenläßt, den Nebel aber wenigstens etwas lichtet. Weil sie sich zur Anerkennung der Teilung Chinas durchgerungen haben, auch nicht mehr den Anspruch erheben, für ganz China zu sprechen, und das Festland auch nicht mehr rückerobern wollen, nennen sie ihre »Republik China auf Taiwan« nicht mehr unbedingt einen Staat, sondern ziemlich offiziell gelegentlich auch »entity«. Im Wörterbuch wird das mit Wesen übersetzt, ein für den Dreibund durchaus brauchbarer Begriff. Denn ein Staat ist das Dreieck Taiwan-Hongkong-Shanghai nicht. Noch nicht...? Wirtschaftlich kommt es ihm bereits nahe, aber politisch gibt es auf dem Weg bis zur Staatlichkeit, dessen Länge keiner kennt, noch viele und wahrscheinlich unübersteigbare Hindernisse. Aber ein Gebilde ist das Dreieck schon, ein Wesen, eine Wesenheit.

Die Lokomotive im Süden reißt das übrige China mit. Zwischen 1980 und dem Jahre 2000 wollte es sein Bruttosozialprodukt vervierfachen. Sechs Jahre früher soll es das erreicht haben. Und nun sollen die Erfolgszahlen bis zum Jahre 2002 noch einmal verdoppelt werden.

Peking ist mit Zahlenangaben großzügig. Zwischen 1978 und 1993 wurden 134000 Unternehmen mit ausländischer Kapitalbeteiligung in Höhe von 169 Milliarden Dollar bewilligt, von denen vierundvierzig Milliarden bereits geflossen sind. Premierminister Li Peng lockte ausländische Interessenten mit der Ankündigung, die Volksrepublik werde ab dem Jahre 2000 Güter im Wert von »one trillion Dollars« (auf deutsch: von einer Billion Dollar) jährlich importieren. Amerikanische Experten prophezeiten, China werde bis zum Ende des Jahrhunderts vierhundert Milliarden Dollar für die Modernisierung seiner Infrastruktur und Produktionsbetriebe ausgeben. Die Weltbank setzte dem allen die Krone auf: Noch vor dem Jahre 2020 werde China die führende Wirtschaftsmacht der Erde und an den USA und Japan vorbeigezogen sein.

Ein Bombardement von Zahlen, offiziellen und offiziösen, geschätzten und vermuteten, geht von allen Seiten nieder. Auf ein paar Milliarden Dollar mehr oder weniger kommt es nicht mehr an. Bei den Akteuren und Interessenten unter Hongkong-, Taiwan- und Überseechinesen, Japanern und Amerikanern ist nur eines zur Gewißheit geworden: daß das nach Investitionen gierige und nach Importen hungrige volkreichste Land der Erde zum großen Sprung angesetzt hat, und dieses Mal zum eigentlichen, wahren und echten. Diese einmalige Chance zum großen, ganz großen Geschäft will unter den hochindustrialisierten Völkern keiner verpassen.

Aber läßt sich China berechnen, errechnen, hochrechnen? Früher, zu Maos Zeiten, wurde es auch schon gewagt, doch immer wieder machte der große Führer den Rechenkünstlern einen Strich durch die Rechnung. Der Weltrevolutionär nahm auf Statistiker, Prognostiker und Propheten keine Rücksicht. Er funkte allen auf amerikanischen und europäischen Universitäten dozierenden Volkswirten dazwischen. Dieses Mal aber soll es anders werden, soll die Konterrevolution unumkehrbar sein. Schließlich habe es die Welt nicht mehr mit Mao Tse-tungs, sondern mit Deng Xiaopings China zu tun.

Schon diesseits der Grenze in Hongkong macht sich die neue Zeit bemerkbar. Ein nicht endender Strom von täglich 20000 schweren Lkws rollt von hüben nach drüben und umgekehrt. Sechsbahnig ist die Autobahn und die Grenze praktisch offen, fast so porös wie zwischen Deutschland und Dänemark.

In Lo Wu spucken Schnellbahnen alle fünfzehn Minuten Tausende von Grenzgängern aus. An zwanzig Schaltern werden die Pässe abgefertigt. Früher war auf Hongkong-Seite Endstation. Die letzten Meter über eine Brücke nach China hinein mußten zu Fuß zurückgelegt werden.

Das war einmal! Vergangen ist auch das Herzklopfen jener, die während der Kulturrevolution geschäftlich nach China reisen mußten, zu den Messen in Canton. Ein deutscher Augenzeuge hat verewigt, wie es damals, 1967, zuging.

»Gleich beim Übertritt über die Grenze wurde jeder Canton-Reisende in die nervenanspannende Betriebsamkeit der Kulturrevolution einbezogen. Nach den Zollformalitäten wurden die vom Ausland kommenden Messegäste in einen Saal geleitet und mit einem betexteten Notenblatt versehen. Dann sangen uniformierte Männer und Mädchen der Propagandatruppe Lieder zur Verherrlichung ihres Vorsitzenden und der Kommunistischen Partei und führten mit roten Flaggen und Tamburinen Tänze vor. Die Gäste wurden aufgefordert mitzusingen. Auch auf der anschließenden Eisenbahnfahrt von der Grenze nach Canton gab das Zugpersonal eine Stunde lang Lieder und Revolutionszitate zum besten. Auf dem Bahnhof in Canton empfing uns das Propaganda-Team der Armee mit riesigen Bildern Maos, roten Bannern, roten Mao-Büchlein und einer halben Stunde Gesang und Tanz. Überall in den Straßen, in allen Parks, von hohen Gebäuden herab, aus umherfahrenden Autos von früh bis spät Gedröhne aus Lautsprechern: Zitate Maos und Kampfgesänge. Es gab viele Umzüge. Jede Fabrik und jedes Büro mußte Demonstrationszüge organisieren, die, singend oder Mao-Sprüche zitierend, schreiend durch die Straßen zogen. Einige Hundert Japaner und Hongkong-Chinesen marschierten mit, ebenfalls die roten Büchlein schwenkend und die Schimpfreden gegen die ›imperialistischen Papiertiger‹ nachschreiend. Auch das Messegelände war innen und außen mit riesigen Bildern des Vorsitzenden Mao und seinen Leitworten geschmückt. Jede Besprechung mit einem Messegast, ob Übersee-Chinese, Japaner, Afrikaner oder Europäer, wurde mit dem Vorlesen eines Zitats von Mao und anschließender Belehrung begonnen.«[2]

Heute bauen dieselben Chinesen im Delta des Perlflusses phantastische Golfplätze, eingerahmt von Luxushotels mit Schwimmbad. So haben sich die Zeiten geändert. Nach der ideologischen Dürre der roten Sonne genießen die Menschen den warmen Regen der Hongkong-Dollars. Billig geschminkte Mädchen bieten in Shenzhen ihre Dienste an. Vor den Hotels dort, die nur Hongkonger und amerikanische Dollars akzeptieren, betteln Kinder, ihre Geschwister, dreckige, rotznasige Babys auf ihren dürren Rücken geschnallt. Auf Bürgersteigen liegen Säuglinge wie tot, neben sich ein Plastiktöpfchen für ein paar Münzen. Am Bahndamm der Strecke nach Guangzhou vegetieren Zehntausende in elenden Hütten aus Blech, Holz und Pappe. Dazwischen versickert eine ekelerregende Kloake im Boden.

Auch so sieht es aus an Chinas Goldküste! Nicht alles läßt sich auf Hochglanz polieren. Millionen haben sich aus dem Innern des Landes dorthin auf den Weg gemacht, in das gelobte Land, wo Milch und Honig fließen. Keiner kanalisiert die Menschenströme, die arbeitslos durch China irren. Selbst ist der Mann! Er schlüpft unter, wo er ein

[2] Dieter von Hansemann: Jebsen & Co. Ltd., Hong Kong, o. J., S. 229

paar Pfennige verdienen kann für die nächste Schale Reis. Und selbst ist auch die Frau! Wenn es gar nicht mehr anders geht, verkauft sie sich. Hoch über den Massen aber schweben jene, die schon immer wußten, wie man besser lebt.

Über die Korruption an Chinas Goldküste können Hongkonger Geschäftsleute einen ganzen Abend erzählen. Beim Zoll läuft alles, wenn ein paar Stangen Zigaretten und ein paar Flaschen Alkohol ihn schmieren. Wer drüben produzieren läßt, braucht elektrischen Strom. Der aber fällt häufig aus. Also empfiehlt sich für die Herren an den Schreibtischen im Amt für Energieversorgung ein Umschlag mit ein paar Scheinen. Sind's genug, kommen die Elektriker beim nächsten Stromausfall ungerufen und ganz schnell, wohl wissend, daß auch sie Gutes erwarten dürfen. Konzerne haben Mühe, ihre Bestechungsgelder einigermaßen ordnungsgemäß in ihren Büchern zu verstecken. Also sind japanische Konzerne dazu übergegangen, ganze Kompanien von Chinesen nach Tokyo einzuladen, natürlich in die besten Hotels, einschließlich freien Einkaufsbummels auf der Ginza. Mit Informations- und Ausbildungsreisen dieser Art gibt es in den Bilanzen keine Schwierigkeiten.

Korrupt soll auch die Armee sein. In jedem Gewerbe mischt sie angeblich mit. Ein Imperium von 20000 Betrieben soll sie unter ihre Fittiche genommen haben, Waffen soll sie exportieren, Schmuggel organisieren und Spekulationsgeschäfte machen. Die Profite sollen in die Taschen von Generalen und Offizieren fließen, die als Dienstwagen angeblich schon japanische und deutsche Luxuslimousinen fahren. Die Armee sei ein Unternehmenskartell, und zwar das allergrößte.

Wenn das stimmt, kann es dann nicht sein, daß besonders Taiwan-Chinesen der Korrumpierung von festländischen Generalen kräftig Vorschub leisten? Die Nachfolger Chiang Kai-sheks wissen besser als alle anderen, wohin Korruption führen kann, haben sie deren Folgen doch am eigenen Leib erfahren. An Korruption ging das Kuomintang-Regime auf dem Festland zugrunde, an Herren in ordensgeschmückten Uniformen, die käuflich waren. Warum sollten Taiwan-Chinesen es heute nicht einmal umgekehrt versuchen? Käufliche »war lords« auf der gegenüberliegenden Seite der Formosa-Straße wären für die Insel eine »Sicherheitsgarantie«; eine bessere können sich Taiwan-Chinesen gar nicht wünschen.

Von den wenigen Bonzen oben ist die Korruption heute durchgesickert nach unten ins Volk. Wieder einmal sind Chinesen der Todsünde ihrer modernen Geschichte verfallen. Eine Reaktion auf das von allen menschlichen Schwächen desinfizierte China Mao Tse-tungs?

Seinerzeit geisterten durch die Zeitungsspalten Geschichten von neuen Menschen. Einer hieß Men He und war Soldat. Jeden Morgen versammelte er seine Kinder vor dem Bild Maos und sang mit ihnen das Lied »Der Osten ist rot«. Seine Frau erzählte, noch bevor die Kinder Mama und Papa hätten sagen können, hätten sie auf Fotos den großen Führer erkannt und gerufen: »Es lebe der Vorsitzende Mao!« Ein anderer Soldat hieß Mai Hsiän-deh. Er war bei einem Seegefecht mit nationalchinesischen Kriegsschiffen schwer verwundet worden. Als er im Lazarett aus seiner Bewußtlosigkeit erwachte, gab ihm eine Krankenschwester Feder und Papier. »Mit großer Mühe brachte er es fertig, mit seiner linken Hand zu schreiben. Auf seiner Stirn bildeten sich große Schweißtropfen, aber er setzte sein Werk beharrlich fort, bis er den Satz ›Es lebe der Vorsitzende Mao!‹ zu Ende geschrieben hatte.« Als während der Kulturrevolution in den Strudeln des Kankiang-Flusses in der Nähe von Nanchang in der Provinz Kiangsi eine Fähre mit Roten Garden unterging, rief kein einziger der Ertrinkenden um Hilfe. »Sie riefen nur: Lang lebe der Vorsitzende Mao! Ihre herzbewegenden Rufe waren Grüße an die Rote Sonne in ihrem Herzen.«[3]

Diese Musterchinesen kannte keiner, der früher in China gelebt hatte. Er kannte auch jene nicht wieder, denen er auf der Straße, in der Eisenbahn und in Hotels begegnete. Auf meiner ersten Chinareise Anfang der sechziger Jahre ließen sich meine offiziellen Begleiter trotz der glühenden Hitze des Sommers nicht einmal mit einer Flasche süßlicher Limonade »bestechen«. Nein, danke! Auch eine Zigarette nahmen sie nicht an. Der Klassenfeind konnte sie nicht korrumpieren. Mao hatte sein Reich von allem Menschlich-Allzumenschlichen desinfiziert.

Auf der Fahrt nach dem Flughafen in Shanghai fragte mein Aufpasser überrascht: »Nach Tokyo fliegen Sie? Da hätte ich Ihnen doch den Hut mitgeben können, den einer Ihrer deutschen Kollegen hier im Hotel vergessen hat.« Er hatte ihn gar nicht vergessen, erzählte mir William Lange später in Japan. Er hatte ihn, um nach mehrmonatigem China-Aufenthalt die dreckig und speckig gewordene Kopfbedeckung loszuwerden und wohl wissend, daß ein solches Vorhaben im Reiche Maos ein so ohne weiteres nicht vollziehbares Kunststück sein würde, in seinem Hotelzimmer auf Nimmerwiedersehen zwischen Wand und Schrank geklemmt. Doch das aufmerksame Zimmer-

[3] Peking Rundschau, 18. 6. 1968 u. 19. 12. 1967; Hsinhua 8. 12. 1967

mädchen hatte den Hut entdeckt und ihn bei der Rezeption abgegeben. Dort lag er und harrte des Tages, an dem sein Besitzer wiederkommen und nach ihm verlangen würde.

Ehrlichkeit wucherte damals bis ins Groteske. Was waren das für Menschen? Wie Automaten reagierten sie. Auf jede Frage kam als Antwort ein Mao-Zitat, ein Sprüchlein aus der »Pekinger Volkszeitung«. Das Ideal des perfekten Menschen, des ideologischen Roboters und des Mönchs und der Nonne der Arbeit schien verwirklicht.

Daran, daß es auf ewig so bleiben würde, aber hat selbst Mao Tse-tüng nicht geglaubt. Wenn er an das China nach seinem Tode dachte, war der Revolutionär ein Pessimist. Die Entscheidung, ob aus dem Chinesen der neue Mensch, der Maoist werde, sagte er einmal, falle nicht morgen und nicht übermorgen, sondern frühestens in zehn, aber vielleicht auch erst in hundert Jahren. Eine Kulturrevolution genüge nicht; eine zweite, dritte, vierte und fünfte müßten folgen.

Als Chinese, der außer Moskau nichts von der Welt gesehen hatte und für den China das Reich der Mitte, das Reich in der Mitte der Welt geblieben war, trieb Mao Tsetung die Sorge um: Was sind ein paar Jahre Revolution gegen dreitausend Jahre China?!

Als US-Präsident Nixon ihm das Kompliment machte, er habe die Welt verändert, antwortete er resigniert: »Es ist mir nicht gelungen, sie zu verändern. Ich habe nur ein paar Orte in der Nachbarschaft Pekings verändern können.«

Kommentierend ergänzt Henry Kissinger in seinen Memoiren: Während unseres kurzen Zusammenseins »spürte man die düsteren Schatten, die über seinen Erfolgen lagen und ihn während seiner letzten Lebensjahre gequält hatten: daß alles sich als vergeblich erweisen könnte, daß alle Mühe und alle Leiden, daß der Lange Marsch und die brutalen Machtkämpfe in der triumphalen Beständigkeit einer jahrtausendealten Kultur, die ungezählte Umstürze überlebt hatte, nur ein kurzer Augenblick sein und nicht viel mehr hinterlassen könnten als die kleinen Wellen auf der Oberfläche eines Teichs, in den man einen Stein geworfen hat.«[4]

Seinem amerikanischen Freund und Biographen Edgar Snow offenbarte Mao, es könnte sein, »daß die Jugend die Revolution verleugnet, Frieden mit dem Imperialismus macht, die überlebenden Anhänger Chiang Kai-sheks auf das Festland zurückholt und gemeinsame Sache macht mit den verhältnismäßig wenigen im Land noch vorhandenen Konterrevolutionären. In tausend Jahren werden vielleicht alle, auch Marx, Engels und Lenin, ziemlich absurd oder gar lächerlich erscheinen.«[5]

Fast genau so ist es gekommen. Die überlebenden Anhänger Chiang Kai-sheks sind auf dem Festland zurück, nicht schießend und stürmend, sondern mit Aktenköfferchen und Investitionsmilliarden, und garantieren vielen Millionen Chinesen Arbeit und Brot. Eingetreten ist auch, daß die Jugend die Revolution verleugnet und mit »Konterrevolutionären« im Land gemeinsame Sache macht. Und wahr geworden ist auch, daß die Propheten von einst so gut wie vergessen sind – auch er selbst, Mao Tse-tung.

Als die »Beijing Rundschau« im Herbst 1992 schrieb, in ganz China erschalle von neuem das Lied »Das Röteste ist die Sonne, und das Allerliebste ist der Vorsitzende Mao« –

[4] Henry Kissinger: Memoiren, München 1979, S. 1125

[5] Stern, 21. 2. 1965

da glaubte das keiner mehr. Das Mausoleum des einstigen Großen Führers, Lehrers, Oberkommandierenden und Steuermanns wurde geschlossen, geöffnet, wieder geschlossen und wieder geöffnet.

Schwer taten sich seine Erben bei den Feiern zu seinem hundertsten Geburtstag am 26. Dezember 1993. Vor zehntausend in die Große Halle des Volkes in Peking geladenen Gästen, von denen viele Mao bis zu seinem letzten Atemzug bedingungslos ergeben gewesen waren, nannte Parteichef Jiang Zemin die Kulturrevolution eine »Katastrophe«. Aber grundsätzlich seien die Fehler, die Mao in seinen späten Lebensjahren begangen habe, an der Gesamtleistung seines Wirkens gemessen, zweitrangig gewesen. Er bleibe ein großer Patriot und nationaler Held. Deng Xiaoping, dem der Parteichef dafür dankte, China aus dem Desaster des kulturrevolutionären Chaos wieder herausgeführt zu haben, bescheinigte der neuen Ära, sie korrigiere, was Mao abgelehnt, und stelle richtig, was er falsch gemacht habe.

»Der Ostwind siegt über den Westwind« verkündete Mao einst drohend der ganzen Welt. Heute besiegt südlicher Föhn aus Hongkong die ideologische Kälte in Chinas Norden. Allüberall im Land taut das Eis des Maoismus auf. Der aufbrechende Boden setzt Tendenzen frei, die China in der Neuzeit wie einst Überschwemmungen und Hungersnöte heimgesucht haben: zentrifugale Kräfte, die die Autorität von Peking untergraben und die Einheit des Reiches gefährden.

Städte, Provinzen und Wirtschaftssonderzonen entdecken ihre eigenen Interessen und streben von der Zentrale weg. Warum an Peking Steuern zahlen? Warum uns von Peking hineinreden lassen? Warum nicht selbst bestimmen, was wir wollen und wohin wir wollen? So manche

Provinz ist größer als das vereinte Deutschland. Allein in Shanghai leben mehr Menschen als in vielen Mitgliedsstaaten der Vereinten Nationen. Fernab im hohen Norden kann Peking gar nicht wissen, was im Süden geschieht.

Ist der Yangtse schon eine Art Grenze geworden? Teilt er das Land bereits in Nord und Süd? Der mächtige Strom war schon immer ein Graben, der China trennte. Südlich des Yangtse lebte ein anderer Menschenschlag als im Norden. »Wenn wir einmal von der kulturellen Einheitlichkeit absehen«, schreibt der schon mehrmals zitierte Lin Yutang in seinem Buch »Mein Land und mein Volk«, »müssen wir sagen, daß der Südchinese, was Temperament, körperliches Aussehen und Gewohnheiten betrifft, vom Nordchinesen gewiß ebenso stark unterschieden ist wie in Europa die Mittelmeervölker von denen des Nordens.« Der Chinese dort oben sei groß und kräftig, gesund und abgehärtet, sein Landsmann im Süden aber kleingewachsen, schmächtig, verbürgerlicht und »im Kriege feig, immer bereit, sich auf die Erde zu werfen und nach der Mama zu schreien«. In Friedenszeiten aber seien die Südchinesen »pfiffige Geschäftsleute«. Grundsätzlich lasse sich sagen, »daß der Mann aus dem Norden seinem Wesen nach ein Eroberer, der Mann aus dem Süden dagegen ein Händler ist und daß von den vielen Edelräubern, die chinesische Dynastien begründet haben, kein einziger aus der Gegend südlich vom Yangtse stammt. Es entstand geradezu eine Überlieferung des Inhalts, kein Reisesser aus dem Süden könne je den Drachenthron besteigen, nur ein Nudelesser aus dem Norden sei dazu imstande.«[6]

[6] Lin Yutang, a. a. O., S. 34 ff.

Hongkong-Chinesen sind Südchinesen. Aus der weichen Flanke, wo die »pfiffigen Geschäftsleute« leben, rollen sie das Land auf. Bei gutem Essen sagen sie – »aber geben Sie es nicht an die Zeitungen weiter!« –, daß der Süden Chinas bereits von Hongkong »regiert« werde. Pekings Reich »ende« am Yangtse. Sie möchten ihre Worte jedoch nicht auf die Goldwaage gelegt wissen, denn de jure sei das natürlich falsch, aber de facto komme es der Wirklichkeit doch schon ziemlich nahe. Und für Chinesen sei das Faktische nun einmal viel interessanter als das Juristische. Warum solle man sich von Staatsrechtlern den Unternehmungsgeist in ein Korsett von Paragraphen einzwängen lassen? Ohne die Herren Juristen sei der Spielraum doch viel verlockender und größer.

Die Hongkongisierung des Südens bringt China in Abhängigkeit von Hongkong – vorausgesetzt, es wirft nicht irgendwer das Steuer der Volksrepublik wieder herum. Wer hätte das zu Maos Zeiten für möglich gehalten? Die Kolonie von Pekings Gnaden dreht den Spieß um, kauft sich in China ein und sichert sich in Guangdong, symbolisiert durch Shenzhen, eine Sperrminorität.

Wie altbacken und phantasielos waren die Vorstellungen der Hongkonger gestern und vorgestern: Die Chinesen kommen, verkünden, »nun ist Schluß«, und die Briten müssen gehen. Was können sie denn machen? Gar nichts! Hongkong ist für den chinesischen Drachen doch nur eine winzige Pille – geschluckt, verdaut, erledigt und weg.

Sehr europäisch war das gedacht, streng logisch: von A nach B der kürzeste Weg. Aber die Chinesen gingen Umwege; sie verhandelten zunächst zwei Jahre, und als sie dann 1984 Hongkong endlich sicher in der Tasche hatten, unterschrieben sie. Wir kommen aber erst in dreizehn Jahren! So lange dürfen die Kolonialherren noch bleiben. Wir haben es nicht eilig.

Sie wollten von Hongkongs Prosperität profitieren, warfen auch sich selbst in die Arme des »Moneytheismus«, dachten nur in Geld und an Wachstumsraten. Aber haben sie sich nie gefragt, ob Geld allein wirklich alles ist? Kam ihnen nie in den Sinn, daß es mehr als nur Geld sein könnte, weshalb Hongkong so boomt? Sie haben die Geister der Hongkong-Dollars gerufen und werden sie jetzt nicht mehr los.

Mit Glaubenssprüchen aus alter Zeit, da ideologische Priester die Menschen noch zu Hunderttausenden mobilisieren konnten, versuchen sie sie zu bannen. Derjenige irre, der die Reformation, die »Konterrevolution«, als Abkehr vom Sozialismus interpretiere. Ganz im Gegenteil: Sie beschleunige »seine Optimierung«. So sagte noch 1992 Ministerpräsident Li Peng auf dem Weltwirtschaftsforum im schweizerischen Davos. Der gleichen Meinung ist auch der Reformator Deng Xiaoping selbst. Er überraschte die britische Premierministerin Thatcher mit den Worten, Hongkongs Kapitalismus könne »der sozialistischen Orientierung der eine Milliarde Chinesen in der Volksrepublik nichts anhaben«.

Sagten die hohen Herren das nur, um ihr Gesicht zu wahren, oder glaubten sie wirklich daran? Niemand kann ausschließen, daß sie hinter ihren Pekinger Klostermauern tatsächlich noch immer so denken – Gorbatschow verwandt, der vier Wochen nach dem Fall der Berliner Mauer »die demokratischen Veränderungen in der DDR« noch immer für einen Prozeß hielt, »der den Sozialismus in der DDR stärken kann«. Er hatte »keine Ahnung, daß es sich um die allmähliche Demontage des Sozialismus handeln könnte«[7]. So berichtete DDR-Ministerpräsident Hans Modrow nach seinem ersten Gespräch mit Gorbatschow am 4. Dezember 1989 in Moskau.

Der Sozialismus beschlagnahmt jene, die an ihn glauben, wie eine Religion. Sie haben die Freiheit verloren, die Welt »areligiös«, unideologisch sehen zu können. Die Machthaber in Peking sind möglicherweise keine Ausnahme. Es ist ja auch noch nie dagewesen, daß eine Kolonie, ein Pünktchen nur auf der Landkarte, heim ins Reich muß und die Chance hat, es nach ihrem Bilde umzuformen. Wann hat es das in der Kolonialgeschichte je gegeben?

Am Ende ihres Empire darf in bezug auf Hongkong gesagt werden: »Hut ab vor den Briten!«

[7] Die Zeit, 20. 4. 1990

Hongkongs Zukunft – Fragezeichen

Klatschkolumnisten kommen gegenwärtig in Hongkong spät ins Bett. Eine Party jagt die andere, und so ziemlich auf allen biegen sich die Büffets. Und natürlich wollen die Reichen und die Schönen auch fotografiert werden und mit ein paar freundlichen Zeilen ins Blatt kommen. An »Jet-set people« ist in der Kolonie kein Mangel. Aus aller Herren Länder fliegen sie ein. Auf Parties und Bällen ist die Kolonie wahrhaft kosmopolitisch; ein multikultureller Cocktail aller Rassen und Völker. Mit Hongkong verglichen, sind Parties in Germany langweilig – nur weiße Gesichter.

Ein medaillengeschmückter Chefkoch nimmt Abschied, Alchimisten der Wässerchen und Cremes laden zum Schönheitswettbewerb ein, und die »Royal Society for the Prevention of Cruelty to Animals« – der Tierschutzverein, aber der königliche – diniert und tanzt, um mit den Spenden das erste Hundehospital zu bauen. »For animals sings« Eddie Fisher, und ein Tisch kostet achttausend Mark. Wer das Ernstere liebt, das Klassische, die sogenannte E-Musik im Gegensatz zu der vulgären U-Musik, lädt die Dame von Niveau zur »Soirée classique« mit Bach, Händel und Schumann ein, inklusive »fine dining« bei Kerzenlicht.

Ort des Geschehens sind die Hotels – und was sind das für Hotels! Armes Deutschland, mit Hongkongs Luxusherbergen kann es sich nicht messen! Die allerneuesten sind ja auch keine Hotels mehr, das gängige Wort ist viel zu dürftig für ihre Pracht. Tempel sind's, Dome, Kathedralen! Lobbys gibt's mit fünfzehn Meter hohen Marmorsäulen. Vor den teuersten Hotels parken Flotten von Rolls-Royce. Das Autotelefon verbindet direkt mit dem »room service«, auf daß gleich bei der Ankunft der Champagner eisgekühlt im Zimmer steht. In keiner Stadt der Welt sollen, pro Kilometer asphaltierter Straße berechnet, so viele dieser britischen Luxuskarossen fahren wie in Hongkong.

Vierrädrige Prachtexemplare aus Japan gehen weg für 225 000 Mark, die heute noch renommierteren Konkurrenzstücke aus Stuttgart für eine halbe Million Mark. Das Doppelte, eine Million Mark, kostet die Mitgliedschaft im Royal Hong Kong Golf Club. Europäer und Amerikaner stöhnen ob dieser Summe und sehen voller Neid, daß nur noch Japaner den Scheck mit sechs Nullen ausschreiben können und ihnen dabei nicht einmal die Hand zittert. Für Immobilienpreise ist nur der Himmel noch die Grenze. Villen wechseln den Besitzer für fünfzehn Millionen Mark, Apartments sind zur Zeit noch etwas billiger. Hongkongs Preisgefüge »bubbles«, blubbert. Hoffentlich wird es eines Tages nicht wie in Japan, wo die *bubble economy*, diese Luftblasenwirtschaft, platzte und das Land im Steilflug nach unten ging.

Die Reichen und die Schönen haben Sorgen. Es kommt vor, daß es in ihren Reihen regelrecht kriselt. So geschah es im Oktober 1991. Progressive und Reaktionäre prallten frontal aufeinander. Ein Hotel versuchte die Feuer der Erregung mit einer Serie halbseitiger Zeitungsanzeigen zu löschen. An den Perserkönig Darius wurde erinnert; an Aristoteles, den Lehrer des großen Alexander; Englands König Edward II. wurde ins Spiel gebracht – »anything but a competent monarch« (»alles andere als ein fähiger König«) –, aber eines hatte er in seiner Regierungszeit um das Jahr 1300 doch wenigstens erreicht: Er erklärte damals den Stör zum »royal fish«. Davon profitierten Jahrhunderte später der leidenschaftliche Pablo Picasso, die schöne Jacqueline Kennedy-Onassis und selbst Wladimir Iljitsch Lenin. Der bekam eines Tages einen Brief von zwei Russen aus Paris, die Brüder waren und Petrossian hießen. Sie suggerierten Lenin, daß er für seine Revolution doch Geld brauche, und Geld sei nicht leichter zu verdienen als durch den Export von Kaviar. Also gewährte er den Petrossian-Brüdern das Recht, aus dem Kaspischen Meer den allerbesten Stör zu exportieren.

Soweit gut und schön, aber in Hongkong entflammte ein Streit, wie denn der erlesene Kaviar zu essen sei, ob *au naturel* oder mit Zwiebeln, Eiern und Zitrone. Um es weder mit Traditionalisten noch Modernisten zu verderben, rief das Hotel in seinen Anzeigen beide Lager zur Versöhnung auf – bei Champagner und geeistem Wodka zum Kaviar. Und »please, remember, never use spoons made of silver as these can actually affect the flavor of caviar!« (»Bitte, keine silbernen Löffel benutzen. Darunter leidet das Aroma des Kaviars.«)

Diese und jene protzen inzwischen. Auch schon früher war das *social life* gelegentlich eine Provokation. Tanz auf dem Vulkan? Die meisten gehen brav ihrer Arbeit nach und betäuben mit dem »Make money« ihre Angst vor der ungewissen Zukunft. Der Taxifahrer vom Flughafen in die Stadt beantwortete die Frage, was er über 1997 denke, mit einem kategorischen »nothing« – nichts. Sein Kollege auf der Rückfahrt nach dem Airport sagte lachend: »I stay« – ich bleibe. Europäerinnen, mit Chinesen verheiratet, klagen, es werde weder am Mittagstisch noch beim Abendessen diskutiert. In einer chinesischen Familie seien Diskussionen verboten.

Nur einer redet bei jeder Gelegenheit und immer gleich forsch, schneidig und draufgängerisch: der aller Wahrscheinlichkeit nach letzte Gouverneur, Chris Patten. Er kam im Sommer 1992, frisch importiert aus Großbritannien, ohne irgendwelche Umwege auf früheren Auslandsposten. Dort in der Heimat hatte er ein paar Monate zuvor den Wahlkampf des Konservativen John Major organisiert, der zum Erstaunen der meisten auch gewonnen wurde. Dabei aber hatte der selbstlose Patten seinen eigenen Wahlkreis verloren und stand nun arbeitslos auf Londons Straßen. Doch sein guter Freund John Major tröstete ihn mit dem lukrativ dotierten Amt des Gouverneurs. In seinem respektablen Palast, der zwischen Banken und Hochhäusern kaum noch zu sehen ist, soll der temperamentvolle Vollblutpolitiker die delikate Aufgabe lösen, Hongkong reibungslos, glatt und ohne Komplikationen China zu übergeben.

Chris Patten ist aus ganz anderem Holz geschnitzt als sein Vorgänger Sir David Wilson. Der war Diplomat und in dem etwas steifen, am Protokoll sich festhaltenden, aber nichtsdestoweniger ehrwürdigen Foreign Office groß geworden. Sogar Sinologie hatte er studiert, sprach also Chinesisch, was von Falken an der Themse allerdings als Makel gebrandmarkt worden war. Sir David war sich seiner heiklen Aufgabe mit vollem Ernst und anerzogenem Pflichtgefühl bewußt und faßte deshalb seine Gesprächspartner, die Peking-Chinesen, behutsam an. »Achieving the smooth transfer of sovereignty in 1997 is a goal worth every ounce of our ability and effort«, sagte er. (»1997 die reibungslose Übertragung der Souveränität zu erreichen ist ein Ziel, das allerhöchster Anstrengung wert ist.«) »If we are to build the sort of partnership with China that we need, it is vital that all of us strive to present our Hong Kong point of view patiently and carefully, and be prepared to listen with equal care and patience.« (»Wenn wir jene Partnerschaft mit China erreichen wollen, die wir unbedingt brauchen, dann ist es von vitaler Bedeutung, daß wir alle den Standpunkt von Hongkong geduldig und sorgfältig vortragen und gleichzeitig bereit sind, mit gleicher Sorgfalt und Geduld auch zuzuhören.«)[1] Und Sir David sagte überdies noch, effektiv sei die Partnerschaft mit China nur, wenn sie auch harmonisch werde.

Harmonie mit »denen da drüben« aber ist für Gouverneur Patten ein Fremdwort. Wer will Wahlkämpfe in Großbritannien mit dem ehrenwerten Streben nach Harmonie gewinnen? Diese moralische Tugend hatte Patten also nicht im Gepäck, als er seinen Fuß auf Hongkonger Boden setzte. Er badete zunächst einmal in der Menge, als sei Hongkong ein Wahlkreis. Er ging unters Volk auf die Märkte und stand Rede und Antwort auch im Fernsehen. Ein Populist war er, kein Zeremonienmeister eines verstaubten Protokolls. Schließlich war er 1992 erst achtundvierzig Jahre alt, würde 1997 in den frühen Fünfzigern stehen, also noch in Saft und Kraft, die Erstürmung von Downing Street 10 für die Konservativen noch einmal zu wagen.

Aus echtem Schrot und Korn ist dieser Patten, und wie ein echter Kerl packte er an, was an Problemen auf seinem

[1] South China Morning Post, 10. 10. 1991

Schreibtisch lag: den Dauerbrenner Flughafen. Wer gute Zeitungen liest, weiß inzwischen, daß in Hongkong aus abgehobelten Bergen und zugeschütteten Buchten ein Airport entsteht, der auf der Welt nicht seinesgleichen hat. Aber lange Zeit verweigerte Peking dem Traumprojekt sein endgültiges Ja, denn es fürchtete, das Ganze könne viel zu teuer werden, und China säße dann 1997 bei der Anschlußfinanzierung auf einem Schuldenberg.

Ausgeschlossen ist das nicht, denn die von Hongkong engagierten Kostenberechnungsexperten haben sich, wie bei Großbauprojekten immer üblich, vertan und das Unternehmen viel zu billig angesetzt. Ursprünglich sollte der mit Brücken, Auto- und U-Bahnen an das Festland und die Insel angeschlossene Flugplatz 16,5 Milliarden Dollar kosten. Daraus sind inzwischen schon zwanzig Milliarden geworden. Und wo die Kostenspirale dann 1997 endgültig ankommen wird, weiß zur Stunde niemand. Nur eines steht jetzt schon fest: Der Airport, mit dem Hongkong klotzt und protzt, wird auf jeden Fall teurer als der Kanaltunnel zwischen Großbritannien und Frankreich werden, dessen Kosten bei Fertigstellung um die sechzehn Milliarden Dollar pendelten.

Bei solchen Aussichten, so behaupteten die Peking-Chinesen, könnten sie nachts nicht schlafen. Wenn sie am 1. Juli 1997 die Kolonie übernähmen, könne das Staatssäckel möglicherweise leer sein und der Gouverneur sich mit dem Tafelsilber davongemacht haben. Also gaben sie kein grünes Licht und ließen die Ampeln auf Gelb stehen, denn gebaut wurde ja schon.

Ob falsch berechnete Finanzierungspläne den Konflikt verursacht hatten oder ob es die Politik war, die aus China nach Hongkong hineinfunkte: über das »Memorandum of Understanding Concerning the Construction of the New Airport in Hong Kong and Related Questions« vom Juni 1991 gab es Streit. Darin hat sich London verpflichtet, daß China bei der Übergabe der Kolonie in der Staatskasse mindestens 3,2 Milliarden amerikanische Dollar vorfindet. Da Hongkongs Kassen jedoch klingeln, schienen Pekings Sorgen, sie eines Tages geräubert vorzufinden, unbegründet zu sein, aber ein Problem war es – ein ganz haariges.

Gouverneur Patten durchhaute den Gordischen Knoten mit einem Handkantenschlag. Er rief vor dem Legislative Council, dem sogenannten Parlament der Kolonie, aus: »The airport deserves to be built, and it will be built.« (»Der Flugplatz verdient gebaut zu werden, und er wird gebaut.«) Die Meinungsverschiedenheiten könnten auf einer einzigen Morgensitzung aus der Welt geschafft werden, nur von einer Kaffeepause unterbrochen.

Gut gebrüllt, Löwe! Aber den Chinesen in Peking taten darob die Ohren weh. Ihre Antwort: So geht's nicht! Das lassen wir uns nicht gefallen! Was fällt dem Mr. Patten ein? Die Zeiten, da die Briten diktieren konnten, sind vorbei. Er möge, bitte, zur Kenntnis nehmen, daß man nicht mehr das Jahr des Opiumkrieges schreibe.

Doch nach lautstarken verbalen Attacken lenkte Peking im November 1994 schließlich ein. Der Airport darf mit seinem Segen vollendet werden. Ein Brandherd war gelöscht, aber ein anderer schwelt weiter – die Pattensche Wahlrechtsreform.

Die Materie ist kompliziert. Grob skizziert geht es um folgendes: Nach anderthalb Jahrhunderten patriarchalischen Kolonialismus entdeckten die Briten 1991, also kurz vor zwölf, daß es an der Zeit wäre, den Hongkong-Chinesen ein winziges Stückchen vom Zuckerbrot westlicher Demokratie zu schenken. Zum ersten Mal nach hundertfünfzig Jahren solle das sogenannte Parlament frei gewählt werden. Allerdings sollten die Hongkonger an allzuviel Freiheit auch nicht ersticken, und deshalb müsse sie sparsam dosiert verabreicht werden. Alle sechzig Abgeordneten frei am selben Tage zu wählen – das sei des Guten zuviel. Demokratie könne nur Schritt für Schritt verwirklicht werden. Also solle sie zunächst nur mit achtzehn freigewählten Volksvertretern an den Start gehen; die restlichen würden wie bisher ernannt oder von Interessengruppen wie Geschäftsleuten, Rechtsanwälten, Lehrern, Gewerkschaften usw. entsandt.

Die Hongkonger durften also am 15. September 1991 zum ersten Mal wählen. Von den 3,6 Millionen Wahlberechtigten aber ließ sich nur die Hälfte registrieren, und von diesen 1,8 Millionen gaben nur 39 Prozent ihre Stimme ab. Die tatsächliche Wahlbeteiligung lag also nur bei zwanzig Prozent. Politisch Lied war für die Hongkong-Chinesen immer schon ein garstig Lied.

Der Anfang der Demokratisierung aber war gemacht und Gouverneur Patten entschlossen, das Experiment zum Wohle des Volkes siegreich voranzutreiben. Er senkte das Wahlalter von einundzwanzig auf achtzehn Jahre. Geht's nach ihm, werden 1995 bei der letzten Wahl vor dem Schicksalsjahr zwanzig Volksvertreter direkt gewählt und die vierzig anderen etwas direkter als früher bestimmt. Das ist noch keine Demokratie aus dem Bilderbuch des Idealismus, aber ein paar Gramm mehr Demokratie als früher sind's allemal.

Doch so steht es nicht in den Verträgen mit der Volksrepublik, und so klagt Peking denn an: Verrat! Ganz im

Unrecht sind die Machthaber dort nicht, denn ohne das Allerletzte auf Punkt und Komma geregelt zu haben, durften sie den Geist der »Joint Declaration« in dem Sinne interpretieren, daß bis 1997 in Hongkong grundsätzlich alles beim alten bleiben würde. Ob die Herabsetzung des Wahlalters und die anderen minimalen Korrekturen des Wahlrechts den von London garantierten Status quo verletzen, ist eine Frage der Interpretation, aber auf jeden Fall sind die Reformen auf Regierungsebene nicht vereinbart worden.

Allerdings werden Wahlen in der »Joint Declaration« auch nicht totgeschwiegen. Peking verspricht in Richtung Demokratie sogar Schritte, die über die im Grunde nur kosmetischen Verbesserungen des Hongkonger Gouverneurs weit hinausgehen. Steht doch in Artikel 4, der *chief executive* – wie er auch immer heißen mag, ob Gouverneur oder anders – werde von der Regierung auf Grund der Ergebnisse lokaler *elections or consultations* ernannt.[2] Ähnliches praktizieren die Briten bis heute nicht. Die Regierung konsultiert keinen einzigen Hongkong-Chinesen, ob ihm der zum Gouverneur Ausersehene gefällt oder nicht gefällt. Ihn gar vom Hongkonger Volk wählen zu lassen, kommt London erst recht nicht in den Sinn. Der Gouverneur wird von der Queen ernannt – und damit basta.

Noch einen Schritt weiter gehend, stellt die Volksrepublik nach 1997 auch ein regelrechtes Parlament in Aussicht – ein Parlament, wie es Großbritannien seit langem besitzt, Hongkong aber nie gekannt hat. »The legislature shall be constituted by elections.« (»Die Legislative soll aus Wahlen hervorgehen.«) Und sie darf im Gegensatz zu heute auch

[2] Vgl. Anhang, S. 258

kraft eigener Autorität Gesetze erlassen. Angesichts dieser vollmundigen Versprechungen von Demokratie müßten die Briten eigentlich schamrot werden.

Doch von Demokratie ist in der »Joint Declaration« nicht ein einziges Mal die Rede, und den »elections«, den Wahlen, ist auch nicht das Wörtchen frei vorausgesetzt. Außerdem weiß Chinas Kommunistische Partei Wahlen zu manipulieren. Sie hat darin Erfahrungen und stets Ergebnisse produziert, die den Allmächtigen gefielen.

Aber das weiß doch auch Chris Patten. Warum beißt er sich im Kleingedruckten fest? Natürlich ist ihm klar, daß er die Kommunisten nie und nimmer daran hindern kann, Wahlsiege zu feiern, wie es ihnen gefällt. Wenn es sein muß, holen sie 99,9 Prozent der Stimmen. Hat es kurz vor zwölf also noch Sinn, gegen Peking mit dem Kopf durch die Wand gehen zu wollen? Schneid ist ja eine durchaus lobenswerte Tugend, aber sie kann auch in Sturheit ausschlagen. Verständlich ist zwar, daß Mr. Patten keine »lame duck«, keine lahme Ente, sein will, aber wenn Hongkongs »business people« über den Gouverneur stöhnen, weil er ihnen ihre Chinageschäfte kaputtmachen könnte, und Peking über Patten vor Wut kocht, dann mag der Vertreter der Krone stolz darauf sein, vor den Chinesen nicht auf dem Bauch zu liegen, aber als Diplomat auf heiklem Posten hat er sich dadurch keinesfalls ausgewiesen.

Er sollte einmal die Memoiren von Margaret Thatcher aufschlagen. Auch sie trug sich mit Gedanken, »die Entwicklung demokratischer Strukturen in Hongkong voranzutreiben, als stünde die Unabhängigkeit oder Selbstverwaltung unmittelbar bevor«. Sie dachte sogar an Volksabstimmungen als »feste Einrichtungen«. Niemand schien jedoch »von meinen Vorstellungen sonderlich begeistert, und letztlich mußte ich mich wider Willen damit abfinden, daß es sich im Moment nicht lohnte, diese Gedanken weiterzuverfolgen, da die Chinesen sie ohnehin nicht akzeptieren würden«.[3]

Trotz tropischen Klimas ist zwischen Hongkongs Gouverneur und der Regierung in Peking eine Eiszeit ausgebrochen. Die Chinesen haben schweres Geschütz in Stellung gebracht. Nach dem Motto: Störenfried Patten mag tun und lassen, was er will, aber alles, was uns mißfällt, wird 1997 zerrissen, seien es Verträge, Abkommen oder Vereinbarungen. So seine Wahlrechtsreform 1995 tatsächlich angewendet werden sollte, werden wir die Volksvertreter später wieder nach Hause schicken. Und wenn es denn nötig sein sollte – bei ernsthaften Störungen zum Beispiel oder gar Chaos –, werden wir die Kolonie noch vor dem vereinbarten Zeitpunkt übernehmen.

Governor, warum der Nervenkrieg? Er überzeugt nicht. Anderthalb Jahrhunderte überhaupt keine Demokratie und jetzt plötzlich, wo der Zug längst abgefahren ist, ein Happen, ein Häppchen von ihr: Sollen auf verlorenem Posten Widerstandskämpfer, Helden geboren werden, die Peking die Stirn bieten und für Mut und Zivilcourage 1997 möglicherweise büßen müssen?

Des darf der Gouverneur sicher sein, daß die Nachrichtenagentur Xinhua ihre sechshundert in Hongkong stationierten »Journalisten« – dpa, die Deutsche Presse-Agentur, zählt insgesamt nur 840 Mitarbeiter – schon seit langem mit Kamera, Papier und Bleistift durch die Straßen schickt, auf daß jene in Wort und Bild für die Archive verewigt werden, die zum Gedenken der Toten und Verwundeten

[3] Margaret Thatcher, a. a. O., S. 688

des Tiananmen-Massakers demonstrieren, die Menschenrechte einklagen, Autonomie fordern und Freiheit rufen. Ihre Namen sind auf »schwarzen Listen« festgehalten.

Journalisten gehen in Deckung, schreiben mit der »Schere im Kopf«, versuchen sich in Selbstzensur. Lassen Störendes für Peking vielleicht in den Papierkorb fallen oder verstecken es im Blatt, auf daß es überlesen werde. Kommentatoren werden vorsichtiger, streichen Adjektive und üben sich in milderen Worten als früher. Warum die Herren jenseits der Grenze reizen? Warum sollen Journalisten Helden sein, wenn es die »business people« nicht sind? Wenn alle in Deckung gehen, brauchen auch Journalisten nicht auf die Barrikaden zu steigen.

Deng Xiaoping hat gesagt, Hongkong solle ab 1997 von Patrioten regiert werden, die China liebten. Zu diesen Patrioten zählt für ihn Martin Lee bestimmt nicht. Er gilt in Peking als Verräter, und viel besser ist sein Ruf unter Hongkongs Geschäftsleuten auch nicht. Er möge ja vielleicht ein guter Mensch und ein Idealist sein, aber er störe die Geschäfte, strampele gegen den Zeitgeist und stifte nur Unruhe und Verwirrung. Dieser Intellektuelle, von Beruf Anwalt, sei im Grunde ein ganz gefährlicher Typ. Einige höhere Beamte in der Kolonialverwaltung denken ähnlich.

Der Bürgerrechtler Martin Lee, in seinem leidenschaftlichen Engagement ein Einzelkämpfer, obgleich er bei den ersten freien Wahlen von achtzehn Sitzen gleich sechzehn holte, spricht unzähligen, die sich nicht trauen, aus der Seele. »They are beginning to think like a slave already. I don't want to antagonize my master and I don't want another guy to antagonize him either for fear that they will get less bread from the master.« (»Sie denken fast schon wie ein Sklave. Ich will meinen Herrn und Meister nicht verärgern, und andere sollen das auch nicht tun, weil sie Angst haben, der Herr werde ihnen weniger Brot geben.«)

Werden wir aufrecht stehen und verlangen, fragte Martin Lee, daß die Versprechungen der »Joint Declaration« bis auf Punkt und Komma eingehalten werden, oder gehen wir in die Knie und geben nach? Und er gab die Antwort: »Our attitude must be that of ›united we stand‹ and not ›united we kneel‹.« (»Vereint müssen wir aufrecht stehen, nicht vereint niederknien.«)[4] Sollte es 1997 politische Gefangene geben, könnte Martin Lee einer der ersten sein.

Am »business as usual« wird Peking möglicherweise nicht rütteln, aber die Luft der Freiheit wird dünner werden.

Doch was heißt Freiheit? Aus dem hehren, westlichen Begriff müssen Pathos und Idealismus herausgefiltert werden. Die amerikanische Unabhängigkeitserklärung, die Parolen der Französischen Revolution und den Tiefsinn des deutschen Idealismus bewegt in Wanchai, Kowloon und den New Territories kein Chinese im Herzen. Er definiert Freiheit viel weniger göttlich und nimmt sie viel bescheidener. Für die Hongkong-Chinesen heißt Freiheit: in Ruhe gelassen zu werden. Nach getaner Arbeit wollen sie nach Hause fahren, die schlappe Küche der Cantonesen oder die scharfe aus Sichuan essen, ins Kino gehen, Mahjong spielen, auf Rennpferde wetten. Ideologische Gottesdienste mit roten Fahnen werden sicherlich auch geboten, aber dahin werden keine Betriebsgruppen abkommandiert. Kein Einpeitscher steht am Fabriktor und notiert die Namen jener, die sich der Ideologie verweigern. Hongkong-Chinesen können Mao Tse-tung, Chiang Kai-

[4] New York Times, 24. 7. 1990

shek und die Queen in die gute Stube hängen. Aber wer tut das schon? Sie schmücken die paar Quadratmeter, die ihr eigen sind, mit Fotos der Kinder, der Sippe, der Verstorbenen.

Freiheit heißt für sie »freier Markt«, sowohl wirtschaftlich als auch ideell. Das Angebot an allem, was über das Undefinierbare zwischen Himmel und Erde in den Köpfen so vor sich geht, ist groß. Es reicht vom Küchengott bis zur Ahnenverehrung, von taoistischen Tempeln bis zu christlichen Kirchen, vom Chinesischen in den Grundschulen bis zum Englischen in den Oberschulen, von der Peking-Oper bis zu Goethe, von der Klassik bis zum Rock. Ost und West, Vergangenheit und Gegenwart pendeln sich der Nachfrage entsprechend ein. Der freie Markt reguliert die Bedürfnisse des Glaubens und Wissens, des Träumens und Hoffens. Diese menschliche, allzumenschliche Freiheit kennt die Volksrepublik bis heute nicht. Wird China sie dulden, wenn es die Kolonie übernimmt?

Zunächst werde es ein paar »hick-ups«, ein paar Schluckaufs, geben, behaupten Optimisten, aber wenn Verwaltung und Bürokratie alles in den Griff bekommen hätten, werde sich das Leben wieder normalisieren. Etwas Zeit müsse man den neuen Herren lassen. Über Nacht habe in der ehemaligen DDR der Sprung vom Kommunismus in den Kapitalismus ja auch nicht geklappt, und in Hongkong beim Sprung in umgekehrter Richtung gleich in der allerersten Stunde Normalität zu erwarten, sei zu hoch gegriffen. Pannen müßten einkalkuliert werden, aber anschließend werde der in der »Joint Declaration« vorgeschriebene Kurs gesteuert und gehalten. Grundsätzlich werde der 1. Juli 1997 ein ganz gewöhnlicher Dienstag werden.

In den Zeitungen aber machen inzwischen Stories Schlagzeilen, die die Hongkonger bisher nur aus New York und Chicago kannten. An einem Novemberabend verließ Andely Chan Yiu-hing eine Karaoke-Bar. Aus der Dunkelheit traten drei Männer auf ihn zu und streckten ihn mit Pistolenschüssen nieder. Der Mord ereignete sich zwar in Macao, aber der Tote war der »Tiger von Wanchai«, einer der gefürchteten Hongkonger Unterweltbosse.

Die Mafia wittert in den letzten britischen Jahren der Kolonie Morgenluft. Spielhöllen werden überfallen, Tote und Verwundete bleiben zurück. Selbst in Central, dem mit Banken bestückten Herzen von Hongkong, peitschten Schüsse – und das bei schönstem Sonnenschein am hellichten Tage. Kurz bevor ihn die tödlichen Schüsse trafen, erhielt ein Geschäftsmann dubiose Post: einen abgeschlagenen Hundekopf. »Sei gewarnt, laß die Finger weg von diesem und jenem!« Aber sein Todesurteil war schon gesprochen.

Die Mafia rekrutiert ihren Nachwuchs teilweise aus Schulen. Immer mal wieder berichten Zeitungen, das Fight Crime Committee sei auf der Suche nach Gangstern in Schulen fündig geworden. Selbst Zehn- und Zwölfjährige, von Männlichkeit, Tapferkeit und Heldentum träumend, gerieten auf die schiefe Bahn. Dabei taucht dann regelmäßig ein Begriff auf, der inzwischen auch international Berühmtheit erlangt hat – das Wort Triade. Der für die Sicherheit in Bayern zuständige Minister erklärte einmal, die italienische Mafia sei zwar eine Geißel, aber eine der Polizei einigermaßen bekannte. Rätselhaft hingegen seien die chinesischen Triaden. Sie gäben den Sicherheitsorganen die allerhärtesten Nüsse zum Knacken auf.

Die Triaden, die Geheimgesellschaften, haben eine lange

Geschichte. Aus religiöser Sektiererei schon früh entstanden, beginnt ihre politische Geschichte ungefähr Mitte des 17. Jahrhunderts, als die Mandschus das Reich eroberten und die Ming-Dynastie stürzten. Gegen das Barbarenvolk aus dem Nordosten, das nicht dem Han-Chinesentum zugerechnet und dessen Dynastie der Ching als Fremdherrschaft empfunden wurde, riefen patriotische Chinesen zum Kampf auf. In Geheimgesellschaften zusammengeschlossen, verschworen sie sich zum Sturz der Mandschus. Ihr Kampf im Untergrund dauerte zweieinhalb Jahrhunderte. Erst 1911 wurde der letzte Mandschu-Kaiser vom Thron vertrieben. Der Vater dieser Revolution hieß Sun Yat-sen. In den Geheimbünden bekleidete er einen hohen Rang.

In der neuen Republik China war ihr Einfluß zunächst beträchtlich, ebbte aber dann im Laufe der innerchinesischen Wirren ab. Die einstmals politischen Organisationen rutschten ab zu kriminellen Vereinigungen. Als solche sind sie heute gefürchtet, nur die Rituale von einst gelten weiter. Bei der Weihe zur feierlichen Aufnahme in den Bund werden Roben getragen, als seien die Blutsbrüder buddhistische Mönche. Der Neuaufgenommene muß sein mit Wasser gemischtes eigenes Blut trinken. Es kann vorkommen, daß bei der Zeremonie einem Hahn der Kopf abgeschlagen wird, als Symbol der Strafe, die dem Verräter droht, der »singt«.

Die inzwischen unter Chinesen in aller Welt international operierenden Verbrechersyndikate leben von Schutzgeldern, die sie von Restaurants, Bars, Clubs, Kinos und Prostituierten erpressen. Das ganz große Geld machen sie mit Rauschgift. Allein in Hongkong soll es fünfzig Banden mit rund 120000 Mitgliedern geben, die sich ihre Nester so ziemlich überall gebaut haben, auch in Behörden, der

Justiz und Polizei. Bei einem Gerichtsprozeß wurde ausgesagt, die Sun-Yee-On-Triade sei mit 47000 Blutsbrüdern die größte in der Kolonie.

Die Regierung ist im Kampf gegen die Geheimgesellschaften ziemlich machtlos. Wenn ein paar der Mafiosi tatsächlich mal hinter Gittern verschwinden, wachsen neue nach. Aber es sind nicht nur die kriminellen Aktionen dieser Unterwelt, die in die Schlagzeilen kommen – auch ganz andere Gefahren tauchen auf: politische, denn ein Rest von »Patriotismus« lebt in den Triaden weiter.

Während des Krieges arbeiteten Geheimbünde Hand in Hand mit den japanischen Besatzern gegen die Briten. 1956 hatten sie bei antikommunistischen Unruhen an ganz entscheidender Stelle ihre Finger im Spiel. »Linke« Fabriken und Geschäfte wurden geplündert, Taxen und Autobusse gingen in Flammen auf. Zur Niederschlagung des Aufruhrs mußte die Polizei die Armee zu Hilfe rufen. Hongkong beklagte damals neunundfünfzig Tote.

Heute haben die Geheimgesellschaften Verbindungen »nach drüben«, in die Volksrepublik. Dort werden angeblich arbeitslos gewordene Soldaten rekrutiert. Der Volksbefreiungsarmee wird nachgesagt, sie sorge für Nachschub an Waffen und Material. Wer nach Mord und Totschlag, Schußwechsel und Raubüberfällen über die Grenze verschwinde, könne drüben untertauchen. Haben Kreise in der Volksrepublik die Hongkonger Unterwelt als politisches Potential entdeckt, als Reservoir von »Patrioten«?

Gerüchte wollen nicht verstummen, und der chinesische Minister of Public Security, Tao Siju, der für die Sicherheit zuständige Mann im Staat, gab ihnen neue Nahrung. Vor der in Peking versammelten Presse erklärte er in aller Ruhe: Ja, die Volksrepublik unterhalte zu den Triaden in

Hongkong enge Beziehungen. Ungefragt gab er sogar zu Protokoll, einer aus der Pekinger Hierarchie habe aus dem personellen Reservoir der Kolonie für eine seiner Auslandsreisen die dringend notwendig gewesenen Leibwächter gekauft. Wir in Peking, sagte der wahrscheinlich auch 1997 noch mächtige Mann, sollten uns mit den Geheimgesellschaften verbünden, denn auch sie hätten Hongkongs Prosperität und Stabilität im Auge. Mit dem Pekinger Gütesiegel, Patrioten zu sein, könnten sich Bosse der Hongkonger Unterwelt eines Tages tatsächlich zu »patriotischen« Taten berufen fühlen.

Auf viele Fragen wird es Antworten erst viel später geben, auch auf jene nach der Zukunft von Shanghai. Die geschichtsträchtige Dreizehn-Millionen-Stadt hat einen unstillbaren Nachholbedarf an »sozialistischer Marktwirtschaft«, Kapitalismus und Wirtschaftswunder. Sie ist ihrer ideologischen Rauschzustände von früher überdrüssig. Shanghai hielt die rote Fahne des Maoismus immer besonders hoch in den Wind. In seinen Mauern inspirierte die Frau des Großen Vorsitzenden, die rund zehn Jahre später zum Tode verurteilte, dann zu lebenslänglich begnadigte und angeblich freiwillig aus dem Leben geschiedene Chiang Ching, den Schwiegersohn Mao Tse-tungs zum Verriß eines »konterrevolutionären« Theaterstücks. Seine in einer Shanghaier Zeitung veröffentlichte Kritik war der Startschuß zur Kulturrevolution. Auch zu ihrem Finale wurde dort geblasen. Als Maos Frau zu ahnen begann, daß sie den Kampf um die Macht verloren hatte, ließ sie in der Metropole am Yangtse zum letzten Sturm auf die Widerstandsnester Panzer auffahren – vergebens. Nur noch als Geist des Bösen lebt die Tote heute fort.

Nach den ideologischen Feuern, die in Shanghai geglüht hatten, verordneten die neuen Herren der Stadt eine Entziehungskur. Ihre Therapie: Hongkongisierung! Von Shanghai sollte die Welt wieder sprechen, wie sie es einstmals getan hatte. Die Prachtpromenade am Huangpu, einem Nebenfluß des Yangtse, wurde renoviert, modernisiert und verschönert. Der einst weltbekannte Bund mit seinen für die Ewigkeit gebauten Banken, Hotels und Hochhäusern erstrahlt fast schon wieder im alten Glanz der Kolonialzeit. Nach dem jenseitigen Ufer spannen sich, über die Schiffe im Hafen hinweg, 600 Meter lange Hängebrücken. Drüben liegt Pudong, Shanghais Entwicklungswunderland. An die hundert Wolkenkratzer werden dort aus dem Boden gestampft. Ein zweites Hongkong entsteht, ein zweites Finanz- und Wirtschaftszentrum.

Die Stadt hat in Peking mächtige Fürsprecher: Staats- und Parteichef Jiang Zemin und den als möglichen Nachfolger von Deng Xiaoping gehandelten Stellvertretenden Ministerpräsidenten Zhu Rongji. Beide waren in Shanghai einmal Bürgermeister gewesen. Sie haben ein Herz für die Stadt und verstehen deren Neid auf Hongkong. Neid ist ein nicht zu unterschätzender Motor für Streben und Ehrgeiz. Natürlich darf Hongkong weiterleben, aber Shanghai will auch leben. Zwischen beiden Metropolen ist ein Konkurrenzkampf ausgebrochen. Welche Stadt geht in fünfzig Jahren als erste durchs Ziel?

Shanghai erinnert sich dabei seiner Shanghainesen, die nach ihrer Flucht vor dem Kommunismus in der britischen Kronkolonie den allerersten Grundstein zu jener phänomenalen Entwicklung legten, die Hongkong zu dem gemacht hat, was es heute ist. Wie wär's, wenn diese Shanghainesen, diese Wirtschaftswundermänner, in ihre alte

Heimat zurückkehrten, dorthin, wo die Gräber ihrer Vorfahren liegen? Überkommt nicht jeden Chinesen in seinen späten Lebensjahren ein Heimweh nach seinen Ahnen? Hongkong ist dieser Shanghainesen Heimat nicht.

Ehrgeiz und Neid von Shanghai werden nicht Hongkongs Tod sein. Das riesige China kann zwei Metropolen am Pazifik gebrauchen: eine im Süden im Delta des Perlflusses, die andere in der Mitte, im Mündungsgebiet des Yangtse. Aber Hongkong wird kein Monopol mehr haben, und die internationale Geschäftswelt wird sich spalten. Sie steht vor einem Entweder-Oder: entweder Hongkong oder Shanghai. An der Vorkriegszeit gemessen, kann Shanghai dabei gewinnen und Hongkong verlieren.

Von 1997 an werden die Beziehungen zwischen beiden Städten ausgebaut werden. Wo aber bleibt der letzte im Dreibund – Taiwan? Als Deng Xiaoping das Risiko »Ein Land – zwei Systeme« einging, dachte er an Hongkong zunächst vermutlich nur am Rande. Er hatte die Wiedervereinigung mit Taiwan im Auge, trieb aber genauso wie Mao nicht zur Eile. Dieser hatte Henry Kissinger gesagt, Taiwan sei ein kleines Problem, keine wichtige Frage. Und Chou En-lai hatte ergänzt: »Da wir so groß sind, haben wir die Taiwan-Frage 22 Jahre auf sich beruhen lassen, und wir können es uns leisten, auch noch länger zu warten.«[5]

Inzwischen ist Hongkong zur Generalprobe für Pekings Strategie zur Wiedervereinigung mit Taiwan geworden. Für die Kolonie liegt darin ein Grund zur Hoffnung, daß 1997 alles gutgeht. Denn wenn die Volksrepublik die Kolonie einfach nur schluckt, ihre Versprechungen nicht ein-

[5] Kissinger, a. a. O., S. 1152

hält, die »Joint Declaration« in den Papierkorb wirft und die Menschenrechte mit Füßen tritt – dann kann Peking für unabsehbare Zeit Taiwan abschreiben. Eine solche Niederlage aber wird Festland-China, nach dem gegenwärtigen Stand der Dinge, nicht einstecken wollen. Es will über Hongkong hinaus nach Taiwan, und zwar friedlich, trotz gelegentlicher Androhung von Gewalt. Militärisch kann die Volksrepublik das Problem, wenn einigermaßen Vernunft waltet, nicht lösen. Eine Invasion der Insel entspräche der Landung der Alliierten in der Normandie. Dazu ist Peking so bald noch nicht in der Lage. Auf dem friedlichen Wege nach Taiwan ist Hongkong eine Station, ein politisch und moralisch wichtiger Stützpunkt in der Etappe, und deshalb könnte die Volksrepublik an der Kolonie beweisen wollen, daß sie hält, was sie verspricht.

Die Hongkonger beurteilen ihre Zukunft fünfzig zu fünfzig. Keiner ist sich sicher, und niemand kann voraussagen, ob bis dahin alles so ruhig, glatt und reibungslos zugehen wird wie bisher. Die Hongkong-Chinesen fressen viel in sich hinein. Stumm und ergeben nehmen sie hin, was ihnen bevorsteht. Es sei denn, es wird zuviel. In den letzten Minuten vor zwölf könnte eine Panik ausbrechen. Hongkong ist eine Gerüchteküche, Börsenkurse stürzten, und schon manches Mal stürmten aufgebrachte Chinesen irgendwelche Banken und verlangten ihr Geld. Ähnliches kann wieder passieren, denn wo der Hongkong-Dollar stehen wird, wenn es soweit ist, weiß keiner.

So manchem kommen in Hongkong Erinnerungen an Saigon. Wie oft ist damals, als sich die Stadt noch im Krieg befand, über ihre vier Millionen Menschen gerätselt worden. Interesselosigkeit wurde ihnen vorgeworfen und Gleichgültigkeit gegenüber den historischen Herausforderungen. Täglich und stündlich versuchten sie dem Krieg ein Schnippchen zu schlagen. In einem schienen sie sich immer ganz sicher zu sein: Was auch kommen mag – wir werden uns arrangieren. Wir kennen viele Wege: gerade und krumme. Auch in den Stunden größter Gefahr blieb das Leben gewürzt mit dem Schlitzohrigen und Spitzbübischen. Keiner hat sich je beklagt, daß Saigon müde sei, faul und in der Hitze nur fatalistisch vor sich hindösend. Vitalität bis zuletzt, aber dann...

Hongkong braucht für seine Zukunft ein geeintes, in sich gefestigtes, stabiles China auf Deng-Xiaoping-Kurs. Aber Deng wird sterben, 1904 ist er geboren – was dann? Testamentarisch hat er, soweit bekannt, noch keinen Nachfolger bestimmt. Die Meinung ist weit verbreitet, seine wirtschaftliche Liberalisierung, seine »sozialistische Marktwirtschaft« sei unumkehrbar. Tatsächlich ist ja auch kaum vorstellbar, daß der ersten Gegenrevolution unter Deng eine zweite gegen die erste auf dem Fuße folgen könnte.

Gelockert aber hat sich unter ihm, im Vergleich zur Vergangenheit, die Stabilität Chinas. Die Entwicklung des Landes ist extrem unausgewogen. Goldküsten florieren, weite Landstriche im Innern verdorren; Hafenstädte erblühen, Städte »auf dem Land« welken; Wirtschaftssonderzonen sind Wunderzonen, andere hinken weit hinterher. Und quer über China von Nord nach Süd und von Ost nach West sprießt das Unkraut der Korruption.

Nicht auszudenken, daß die Gespenster der Vergangenheit, die Warlords, Regionalmachthaber in Uniform oder im Straßenanzug, wiederauferstehen könnten. Irgendwann einmal gar in Hongkong, im New York Chinas? Für Skrupellose mit dem Willen zur Macht ist die Versuchung dort groß. Auf dem Papier wird Hongkong ein hoher Grad an Autonomie gewährt. Theoretisch darf der Chief Executive schalten und walten wie in einem »unabhängigen Staat«. Wer aus dem übrigen China in die Verwaltungssonderzone Hongkong einreisen will, muß um Erlaubnis nachsuchen, braucht also ein »Visum«.

Was aber passiert, wenn die Unzähligen, die rein wollen, nicht rein dürfen? Läßt der zukünftige Chief Executive dann die Grenze schließen? Ein drei Meter hoher und mit Stacheldraht verstärkter Maschendrahtzaun riegelt schon heute Hongkong von China ab. Wenn der Flüchtlingsdruck noch stärker wird – wird dann eine Mauer gebaut und ein Todesstreifen gerodet? Und gesetzt den Fall, jene drüben, die nichts zu verlieren haben, überrennen die Grenze und stürmen Hongkong? Läßt der Statthalter Pekings, der viel zentrifugale Macht in seinen Händen hält, dann schießen?

Der Szenarios, der Sandkastenspiele gibt es viele. Ein Hintergrund ganz grundsätzlicher Natur aber darf dabei nicht unberücksichtigt bleiben. Chinesen sind keine Europäer und erst recht keine Deutschen. Wenn die Kommunisten der DDR damals nach der Maxime »Ein Land – zwei Systeme« den Westberlinern versprochen hätten, es dürfe bei ihnen fünfzig Jahre lang alles beim alten bleiben, so sie sich nur wiedervereinigen ließen – kein einziger in ganz Berlin, der DDR und der BRD hätte es geglaubt. Denn Worte hin und Worte her: totalitäre Deutsche, einer politischen Religion verfallen, können fürchterlich konsequent sein. Über das Schicksal von West-Berlin hätte Gewißheit bestanden. Über die Zukunft von Hongkong aber gibt es diese Gewißheit nicht. Die Ungewißheit, was kommt, könnte ihm zum Guten ausschlagen.

Ostasien den Ostasiaten!

Als von Hongkong noch kaum jemand sprach und Japan auch noch keine Schlagzeilen machte – ungefähr Anfang der sechziger Jahre –, da kam von Nippons Inseln eine Schar Touristen in die Kolonie, eine halbe Kompanie, wie inzwischen auf der ganzen Welt üblich. Durchschwitzt und erschöpft von strapaziöser Sightseeing-Tour saßen die Japaner in der klimatisierten Lobby eines noblen Hotels. Vergessen lag auf einem der ledernen Sessel das an einer langen Stange befestigte Fähnlein, hinter dem sie so tapfer durch Hongkongs Straßen marschiert waren. Da kam ein Spitzbube von Chinese des Weges und ergriff das bunte Tüchlein. Keines japanischen Wortes mächtig, schwenkte er die Fahne, wie es heute Touristenführer in New York und Paris, am Grand Canyon und zu Füßen der Eiger-Nordwand auch tun. Und siehe da, der Japaner Schar nahm schweigend Aufstellung und folgte der Fahne. Hinaus ging es aus dem Hotel, in die erste Straße rechts und die zweite links, dann lange, lange geradeaus, immer mit dem schweigsamen Fahnenschwenker vorneweg. Der kannte sein Hongkong und führte den Japanertrupp kreuz und quer, bergauf und bergab, bei 36 Grad im Schatten und hundertprozentiger Luftfeuchtigkeit. Als die ersten ihren Schweiß trockneten, nach Wasser lechzten und müden Fußes zurückblieben – da legte das flinke Chinesenbürschlein das Fähnchen auf eine Parkbank und verschwand. Und wenn sie nicht von der Polizei, ihrem Freund und Helfer, zurückgelotst worden sind, irren die Japaner, treu der Fahne folgend, noch immer durch Hongkongs Straßen... (Das Märchen soll wahr sein.)

Chinesen sind ganz anders als Japaner. Nur wenn auf dem Kaiserthron in Peking ein Mao Tse-tung sitzt, folgen sie der Fahne; ansonsten haben sie mit im Wind flatternden Tüchern wenig im Sinn. Dafür aber tun sie etwas, was Japanern total fremd ist: Sie lassen sich tippen. In Hongkongs Hotels erwartet der Boy, der den Koffer trägt, das junge Mädchen, das im Coffee-shop das Frühstück serviert, erwartet jeder, der einen einzigen Handschlag tut, sein Trinkgeld. In Japan aber wird nicht getippt. Für Trinkgelder sind Japaner zu stolz.

In Tokyos überfüllten U-Bahnen herrscht bedrückende Stille. Wenn adrett gekleidete Japanerinnen mal lachen, heben sie die Hand vor den Mund – keiner soll's hören. In Hongkongs Untergrundbahnen aber wird geschnattert und geplappert, als gäbe es keine Nachbarn. Chinesen sind laut, spontan, temperamentvoll. Ein der Sprache Unkundiger könnte manches Mal glauben, eine Schlägerei stehe bevor.

Früher begrüßten Hongkong-Chinesen das Neue Jahr mit ohrenbetäubendem Feuerwerkslärm. Aus dem zwölften Stock der Hochhäuser hingen Knallerschlangen bis hinunter auf die Straße. Unten wurden sie angesteckt. In den steinernen Schluchten hallte das Echo. Es war ratsam, in Deckung zu gehen. Hongkong feierte frisch-fröhlich »Krieg« und wünschte sich und den Seinen ein glückliches neues Jahr. Heute ist das Silvestergeballer im Rhythmus des Mondkalenders verboten, weil das immer raffiniertere Pulvergemisch zu gefährlich geworden war.

In Japan aber beginnt das neue Jahr in absoluter Stille. Millionen besuchen die Tempel und Schreine, spülen den Mund als Symbol ihrer Reinigung, ziehen vorbei an stummen Priestern. Keine Predigten, keine Ermahnungen, keine Tröstungen. Wortlos beginnt das neue Jahr, als bedürften Japaner der Worte nicht.

Wie von verschiedenen Sternen scheinen Japaner und Chinesen auf die Erde hernieder gekommen zu sein. Wer je die Ehre hatte, zu einem klassischen japanischen Dinner eingeladen worden zu sein, dem gingen die Augen über, schlug das Herz höher. Aber wurde er satt? Fotografen zückten die Kameras: Schalen und Schälchen, Deckel und Deckelchen; schwarzer Lack und roter Lack; grüner Bambus, rötlicher Fisch, zitronengelbe Scheiben, weißes Reisstroh – alles farblich abgestimmt und sehr ästhetisch, als sei in Japans klassischer Küche mehr der Künstler als der Koch gefordert.

Von solchem ästhetischen Firlefanz wollen Chinesen nichts wissen. Wer für äußeren Schnickschnack das Geld aus dem Fenster wirft, hat keines mehr für Gewürze, Fleisch, Fisch und Gemüse übrig. Chinesen muß das Essen schmecken. Wie es aussieht und serviert wird, ist Nebensache.

Seit es Chinesen gibt, sitzen sie auf Stühlen – wie wir. So mancher Europäer hat von drüben Chinesen-Zimmer mit nach Hause gebracht. Mit Chinoiserien läßt sich unter Freunden und Bekannten Eindruck schinden. Japaner aber hocken, so sie sich entspannen wollen, noch immer im Schneidersitz auf der Tatami. Nur während der Arbeit sitzen sie in klimatisierten Büros auf verchromten Drehstühlen; in den eigenen vier Wänden aber bleiben sie dem Urväterbrauch treu.

Japaner auf der Tatami signalisieren Europäern sofort: Wir sind anders als ihr! Der Fremde, der nach Japan kommt, begreift in der allerersten Stunde, daß er in einem anderen Land ist, daß Psychologie und Mentalität der Menschen dort unverwechselbar Sonderwege gehen. Für viele, die wachen Sinnes waren, begannen die Japan-Jahre mit einem Kulturschock. So gesehen ist Japan ehrlich. Es stellt sich vor, wie es ist: fremd und anders. Keiner, der dort lebte, hat je behauptet, Japaner seien im Grunde »wie wir«.

In Hongkong aber kann leicht der Eindruck entstehen, Chinesen seien »wie wir« – Individualisten. Denn um ihre runden Tische ist es nie langweilig. Rechts sitzt einer wie du und ich und links auch, temperamentvoll in der Freude, explosiv im Ärger. Chinesen sind nicht maskenhaft; in ihren Gesichtern glaubt der Europäer lesen zu können. Aber kann er es wirklich?

In der Chinakunde des Westens reiht sich von den Jesuiten im 16. über die Missionare im 19. bis zu den 68ern in diesem Jahrhundert Irrtum an Irrtum: von der Idealisierung über die Verteufelung zurück zur Idealisierung. Ein Zufall kann das nicht gewesen sein.

Europäer und Amerikaner haben es sich mit Chinesen leichtgemacht, weil umgekehrt sie es ihnen leichtgemacht haben anzunehmen, im Grunde »wie wir« zu sein. Aber als Konfuzianer in das Netzwerk ihrer Familie eingebunden, sind Chinesen keine Individualisten. Es wirkt nur so – gemessen an der Kollektivgesinnung der Japaner.

Japaner sind von Menschen des Westens selten »geliebt« worden, von »old China hands« nie. Diese haben aus ihrer Antipathie gegen Japaner nie einen Hehl gemacht und wie der deutsche Peter Holzberger, der im alten China sein Herz verlor, schon früher behauptet, was heute gelegentlich wieder in den Gazetten steht: »The Chinese follow the principle never to ›break a competitor's rice bowl‹. The Japanese do not have a principle, they are out to ›cut your throat‹.« (»Chinesen folgen dem Prinzip, ihrem Konkurrenten nie die Schale Reis zu nehmen. Japaner aber haben kein Prinzip, sie schneiden ihm die Kehle durch.«) Wenn es zwischen den Völkern etwas geben sollte, das mit Liebe umschrieben werden könnte, dann haben Europäer und Amerikaner ihre Liebe in Ostasien den Chinesen zugewandt – auf Kosten der Japaner.

Der Soziologe Max Weber fragte zu Anfang des Jahrhunderts, ob neben den westlichen auch östliche Völker schon reif für den Kapitalismus seien, und gab die Antwort: »Der Chinese würde vermutlich noch fähiger sein als der Japaner, sich den technisch und ökonomisch im neuzeitlichen Kulturgebiet zur Vollendung gelangten Kapitalismus anzueignen.«

Umgekehrt wäre es richtig gewesen. Die vergangenen hundert Jahre haben die Prophezeiung widerlegt, und Hongkong widerlegt sie auf seine Weise. Wenn es Nacht wird über der Kolonie, erstrahlen rund um das Hafenbecken in Riesenlettern die Neonreklamen japanischer Weltfirmen: Fujifilm, Canon, Olympus, Yashica, Citizen, Nikon, Hitachi, Ricoh, Sanyo. Die Japaner sind längst da, und ihnen »gehört« Hongkong schon. Wer sagt eigentlich, daß es chinesisch wird? Wer nur seinen Augen vertraut, könnte glauben, Hongkong solle 1997 japanisch werden.

Die Namen großer Japaner grüßen allüberall, aber wo sind die Namen chinesischer Firmen mit Weltgeltung? Das kleine Hongkong gehört zu den größten Wirtschafts»nationen« der Erde, produziert so ziemlich alles, was rund um den Globus gebraucht wird, aber mit einem Markennamen, den jeder Europäer sofort erkennt, ist es in den Kaufhäusern nicht vertreten. Hongkong-Chinesen produzieren namenlos. »Made in Hong Kong« steht fast in jedem zweiten Oberhemd, aber wer sich dahinter verbirgt, weiß keiner. Mit den organisatorischen Kronjuwelen des Hochkapitalismus, weltweit operierenden Riesenkonzernen mit ein paar hunderttausend Mitarbeitern, schmücken sich Hongkong-Chinesen nicht.

Das tun die Japaner und sind wie überall auf der Welt auch in Hongkong allgegenwärtig. Sie sind in die Kolonie groß eingestiegen. Ende 1992 hatten sie in die verarbeitende Industrie 12,5 Milliarden Dollar investiert und standen in diesem Sektor von allen ausländischen Investoren an der Spitze. Ihr Handel mit der Kolonie stieg in den zwanzig Jahren nach 1973 von 1,4 auf 24,7 Milliarden Dollar. Ende 1993 operierten in Hongkong 1600 japanische Firmen; fünfundsechzig Banken waren vertreten. 20000 Japaner lebten dort, und zusätzlich kamen aus der Heimat jährlich eine Million Touristen.

Als die Japaner fester Fuß faßten denn je, hielten smarte Herren auf den Vorstandsetagen geheiligter Institutionen, die wie Säulen die koloniale Epoche getragen hatten, Ausschau in der Welt nach sichereren Plätzen als Hongkong. Ausgerechnet die Nachfahren derer, die die Kolonie einst auf Opium gegründet hatten, die Urenkel der legendären Opiumzaren Jardine und Matheson, siedelten den »Kopf« ihres inzwischen weltweiten Unternehmens nach den Bermudas um.

Das Hongkonger Establishment war wie vom Schlag getroffen. Holte da eine Institution, so alt wie die Kolonie selbst, die Fahne ein? Traf auf die hohen Herren das Wort von den Ratten zu, die das sinkende Schiff verlassen? Geistreiche Kommentatoren griffen zur Feder und meinten in den Gazetten, der Schock sei nur der Nachricht vergleichbar, der Papst wolle den Vatikan räumen oder die Queen nach Australien emigrieren.

Die »Staatsbank«, die Hong Kong & Shanghai Banking Corp., traf Vorbereitungen, um sich unter dem Dach einer in London anzusiedelnden Holding neu zu organisieren. Er persönlich habe Vertrauen in Hongkong, sagte ihr Vorstandsvorsitzender William Purves, aber andere hätten es leider nicht. Es gebe auf den Kapitalmärkten der Welt Schwarzmaler, die hinter Hongkongs Zukunft Fragezeichen setzten.

In London, New York und Frankfurt mag das der Fall sein, in Tokyo aber offenbar nicht. Während der britische Löwe zur lahmen Ente wurde, schienen japanische Samurai für Hongkong eine Art Lebensversicherung unterschreiben zu wollen. Denn jetzt, als britische Thronsessel verschifft wurden, kamen die Japaner, und es machte den Eindruck einer konzertierten Aktion. Sie sehen 1997, von geschichtlichen Erinnerungen bewegt, mit einer gewissen Genugtuung entgegen.

Japan besitzt, kommentierte die »New York Times« im Mai 1990, »at least for the time being, power and prestige in Hong Kong on a scale not seen in 45 years. As native businesses and even a few remnants of British colonial power decamp, Japan is filling the vacuum, a vacuum of both, money and power.« (»Japan ist zur Zeit in Hongkong angesehener und mächtiger denn je in den letzten fünfundvierzig Jahren. Während einheimische Firmen und ein paar Repräsentanten britischer Kolonialmacht ihre Zelte abbrechen, füllen die Japaner das Vakuum, ein Vakuum von Geld und Macht.«)

Sie selbst sehen es genauso. Und dementsprechend müssen die Herren aus Peking bei Besuchen in Tokyo das Thema Hongkong zur Kenntnis nehmen. Japan erwartet nach 1997 ein wirtschaftlich blühendes und sozial stabiles Hongkong. In offiziellen Verlautbarungen liest sich das so: »Japan vertritt die Ansicht, daß es für den Erhalt des Wohlstands nach dem Jahre 1997, worauf es stark hofft, von entscheidender Bedeutung ist, Hongkong sowohl politisch als auch wirtschaftlich sein offenes und stabiles System zu belassen.«

Der japanische Generalkonsul Masaki Orita, im Gegensatz zu manchen seiner europäischen Kollegen ein hochkarätiger Diplomat auf steiler Karriereleiter, sagte im Sommer 1994 vor der Hongkonger Handelskammer: »Efforts must be made to maintain all the key elements of Hong Kong's prosperity.« (»Anstrengungen müssen unternommen werden, um die wichtigsten Voraussetzungen des Wohlstands in Hongkong zu erhalten.«) Und er fügte hinzu, was nur in Geld denkende »business people« nicht sehen oder nicht sehen wollen: »It is not only material and countable things that are important, but also invisible things such as the precious liberal atmosphere of the city.« (»Es sind nicht nur die materiellen und berechenbaren, sondern auch die unsichtbaren Dinge, die zählen, zum Beispiel die kostbare Liberalität der Stadt.«) Genau das ist es, wodurch Hongkong boomt. Wenn es nicht so phrasenhaft, pathetisch und idealistisch klingen würde: dank seiner Freiheit.

»Without a doubt«, fuhr der japanische Generalkonsul fort, »Hong Kong is currently enjoying a period of unprescedented prosperity, but it breeds a little concern for the future because of a certain amount of uncertainty. I would like to stress that Japan is fully committed to the future of

Hong Kong.« (»Hongkong erfreut sich ohne Zweifel einer Zeit beispiellosen Wohlstands, aber es brütet wegen einer gewissen Unsicherheit auch etwas Sorge vor der Zukunft aus. Ich möchte betonen, daß sich Japan der Zukunft Hongkongs voll verpflichtet fühlt.«)

Das war ein Wort, ein starkes Wort. So unverblümt skizzieren Japaner, ganz zu schweigen von japanischen Diplomaten, ihre Gedanken und Vorstellungen selten. Was Tokyo sagt, könnte eines Tages mehr zählen als die an den Hongkong-Chinesen geübte Seelenmassage des britischen Premierministers John Major: »You will have to show courage and confidence every day. But you are not alone. Long after 1997 the people of Hong Kong will have a strong, staunch friend in the United Kingdom.« (»Von ihnen wird jeden Tag Mut und Vertrauen verlangt. Aber sie stehen nicht allein. Lange nach 1997 werden die Menschen in Hongkong im Vereinigten Königreich einen starken und treuen Freund haben.«)[1]

Für Japan steht viel auf dem Spiel. Der Industrieriese ist für Hongkong, so sieht es auch Margaret Thatcher, »von überragender Bedeutung«, denn die Zukunft der Metropole »ist stark abhängig vom Vertrauen der japanischen Investoren«. Ihnen geht es um ihre Investitionsmilliarden. Sie sollen arbeiten und Gewinne abwerfen.

Darüber hinaus aber geht es Japan um sehr viel mehr. Seit über hundert Jahren träumt es einen Traum. Er bewegt inzwischen alle Völker der Region. Zum Motor und Dynamo ist er geworden, hat den ganzen Erdteil mitgerissen und heißt: Ostasien den Ostasiaten!

[1] The Standard, 6. 9. 1991

Ausgelöst wurde er von einem Amerikaner namens Matthew Galbraith Perry. Bevor er sich mit seinen »schwarzen Schiffen« auf den Weg machte, um das in den Weiten des Stillen Ozeans seit 250 Jahren sich versteckende Japan zu öffnen – und sei es mit Gewalt –, hielt Perry einen Vortrag über Amerikas »gottgewollte Bestimmung«. Er sagte: »Ich glaube, daß die Amerikaner in der einen oder andern Weise ihr Gebiet und ihre Macht so lange ausdehnen werden, bis sie die angelsächsische Rasse an der Ostküste Asiens angesiedelt haben. Und ich bin überzeugt, daß unser großer Rivale seine Macht gen Osten und Süden, bis nach China und Siam, ausdehnen wird: und so werden der Angelsachse und der Kosak sich eines Tages gegenüberstehen... Wird es in Freundschaft sein? Ich fürchte nein! Die antagonistischen Exponenten der Freiheit und des Absolutismus werden sich endlich treffen, und dann wird die gewaltige Schlacht geschlagen werden, und die ganze Welt wird mit atemlosem Interesse zusehen, denn auf dem Ausgang wird die Freiheit oder die Versklavung der Welt beruhen... In der Ferne sehe ich die Riesen für dies entscheidende und grimmige Treffen aufwachsen – in Anbetracht der heutigen Ereignisse muß dieser Kampf früher oder später ausgefochten werden.«[2]

Angelsachsen gegen Russen! »Weiß« gegen »weiß« im »gelben« Ostasien – irgendwann einmal, eines fernen Tages. Die Völker, die dort lebten, zählten nicht, blieben unerwähnt, waren nur Knetmasse in den Händen derer, die kommen und sie erobern würden. Die Weißen gaben in der Geschichte den Ton an, die Herrenvölker Europas und

[2] Gertrude C. Schwebell: Die Geburt des modernen Japan in Augenzeugenberichten, Düsseldorf 1970, S. 106

der Vereinigten Staaten von Amerika. Das war der Geist der Zeit.

Einzig und allein Japan stemmte sich gegen den imperialistischen und kolonialistischen Strom der Zeit. Es begann seinen nationalen Aufstieg bei Null, doch es brachte dafür geistige, politische und organisatorische Reserven mit, auf die es auf seinem Weg über die Modernisierung in den Nationalismus zurückgreifen konnte. Das gegenüber der Herausforderung aus dem Westen erstarkte Japan duldete kein Hongkong und kein Shanghai, und erstaunlicherweise trotzten ihm die westlichen Mächte auch keine Kolonien, exterritoriale Enklaven und Pachtgebiete ab. Als hätten Angelsachsen, Russen, Franzosen und Deutsche irgendwie gespürt, daß solches imperiale Gehabe dem japanischen Volk nicht zuzumuten sei.

Nach Jahrhunderten goldener Gefangenschaft in Kyoto holten die Japaner 1868 den Tenno nach Tokyo. Um ihn als den »Vater des Vaterlandes« scharte sich fortan das Volk. Konfuzianisch und schintoistisch begriff es sich als eine einzige große Familie mit dem Kaiser als unverrückbarem Polarstern an der Spitze.

Um die gleiche Zeit aber schmiedeten Chinesen Pläne zum Sturz ihres Kaisers. So hatten sie es in der Geschichte schon oft getan. Im Reich der Mitte kamen die Kaiser und gingen die Kaiser. Dynastien stürzten. Nicht so in Japan. Dort sitzt seit den dunklen Zeiten des Mythos bis heute im Zeitalter der Computer in ununterbrochener Folge nur eine einzige Familie auf dem kaiserlichen Thron: die Nachkommen des Enkels der Sonnengöttin. Kein Tenno wurde je gestürzt. Auch 1945 nicht. Der Tenno des Siegestaumels von Pearl Harbor behielt seinen Thron auch im Inferno von Hiroshima.

Die um den Tenno gescharte Familie der Nation folgte ihren Herren – egal, ob sie Zivil oder Uniform trugen – in die Modernisierung, in die Kriege und schließlich in die Katastrophe. Treue und Loyalität galten als die höchsten Tugenden in der japanischen »Kirche« des Konfuzianismus. So hatten es in früheren Zeiten die Samurai, die Krieger, vorgelebt. Es gab keinen geachteteren Stand als den des Soldaten. In China aber war alles Soldatische der sozialen Ächtung verfallen. In der chinesischen »Kirche« des Konfuzianismus wurde ein guter Mensch kein Soldat, denn – Konfuzius soll es gesagt haben –, »aus gutem Eisen macht man keine Nägel«.

China verfaulte – Japan erstarkte. Tokyo schickte Studenten in die Welt hinaus, nach Europa und Amerika; die Besten des Landes, handverlesen und vom Tenno berufen: Gehet hin in alle Welt und kopieret alle Völker! »In der ganzen Welt wollen wir nach Kenntnissen suchen, die die Grundlagen des Reiches festigen.«[3] So hatte es der jugendliche Meiji-Tenno gesagt, als er 1868 seinen Eid ablegte. Getreu seinem Auftrag brachten die jungen Japaner bei ihrer Rückkehr nicht Unruhe ins Land, sondern festigten das Reich.

Damals machte sich auch Atsumaro Konoe auf den Weg in die Welt, ein Prinz aus höchstem Adel. Er ging nach Leipzig und studierte dort von 1885 bis 1890 Jura. Mit dem Thema »Ministerielle Verantwortung in der japanischen Verfassung« wurde er promoviert. Er hatte viel gesehen, erlebt, gehört und gelesen, als er nach Japan zurückkehrte. Und so setzte er sich nieder, schrieb auf, was er dachte, und

[3] Annelotte Piper: Japans Weg von der Feudalgesellschaft zum Industriestaat, Köln 1976, S. 204

stellte für das politische Denken in seinem Land entscheidende Weichen.

Prinz Konoe mit dem juristischen Doktortitel einer deutschen Universität, auf den ersten Blick also ein »Europäer«, ein Liberaler, ein Fortschrittlicher, war kulturbewußter heimgekehrt, als er in die Fremde hinausgefahren war. Er prophezeite einen bevorstehenden Rassenkampf zwischen Weiß und Gelb, und bei dieser Auseinandersetzung würden Japaner und Chinesen die verschworenen Feinde der Weißen sein. Der Prinz schlug ein Thema an, das in beiden Völkern die Gemüter auf lange Zeit bewegen sollte. Seine Ideen setzte später sein Sohn, Prinz Fumimaro Konoe, in Realpolitik um. Der Verhaftung als Kriegsverbrecher entzog er sich durch Selbstmord.

Ähnlich wie sein Vater dachten Ende des 19. Jahrhunderts auch Eliten in Europa und Amerika. Ihnen dämmerte damals, Imperialismus und Kolonialismus könnten in Ostasien an Grenzen gestoßen und die Expeditionen zur beliebigen Aufteilung der Welt zu Ende sein. Drüben im Fernen Osten, der ja nur von Europa, der damaligen Mitte der Welt aus gesehen, im fernen Osten lag, zogen Probleme herauf. Die Antennen standen dafür bei Angelsachsen, Russen, Franzosen und Deutschen auf Empfang. In Zeitungen, Büchern und Pamphleten tauchte das Schlagwort von der »gelben Gefahr« auf. Kaiser Wilhelm II. rühmte sich später, in rassistischer Weitsicht der erste gewesen zu sein und das in der Alten und Neuen Welt auch heute wieder populäre Schlagwort erfunden zu haben, aber in der Geschichtsschreibung ist umstritten, ob tatsächlich er es war, der die Welt mit der »gelben Gefahr« beglückte. Irgendwer scheint sie entdeckt zu haben, denn sie geisterte durch die Gespräche vieler, die sich Gedanken über Ostasien machten.

Der Kampf, ja der Krieg der Rassen stand also bevor. Japan rüstete militärisch, aber auch ideologisch. Eine intellektuelle Minderheit von Idealisten und Utopisten propagierte den Panasiatismus, das Zusammenstehen von Japanern und Chinesen, die Achse beider Kaiserreiche gegen Angelsachsen und Russen, gegen den Westen, gegen die Weißen.

Der panasiatische Nationalist Toyama nahm vor dem Ersten Weltkrieg die in Tokyo studierenden jungen Chinesen unter seine Fittiche. Damals will er zu Chiang Kaishek, der eine japanische Militärakademie besuchte, gesagt haben: »Unsere Länder gehören zusammen. Ohne China ist Japan kein Japan, ohne Japan ist China kein China.« Der chinesische Revolutionär Sun Yat-sen soll dem Japaner einmal geantwortet haben: »Ich hoffe, daß Japan so mächtig wird, daß es die Ketten der Angelsachsen zerbrechen und die Befreiung der Asiaten herbeiführen kann. Die asiatischen Völker müssen sich fest zusammenschließen, um das Ziel eines Großasiens zu erkämpfen und eine neue und gemeinsame ostasiatische Kultur zu schaffen.«[4]

Mit panasiatischen Ideen geimpft, mischten chinesische Studenten in Japan das ideologische Dynamit zum Sturz der Mandschu-Dynastie, zur Zertrümmerung des Konfuzianismus und damit zur Wiedergeburt eines modernen, großen und starken China. 20000 chinesische Studenten sollen um 1906 in Japan gewesen sein – eine für damalige Verhältnisse ungeheure Zahl –, angezogen und fasziniert von dem Land, das kurz vorher das »weiße« Rußland vernichtend geschlagen hatte. Das hatte es in der Weltgeschichte noch nie gegeben! Da war ein »farbiges« gegen ein

[4] Seiso Kimase: Mitsuru Toyama, München 1941, S. 160

»weißes« Volk, ein so gut wie unbekanntes Land gegen eine etablierte Weltmacht aufgestanden und hatte die russischen Truppen in der Mandschurei besiegt und die russische Flotte auf den Grund des Meeres versenkt. Dieses Japan mußte Chinas revolutionäre Träumer anziehen. Noch heute in den Geschichtsbüchern genannte Reformer waren darunter, gefeierte Schriftsteller, Anarchisten, der Revolutionär Sun Yat-sen, der Nationalist Chiang Kai-shek und zwei Mitbegründer der Kommunistischen Partei. Tokyo war zu Beginn dieses Jahrhunderts das Zentrum der chinesischen Revolution.

Die vielen tausend jungen Chinesen hätten möglicherweise Japan die panasiatische Treue gehalten, wenn zivile Kabinette in Tokyo und später die japanischen Militärs sie nicht verraten hätten. Für diese war der Panasiatismus nur noch eine Ideologie, die ihre nackten Machtgelüste, die japanische Vorherrschaft über China und später ganz Ostasien, verschleiern sollte. Den chinesischen Panasiaten erging es wie den europäischen Kommunisten, die von Stalin durch seinen Pakt mit Hitler verraten wurden. Aber wie es in Europa Kommunisten gab, die Stalin verfallen blieben, so gab es auch in China Panasiaten, die unter japanischen Bajonetten weiterhin an Japan glaubten.

Rückblickend auf die Jahrzehnte des Verrats an China und auf die Kriegsjahre in Südostasien, die die Kolonialreiche der Holländer, Briten und letztlich auch der Franzosen zum Einsturz brachten, schrieb der Japaner Hyoe Murakami das Buch »The Years of Trial«. Er tat es im Auftrag des Japan Culture Institute, das in der Welt Verständnis für die japanische Kultur wecken soll. In englischer Sprache veröffentlicht, soll es für das politische Denken im heutigen Japan werben. »Japan was defeated in World War II, yet as a result of that war the countries of Asia achieved independence. To say that Japan liberated those countries would be going too far; yet without that great conflict that brought Japan down in ruin, those countries would almost certainly not have achieved independence so swiftly. The same goddess of history that punished Japanese for their presumption also commanded that the West should stop seeing itself as the sole standard-bearer and arbiter of civilization.« (»Japan hat den Zweiten Weltkrieg verloren, aber ein Ergebnis war auch die Unabhängigkeit der asiatischen Länder. Es würde zu weit gehen zu behaupten, Japan habe die Länder befreit, aber ohne den großen Konflikt, der Japan verwüstete, hätten die Länder ihre Unabhängigkeit so schnell nicht erreicht. Die Göttin der Geschichte, die Japan und die Japaner für ihre Dreistigkeit strafte, gebot auch, daß der Westen aufhören sollte, sich als einziger Bannerträger und Herr der Zivilisation zu sehen.«)[5]

Der Westen ist für Panasiaten kulturell von der Weltbühne abgetreten, in dem quantitativ nicht faßbaren Bereich moralischer Werte kein Vorbild mehr. Dieser Kulturstolz umschreibt den Panasiatismus der Gegenwart. Mit steigendem Selbstbewußtsein registrieren Ostasiaten, was sie die Dekadenz, den Niedergang des Westens nennen: Kriminalität, Rauschgift, kaputte Familien, chaotische Schulen, Austoben des Ichs; nur noch Rechte, aber keine Pflichten mehr.

Das Schlüsselwort aller Dekadenzerscheinungen heißt für sie Individualismus. Dieser Panasiatismus in Moral und Kultur ist vom Norden über die Mitte bis in den Süden

[5] Hyoe Murakami: Japan. The Years of Trial, Tokyo 1982, S. 8; vgl. dazu auch Oskar Weggel: Die Asiaten, München (dtv) 1994

Ostasiens als Widerstandsbewegung gegen den Westen eine politische Realität.

Ostasiaten solidarisieren sich wie in den siebziger Jahren die Europäer, als der Schreckensruf erschallte: »Die Japaner kommen!« In illustrierten Blättern spien schauerliche Mongolenfratzen über den Globus Autos, Videorecorder und Kameras aus. Samurai äscherten Hunderttausende von Arbeitsplätzen ein und setzten zur Eroberung der Welt an. Die Europäer bissen die Zähne aufeinander und stöhnten stolzen Blickes: »Wir lassen uns nicht japanisieren!« Plötzlich flackerte über Nacht ein europäisches Kulturbewußtsein auf. Keiner konnte es exakt definieren. Wofür es stand, blieb wolkig – wogegen es sich aufbäumte aber war glasklar: gegen die ostasiatische Konkurrenz. Untereinander hüteten Europäer in den Schrebergärten ihrer Vaterländer die Parzellen ihrer nationalen Eigeninteressen wie eh und je, aber gegen die »gelbe Gefahr« von außen übten sie den Schulterschluß und schlossen ihre Reihen fester.

Nach innen war das europäische Kulturbewußtsein nie ein Hindernis für Kriege, für kleine, große und Weltkriege. Ähnliches gilt für den Panasiatismus. Das solidarische Kulturbewußtsein von Ostasien liegt irgendwo im Niemandsland, weit, ganz weit vor den Schützengräben, in denen sich Nationalisten der jungen, noch gar nicht lange unabhängigen Völker verschanzen. Rassisch, religiös, wirtschaftlich und politisch ist der Erdteil zersplittert und pulverisierter als Europa. Die Kinderkrankheit des Nationalismus haben Ostasiaten noch lange nicht überwunden. Bis zu panasiatischer Supranationalität kann noch viel passieren.

Nur nach außen, Dritten, dem Westen gegenüber treten ostasiatische Eliten, von Konfuzianern angeführt, solidarisch auf – als Verteidiger ihrer Kultur. Sie geht den Westen nichts an, sagen sie. Er soll sich nicht einmischen, denn wir mischen uns kulturell auch in Europa und Amerika nicht ein. Wir fordern euch nicht auf, so zu werden, wie wir sind, unseren konfuzianischen Geboten zu folgen und die Harmonie höher zu achten als die Konfrontation. Wir schicken euch keine Missionare, weder religiöse noch politische; behaltet also auch eure Missionare zu Hause. Wir lassen euch nach eurer, laßt uns nach unserer Fasson selig werden. Es hat lange gedauert, bis wir Ostasiaten auf unser kulturelles Erbe stolz sein konnten. Heute sind wir es. Darum: Ostasien den Ostasiaten!

1997 ist es soweit. Mit dem Rückzug der Engländer aus Hongkong geht in Erfüllung, wovon Japaner und Chinesen gemeinsam schon zu Beginn des Jahrhunderts, Koreaner, Filippinos, Indonesier, Singapurer, Malaien, Vietnamesen und Burmesen seit dem Zweiten Weltkrieg geträumt haben. Wenn der letzte britische Soldat die Kronkolonie verlassen hat, steht kein bewaffneter Europäer mehr auf ostasiatischem Boden. Über die Portugiesen in Macao redet schon lange keiner mehr. Sie sind bis 1999 von den Chinesen zum Bleiben verdammt und wären viel lieber schon zu Hause.

Das Zeitalter des Imperialismus und Kolonialismus geht in Ostasien mit einem grandiosen Finale zu Ende. Als nackter Felsen mit kaum einem Haus drauf begann Hongkong und wurde zu einer Metropole, auf die alle Weltstädte neidisch sind. Was ist schon Tokyo im Vergleich zu Hongkong? Eine große Stadt, ohne Anfang und Ende, planlos wuchernd, enge Bergtäler erstickend, die letzten Reisfelder fressend – eine Riesenstadt, ein Moloch und Monstrum, aber keine Weltstadt, keine Metropole.

Tokyo ist sehr japanisch, nur japanisch, obgleich es doch aus Ost und West, Nord und Süd jede Mode importiert: sei sie musikalisch, literarisch, philosophisch, ideologisch oder was auch immer. Alle Strömungen unter den Himmeln koexistieren in Tokyo, diesem Sammelsurium von allem und jedem. Trotzdem aber ist Tokyo nicht international. Warum nicht? Weil alle seine Farben, die alten und neuen, die amerikanischen und europäischen, die grellen und zarten nur ein Make-up sind. Die Grundierung unter der Schminke bleibt japanisch, urjapanisch. Die fünfzig Millionen im Umfeld der Riesenstadt bilden eine geschlossene Gesellschaft. »Off limits for foreigners«, sagen Türhüter vor den Bars in Shinjuku. »For Japanese only!« In einem übertragenen Sinn gilt das für ganz Tokyo.

International, kosmopolitisch aber ist Hongkong. »For Chinese only!« – undenkbar dort. »Off limits for foreigners«, hat noch kein Chinese gesagt, egal, vor welcher Tür er stand. Antikolonialistische Bilderstürmer in Europa sollten sich dieses Hongkong einmal ansehen. Vielleicht geht ihnen dann selbstkritisch auf, aus welch tiefer »Provinz« sie kommen. Sie müssen sich allerdings beeilen. 1997 kommt bald.

Dann dämmert für Hongkong eine neue Zeit herauf, von der noch keiner weiß, was sie bringen wird. Die Zukunft wäre leichter vorauszusagen, wenn da nicht die Frage wäre: Wer kommt nach Deng Xiaoping? China ist in diesem Jahrhundert immer von »großen Männern« regiert worden: Sun Yat-sen, Chiang Kai-shek, Mao Tse-tung, Chou En-lai. Und immer hieß die Frage: Wer kommt danach? Heute stellt sie sich wieder. Von dem einen und einzigen hing ab, was aus China wurde. Wo ist er heute? Wer wird es nach dem Tode Dengs sein?

Für Hongkong ist es eine Schicksalsfrage. Ganz Ostasien wartet auf die Antwort, auch Japan. Denn es hat an Hongkong ein strategisches Interesse. Japaner waren es, die das Bewußtsein für das »Ostasien den Ostasiaten« geweckt haben. Wenn es um die mitternächtliche Stunde des 30. Juni 1997 soweit ist, soll der Übergang vom Kolonialzeitalter in das Jahrhundert Ostasiens nach japanischen Wunschvorstellungen so glatt, reibungslos und normal verlaufen, daß der Westen über den Fernen Osten noch mehr staunt als heute schon. Diejenigen, die gehen müssen, sollen eines Tages nicht frohlocken können, Hongkong dokumentiere die Unfähigkeit von Ostasiaten, eine boomende Metropole am Leben zu erhalten. Die ehemalige Kronkolonie soll beweisen, daß Ostasiaten genauso gut können, was einst die Briten gekonnt haben. Wie stünde das neue Ostasien da, wenn der Westen das chinesische genauso bewundern würde wie das britische Hongkong.

Es geht Japan um die Wahrung des Gesichts von Ostasien. Ein China, das die Verträge hält und die Versprechungen einlöst – es würde der schon heute im Westen spürbaren wirtschaftlichen Herausforderung Ostasiens einen kulturellen moralischen Akzent hinzufügen. Japan propagiert für Hongkong keine Demokratie nach amerikanischem Vorbild. Sie paßt nicht für konfuzianisch geprägte Chinesen. Das autoritär regierte Singapur könnte ein Vorbild sein, dessen Ziehvater und Zuchtmeister Lee Kuan Yew mit harter, aber nicht blutiger Hand die Weichen zum Erfolg stellte. Westliche Menschenrechtsvorstellungen wird Tokyo in Peking für Hongkong nicht einklagen, aber konfuzianische Gebote der Menschenwürde.

So interpretiert, ist Hongkong für Japan die Brücke, über die es auf China zugehen will. Seit Jahrzehnten bemüht es sich um eine »special relationship« zur Volksrepublik, um besondere Beziehungen zwischen Tokyo und Peking, die über die zwischen Völkern normalen hinausgehen. Während der Ära von Mao Tse-tung kamen sie nicht zustande. Sein Nachfolger Deng Xiaoping aber hat im Seegebiet zwischen China und Japan zahlreiche Minen geräumt, die seit dem Krieg dort noch herumschwammen. Das neue China reagiert positiv auf die Signale aus Japan.

Wenn Dengs Parole »Von Japan lernen!« über seinen Tod hinaus gilt, muß der Westen in Ostasien ein japanisch-chinesisches Verhältnis entsprechend dem deutsch-französischen Verhältnis in Europa einkalkulieren. Dabei werden die Japaner nicht zu Chinesen und umgekehrt die Chinesen nicht zu Japanern werden. In Europa sind ja auch die Deutschen nicht zu Franzosen und die Franzosen nicht zu Deutschen geworden. Die psychologischen und kulturellen Unterschiede bleiben bestehen, werden nicht weggehobelt. Aber es wird keine »Erbfeindschaft« mehr geben, kein »Entweder China oder Japan«, sondern ein japanisch-chinesisches »Sowohl als auch«.

Dafür ist Hongkong der Testfall. Für die Volksrepublik steht viel auf dem Spiel: ihr Image im Westen und die Art von Lebensversicherung, die Japan mit ihr abschließen will. Von China hängt es ab, ob das »Ostasien den Ostasiaten!« 1997 sein Gesicht wahrt.

Anhang

Joint Declaration of the Government of the United Kingdom of Great Britain and Northern Ireland and the Government of the People's Republic of China on the Question of Hong Kong

The Government of the United Kingdom of Great Britain and Northern Ireland and the Government of the People's Republic of China have reviewed with satisfaction the friendly relations existing between the two Governments and peoples in recent years and agreed that a proper negotiated settlement of the question of Hong Kong, which is left over from the past, is conducive to the maintenance of the prosperity and stability of Hong Kong and to the further strengthening and development of the relations between the two countries on a new basis. To this end, they have, after talks between the delegations of the two Governments, agreed to declare as follows:

1. The Government of the People's Republic of China declares that to recover the Hong Kong area (including Hong Kong Island, Kowloon and the New Territories, hereinafter referred to as Hong Kong) is the common aspiration of the entire Chinese people, and that it has decided to resume the exercise of sovereignty over Hong Kong with effect from 1 July 1997.

2. The Government of the United Kingdom declares that it will restore Hong Kong to the People's Republic of China with effect from 1 July 1997.

3. The Government of the People's Republic of China declares that the basic policies of the People's Republic of China regarding Hong Kong are as follows:

(1) Upholding national unity and territorial integrity and taking account of the history of Hong Kong and its reali-

ties, the People's Republic of China has decided to establish, in accordance with the provisions of Article 31 of the Constitution of the People's Republic of China, a Hong Kong Special Administrative Region upon resuming the exercise of sovereignty over Hong Kong.

(2) The Hong Kong Special Administrative Region will be directly under the authority of the Central People's Government of the People's Republic of China. The Hong Kong Special Administrative Region will enjoy a high degree of autonomy, except in foreign and defence affairs which are the responsibilities of the Central People's Government.

(3) The Hong Kong Special Administrative Region will be vested with executive, legislative and independent judicial power, including that of final adjudication. The laws currently in force in Hong Kong will remain basically unchanged.

(4) The Government of the Hong Kong Special Administrative Region will be composed of local inhabitants. The chief executive will be appointed by the Central People's Government on the basis of the results of elections or consultations to be held locally. Principal officials will be nominated by the chief executive of the Hong Kong Special Administrative Region for appointment by the Central People's Government. Chinese and foreign nationals previously working in the public and police services in the government departments of Hong Kong may remain in employment. British and other foreign nationals may also be employed to serve as advisers or hold certain public posts in government departments of the Hong Kong Special Administrative Region.

(5) The current social and economic systems in Hong Kong will remain unchanged, and so will the life-style. Rights and freedoms, including those of the person, of speech, of

the press, of assembly, of association, of travel, of movement, of correspondence, of strike, of choice of occupation, of academic research and of religious belief will be ensured by law in the Hong Kong Special Administrative Region. Private property, ownership of enterprises, legitimate right of inheritance and foreign investment will be protected by law.

(6) The Hong Kong Special Administrative Region will retain the status of a free port and a separate customs territory.

(7) The Hong Kong Special Administrative Region will retain the status of an international financial centre, and its markets for foreign exchange, gold, securities and futures will continue. There will be free flow of capital. The Hong Kong dollar will continue to circulate and remain freely convertible.

(8) The Hong Kong Special Administrative Region will have independent finances. The Central People's Government will not levy taxes on the Hong Kong Special Administrative Region.

(9) The Hong Kong Special Administrative Region may establish mutually beneficial economic relations with the United Kingdom and other countries, whose economic interests in Hong Kong will be given due regard.

(10) Using the name of "Hong Kong, China", the Hong Kong Special Administrative Region may on its own maintain and develop economic and cultural relations and conclude relevant agreements with states, regions and relevant international organizations.
The Government of the Hong Kong Special Administrative Region may on its own issue travel documents for entry into and exit from Hong Kong.

(11) The maintenance of public order in the Hong Kong Special Administrative Region will be the responsibility of the Government of the Hong Kong Special Administrative Region.

(12) The above-stated basic policies of the People's Republic of China regarding Hong Kong and the elaboration of them in Annex I to this Joint Declaration will be stipulated, in a Basic Law of the Hong Kong Special Administrative Region of the People's Republic of China, by the National People's Congress of the People's Republic of China, and they will remain unchanged for 50 years.

4. The Government of the United Kingdom and the Government of the People's Republic of China declare that, during the transitional period between the date of the entry into force of this Joint Declaration and 30 June 1997, the Government of the United Kingdom will be responsible for the administration of Hong Kong with the object of maintaining and preserving its economic prosperity and social stability; and that the Government of the People's Republic of China will give its cooperation in this connection.

5. The Government of the United Kingdom and the Government of the People's Republic of China declare that, in order to ensure a smooth transfer of government in 1997, and with a view to the effective implementation of this Joint Declaration, a Sino-British Joint Liasion Group will be set up when this Joint Declaration enters into force; and that it will be established and will function in accordance with the provisions of Annex II to this Joint Declaration.

6. The Government of the United Kingdom and the Government of the People's Republic of China declare that land leases in Hong Kong and other related matters will be dealt with in accordance with the provisions of Annex III to this Joint Declaration.

7. The Government of the United Kingdom and the Government of the People's Republic of China agree to implement the preceding declarations and the Annexes to this Joint Declaration.

8. This Joint Declaration is subject to ratification and shall enter into force on the date of the exchange of instruments of ratification, which shall take place in Beijing before 30 June 1985. This Joint Declaration and its Annexes shall be equally binding.

Done in duplicate at Beijing on 19 December 1984 in the English and Chinese languages, both texts being equally authentic.

Margaret Thatcher

For the
Government of the
United Kingdom of Great Britain
and Northern Ireland

Zhao Ziyang

For the
Government
of the People's
Republic of China

C H I N A
Mirs Bay
(Tai Pang Wan)
PING
CHAU
Shenzhen
Sha Tau Kok
Lo Wu
Shueng Shui
Mai Po
Fanling
Plover
Cove
Tolo Kanal
Tai
Po
Yueng Long
Kam Tin
Tolo Hafen
481
Shek Uk Shan
NEW TERRITORIES
957
Tai Mo Shan
702
Ma On Shan
Tuen Mun
Wasserreservoir
Tai Lam
Chung
Wasserreserv.
Shing
Mun
Tsuen Wan
Sha Tin
TSING
YI
Kai
Tak
Port
Shelter
CHEK
LAP KOK
Kowloon
Kwun
Tong
Victoria
Victoria Hafen
Central
Wanchai
Victoria Peak
554
LANTAU
HONG KONG
Aberdeen
TUNG
LUNG
Wasserreserv.
Shek Pik
Tathong Kanal
Repulse
Bay
Stanley
West Lamma Kanal
LAMMA
Ost Lamma Kanal
CHEUNG
CHAU
SOKO
PO
TOI
Südchinesisches Meer
0
10km
Karte : A. Skowronski

Zhengzhou
Qufu
(Gelber Fluß)
Huang He
Gongxian
Kaifeng
YANGZHOU
Xian
SHAANXI
HENAN
ANHUI
Hefei
Nanjing
Suzhou
SHANGHAI
HUBEI
Yangtsekiang
Wuhan
Yangtsekiang
Hangzhou
Shaoxing
Huangshan
Hukou
Ostchinesisches Meer
ZHEJIANG
Changsha
Nanchang
C H I N A
HUNAN
JIANGXI
Fuzhou
FUJIAN
GUIZHOU
Taipei
Guilin
Xiamen
NANNING
(GUANGXI)
TAIWAN
GUANGDONG
(Guangzhou)
Canton
Nanning
Zhongshan
Hong Kong
Macao
Karte: A. Skowronski
Meer
Südchinesisches
Golf v. Tonking
HAINAN
0
200km
Eisenbahnlinie Hong Kong - Canton - Peking

Ergänzende Literaturhinweise

Abegg, Lily: Ostasien denkt anders, Zürich 1949

Berg, Hans Walter: Gesichter Asiens. Dreißig Jahre Augenzeuge der Geschichte, Hamburg 1983

Bloomfield, Frena: The Book of Chinese Beliefs, New York 1983

Briessen, Fritz van: Grundzüge der deutsch-chinesischen Beziehungen, Darmstadt 1977

Crisswell, Colin N.: The Taipans, Hongkong 1981

Fabritzek, Uwe: Gelber Drache, schwarzer Adler. Geschichte der deutsch-chinesischen Beziehungen, München 1973

Franke, Wolfgang/Staiger, Brunhild (Hrsg.): China Handbuch, Düsseldorf 1974

Franz, Uli: Deng Xiaoping. Chinas Erneuerer. Eine Biographie, Stuttgart 1987

Granet, Marcel: Das chinesische Denken, München 1963

Grösser, Eduard: Ein Bremer Kaufmann in China (= Ostasiatischer Verein), Bremen 1991

Hänisch, Adolf von: Jebsen & Co. Hongkong. China-Handel im Wechsel der Zeiten 1895–1945, Apenrade 1970

Hansemann, Dieter von: Jebsen & Co. Ltd. Hongkong. Die Geschichte der Firma – 1945 bis zur Gegenwart, o. O. (Selbstverlag) o. J.

Hesse-Wartegg, Ernst von: China und Japan, Leipzig 1897

Hong Kong: Jahrbücher des Government Information Service, Hongkong 1990 ff.

Hughes, Richard: Hong Kong. Borrowed Place, Borrowed Time, London 1968

Keswick, Maggie (ed.): The Thistle and the Jade. A Celebration of 150 Years of Jardine, London 1982

Kissinger, Henry: Memoiren. 1968–1973, München 1979
Kuo Heng-yü: China und die »Barbaren«. Eine geistesgeschichtliche Standortbestimmung, Pfullingen 1967
Lin Yutang: Mein Land und mein Volk, Stuttgart o. J.
Machetzki, Rüdiger (Hrsg.): Deutsch-chinesische Beziehungen. Ein Handbuch (= Institut für Asienkunde), Hamburg 1982
Mommsen, Wolfgang (Hrsg.): Imperialismus. Seine geistigen, politischen und wirtschaftlichen Grundlagen. Ein Quellen- und Arbeitsbuch (= Kritische Wissenschaft), Hamburg 1977
Morris, Jan: Hong Kong. Epilogue to an Empire, London 1989
Murakami, Hyoe: Japan. The Years of Trial 1919–52, Tokyo 1982
Osgood, Cornelius: The Chinese. A Study of a Hong Kong Community, University of Arizona Press 1975
Rafferty, Kevin: City on the Rocks. Hong Kong's Uncertain Future, New York 1990
Redding, Gordon: The Spirit of Chinese Capitalism, Berlin 1990
Riencourt, Amaury de: Die Seele Chinas, Frankfurt a. M. 1962
Roschen, Axel/Theye, Thomas: Abreise von China, Frankfurt a. M. 1980
Schickel, Joachim: Die Mobilisierung der Massen, München 1971
Seiler, Otto J.: Einhundert Jahre Ostasienfahrt der Hapag Lloyd AG. 1886–1986, Frankfurt a. M. 1986
Shawcross, William: Kowtow, Hongkong 1989
Sporleder, W.: Hong Kong zu meiner Zeit 1928–1939, Selbstverlag
Thatcher, Margaret: Die Erinnerungen, Düsseldorf 1993
Weggel, Oskar: Die Asiaten, München (dtv) 1994
We Shall Win. British Imperialism in Hong Kong Will be Defeated, Hongkong 1967
Wilson, Dick: Hong Kong, London 1990
Wiltshire, Trea: Hong Kong. An Impossible Journey Through History, Hongkong 1971
Wirtschaftshandbuch Asien–Pazifik 1994 (= Ostasiatischer Verein), Hamburg 1994

Personenregister

(Von wenigen Ausnahmen abgesehen, wurden chinesische Namen nach dem China-Handbuch [1975] transkribiert.)

Sachregister